U0541150

2016年度国家社科基金艺术学一般项目(项目批准号:16BH142)

中国公共文化服务政策体系研究

彭泽明 著

Zhongguo
Gonggong Wenhua
Fuwu Zhengce
Tixi Yanjiu

中国社会科学出版社

图书在版编目(CIP)数据

中国公共文化服务政策体系研究/彭泽明著. —北京：中国社会科学出版社，2022.5
ISBN 978-7-5227-0087-8

Ⅰ.①中… Ⅱ.①彭… Ⅲ.①公共管理—文化工作—政策体系—研究—中国 Ⅳ.①G120

中国版本图书馆 CIP 数据核字（2022）第 061567 号

出 版 人	赵剑英
责任编辑	田　文
责任校对	张爱华
责任印制	王　超

出　　版	中国社会科学出版社
社　　址	北京鼓楼西大街甲 158 号
邮　　编	100720
网　　址	http://www.csspw.cn
发 行 部	010-84083685
门 市 部	010-84029450
经　　销	新华书店及其他书店

印　　刷	北京君升印刷有限公司
装　　订	廊坊市广阳区广增装订厂
版　　次	2022 年 5 月第 1 版
印　　次	2022 年 5 月第 1 次印刷

开　　本	710×1000　1/16
印　　张	19.75
字　　数	314 千字
定　　价	108.00 元

凡购买中国社会科学出版社图书，如有质量问题请与本社营销中心联系调换
电话：010-84083683
版权所有　侵权必究

前　言

2005年10月党的十六届五中全会通过的《中共中央关于制定国民经济和社会发展第十一个五年规划的建议》首次提出，逐步形成覆盖全社会的比较完备的公共文化服务体系。2013年11月党的十八届三中全会通过的《中共中央关于全面深化改革若干重大问题的决定》首次提出，加快构建现代公共文化服务体系。据此，我国公共文化服务体系可以大体上划分为两个阶段，即2005年10月至2013年11月前为传统公共文化服务体系建设阶段，2013年11月以来为现代公共文化服务体系建设阶段。现代公共文化服务体系适应新的形势，尽管赋予了新的建设任务，但仍是传统公共文化服务体系的继承和延续，是公共文化服务体系建设的新阶段、新发展，二者一脉相承。公共文化服务体系命题的提出，为公共文化服务政策体系的研究提出了新的课题。

公共文化服务政策作为公共政策的组成部分，是文化行政部门在特定情境中，为解决公共文化服务问题、达成公共文化服务目标、以实现公共文化服务目的而制定的方案或准则，其本质体现了政府对全社会公共文化资源所进行的权威性分配[①]，是公共文化服务体系构建的制度支撑。公共文化服务政策体系是指不同政策单元之间和同一政策内部不同要素之间，按照一定的秩序和内部联系组合而成的有机整体。从2005年始，我国一些专家、学者开启了公共文化服务政策的理论和实践研究，产生了一大批研究成果，推动了公共文化服务体系的构建。但是，严格意义上的以政策视角进行研究的成果还不多见，研究中对重要问题的关注度仍然不够，研究内容缺乏体系化、系统化，定量研究较为缺乏，由

[①] 祁述裕、王列生、傅才武：《中国文化政策研究报告》，社会科学文献出版社2011年版，第1页。

此揭示公共文化服务政策体系发展走向还不够清晰。同时，与文化产业政策体系研究相比，公共文化服务政策体系研究显得滞后。正是在上述"问题意识"的引领下，本研究重点以党中央、国务院以及国家文化和旅游、广播影视、新闻出版等部门出台的政策文本为讨论依据，围绕我国公共文化服务政策体系的"公共文化改革发展总体政策、图书馆业政策、群众文化业政策、博物（纪念）馆政策、广播影视公共服务政策、新闻出版公共服务政策、公共数字文化服务政策、公共文化经济政策"这八类政策，运用文献研究法、专家访谈法、内容分析法、文本分析法、定性与定量相结合的研究法，对我国公共文化服务政策体系展开多层面多维度的研究。本研究主要包括六章内容：

第一章，公共文化服务政策体系研究现状及概念界定。对国内外公共文化服务政策研究进展进行梳理和分析，对国内外相关研究成果开展述评，把握前沿研究方向，明确本研究主攻方向。分析公共文化服务政策和公共文化服务政策体系概念及特征，为开展本研究提供学理支撑。

第二章，研究的理论基础及定性与定量研究路向。探究研究的理论基础和技术路线；借鉴专家学者的有益做法，确立该研究的定性研究路向为"政策背景分析、政策内容概述、政策实践分析"；提出以政策类型为基础的政策描述性统计分析、运用词频统计软件搜索关键词的政策词频统计分析、构建公共文化服务发展模型的政策要素分析三种定量研究路向。这为本研究开展多维度的定性与定量相结合的研究方法打下了根基。

第三章，公共文化服务政策体系定性研究。分析传统公共文化服务体系与现代公共文化服务体系的概念及它们的区别与联系；以系统思维为视角，讨论传统公共文化服务政策体系和现代公共文化服务政策体系两个阶段及其四个建设时段的发展分期。同时，按照公共文化服务体系建设的宏观和中观维度，分别从设施网络覆盖、产品生产供给、资金人才技术保障、组织支撑、运行评估五个方面政策构成和标准化、均等化、社会化、数字化发展四个方面政策构成，对传统公共文化服务体系建设政策内容和现代公共文化服务体系重点建设任务政策内容进行厘析，旨在探讨党的十九大提出的"完善公共文化服务体系"重大战略决策的政策意图。

第四章，文化惠民工程政策体系定性研究。分析文化惠民工程的概念、组成、分类及特征；按照公共文化服务体系建设的微观维度，讨论文化惠民工程政策体系的发展历程，重点围绕广播电视村村通工程、文化信息资源共享工程、农村电影放映工程、农家书屋工程的政策内容进行分析，旨在探讨党的十九大提出的"深入实施文化惠民工程"重大战略决策的政策意图。

第五章，公共文化服务政策体系定量研究。从政策总量分布概况、政策发布时间概况、政策颁布部门概况三个维度，对我国公共文化服务政策体系进行描述性统计分析，了解其变动趋势，探究其政策线索走向，以此判断政策出台的相关因素。展开对我国公共文化服务政策体系内容的词频统计分析，探索其公共文化服务政策焦点，描述公共文化服务政策的变化情况。运用公共文化服务政策要素分析法，分析各政策要素在公共文化服务所有政策、不同类型政策中的表现及对我国公共文化服务的影响，从而把握我国公共文化服务政策在各公共文化服务政策类型中的侧重点和趋势，增强我国公共文化服务政策体系的科学性、前瞻性、操作性，提高政策执行的效力，推进我国公共文化服务体系的构建。

第六章，公共文化服务政策体系实施与发展走向。分析我国公共文化服务政策体系的实施情况，总结公共文化服务政策体系构建的基本经验；针对公共文化服务体系建设存在的问题，提出我国公共文化服务政策体系未来建构方向，为决策者制定政策提供参考。

党的十九大强调，满足人民过上美好生活的新期待，必须提供丰富的精神食粮。公共文化服务体系的建设是其重要的实现路径。可以说，公共文化服务政策体系的研究任重道远，本研究仅是抛砖引玉，期待更多的学者关注此领域研究，"众人拾柴火焰高"，共同为建构我国公共文化服务政策体系添砖加瓦，贡献我们学者的一份绵薄之力。

目 录

第一章 公共文化服务政策体系研究现状及概念界定 …………（1）
 第一节 公共文化服务政策体系研究现状 ………………………（1）
  一 国内公共文化服务政策研究进展 ……………………………（2）
  二 国外公共文化服务政策研究进展 ……………………………（22）
  三 国内外相关研究成果述评 ……………………………………（25）
 第二节 公共文化服务政策体系概念界定 ………………………（30）
  一 公共文化服务概念及基本特征 ………………………………（30）
  二 公共文化服务政策概念及基本特征 …………………………（33）
  三 公共文化服务政策体系概念及基本特征 ……………………（36）

第二章 研究的理论基础及定性与定量研究路向 …………………（38）
 第一节 研究的理论基础 …………………………………………（38）
  一 公共行政理论 …………………………………………………（38）
  二 公共产品理论 …………………………………………………（39）
  三 新公共服务理论 ………………………………………………（39）
  四 公共治理理论 …………………………………………………（39）
  五 公民文化权利理论 ……………………………………………（40）
 第二节 政策定性研究路向 ………………………………………（40）
  一 定性研究思路的借鉴 …………………………………………（40）
  二 本课题定性研究的路向 ………………………………………（42）
 第三节 政策定量研究路向 ………………………………………（43）
  一 定量研究思路的借鉴 …………………………………………（43）
  二 本课题定量研究的路向 ………………………………………（49）

第三章　公共文化服务政策体系定性研究 (59)

第一节　传统公共文化服务体系与现代公共文化服务体系 (60)
一　公共文化服务体系概念 (60)
二　传统公共文化服务体系概念 (61)
三　现代公共文化服务体系概念 (61)
四　公共文化服务体系与现代公共文化服务体系的区别与联系 (61)

第二节　公共文化服务政策体系的发展历程 (63)
一　传统公共文化服务政策体系建设阶段 (63)
二　现代公共文化服务政策体系建设阶段 (71)

第三节　公共文化服务政策体系内容概述 (79)
一　公共文化服务体系建设宏观政策内容概述 (79)
二　公共文化服务体系建设中观政策内容概述 (115)

第四章　文化惠民工程政策体系定性研究 (152)

第一节　文化惠民工程概念、组成、分类及特征 (152)
一　文化惠民工程概念 (152)
二　文化惠民工程组成 (153)
三　文化惠民工程分类 (153)
四　文化惠民工程特征 (153)

第二节　文化惠民工程政策体系的发展历程 (154)
一　文化惠民工程政策体系开始阶段 (154)
二　文化惠民工程政策体系发展阶段 (157)

第三节　文化惠民工程政策体系内容概述 (159)
一　广播电视村村通工程政策内容概述 (159)
二　全国文化信息资源共享工程政策内容概述 (165)
三　农村电影放映工程政策内容概述 (174)
四　农家书屋工程政策内容概述 (178)

第五章　公共文化服务政策体系定量研究 (183)

第一节　政策描述性统计分析 (183)

一　政策总量分布概况 …………………………………… (184)
　　二　政策发布时间概况 …………………………………… (186)
　　三　政策颁布部门概况 …………………………………… (192)
　第二节　政策词频统计分析 ………………………………… (197)
　　一　高频词的选取 ………………………………………… (200)
　　二　高频词与政策焦点的分析 …………………………… (201)
　第三节　政策要素分析 ……………………………………… (202)
　　一　政策要素在公共文化服务所有政策中的表现分析 ……… (203)
　　二　政策要素在公共文化服务不同类型政策中的表现
　　　　分析 …………………………………………………… (233)
　　三　政策要素对我国公共文化服务发展的影响分析 ……… (249)

第六章　公共文化服务政策体系实施与发展走向 ………… (253)
　第一节　公共文化服务政策体系实施 ……………………… (253)
　　一　公共文化服务体系建设现状 ………………………… (253)
　　二　公共文化服务政策体系构建的基本经验 …………… (256)
　第二节　公共文化服务政策体系发展走向 ………………… (262)
　　一　完善公共文化服务体系 ……………………………… (262)
　　二　深入实施文化惠民工程 ……………………………… (265)
　　三　大力推动社会力量参与公共文化服务 ……………… (267)
　　四　推动公共文化服务与旅游公共服务融合发展 ……… (272)
　　五　创新公共文化服务管理体制和运行机制 …………… (275)

附　录 ………………………………………………………… (276)

参考文献 ……………………………………………………… (296)

后　记 ………………………………………………………… (305)

第 一 章

公共文化服务政策体系研究现状及概念界定

第一节 公共文化服务政策体系研究现状

2005年10月党的十六届五中全会通过的《中共中央关于制定国民经济和社会发展第十一个五年规划的建议》提出，加大政府对文化事业的投入，逐步形成覆盖全社会的比较完备的公共文化服务体系。这是我国"公共文化服务体系"概念的首次提出。2013年11月党的十八届三中全会通过的《中共中央关于全面深化改革若干重大问题的决定》提出，加快构建现代公共文化服务体系。这是我国"现代公共文化服务体系"的首次提出。公共文化服务是我国公共服务的重要组成部分，是现代服务型政府的重要职责之一，是现代国家治理能力的必备要素。公共文化服务体系和现代公共文化服务体系命题的提出，不仅对我国公共文化服务体系的构建提出了总体要求，而且也对公共文化服务政策体系的研究提出了新的课题。从2005年开始，我国一些专家学者开启了公共文化服务的理论和实践研究，产生了一大批研究成果，推动了公共文化服务体系的构建。

课题组把握以下标准检索国内外研究文献，并对文献展开研究：一是检索2005年以来，基于政策视域且与公共文化服务政策研究相关的文献。二是以"公共文化政策""公共文化服务政策""国外公共文化政策"为主要检索词，辅之以"公共文化服务标准""公共文化服务均等化""鼓励社会力量参与公共文化""公共文化服务数字化"和"美国公共文化政策""英国公共文化政策""法国公共文化政策""日本公共文化政策""韩国公共文化政策""荷兰公共文化政策"等检索词,截至2018年11月4日,对知网数据库进行查询,共检索相关文献2294条。三是由于文献数量较多,为了进一步聚焦公共文化服务政策体系研究前沿,同时也为开展本课题"国家公共文化服务政策体系研究"提供借鉴启发,我们对重复文献和与研究主题存在较大差异的文献进行筛选,最后仅保留文献122条,其中研究国内公共文化服务政策的文献111条、研究国外公共文化服务政策的文献11条,为公共文化服务政策体系研究现状所用。这里特别要说明的是还没有检索到外国学者研究公共文化服务政策的直接文献。同时,课题组从研究的前沿性和创新性出发,不管是该领域的学术带头人,还是专家、学者、实务者,不管是发表在哪个级别的刊物,"英雄不问出处",我们认为只要对本研究有启发的文献,都对其进行梳理研究。四是围绕公共文化服务政策体系研究的重要问题,对检索到的研究文献,立足国内外,从研究进展和研究述评两个维度进行分析。

一 国内公共文化服务政策研究进展

通过对现有文献的分析,发现目前研究主要集中在公共文化服务政策发展历程、公共文化服务理论建构、公共文化服务宏观政策、公共文化服务微观政策四个方面。围绕公共文化服务体系构建的关键环节,每个方面研究的问题凸显不同的聚焦点。

(一)关于公共文化服务政策发展历程及特征的研究

公共文化服务政策的制定与当时经济、政治和文化本身发展密切相关,公共文化服务政策是公共文化服务的中枢轴[1],公共文化服务体系构建需要适宜的政策作为保障,研究公共文化服务政策发展历程,分析阶段性特征,旨在更好把握未来我国公共文化服务发展方向。[2] 目前主要是从政策本身和公共文化服务内涵两个视角,开展了对公共文化服务政策发展历程及特征的研究。

---

[1] 郎冬雨:《我国公共文化服务政策的价值特征与演进逻辑》,《天水行政学院学报》2017年第6期。
[2] 李少惠、张红娟:《建国以来我国公共文化政策的发展》,《社会主义研究》2010年第2期。

1. 从政策分析的维度，李少惠等人（2010）将60年来我国公共文化政策的发展历程分为三个阶段：1949年中华人民共和国成立到"文化大革命"前夕为公共文化政策发展的萌芽期；"文化大革命"十年，为公共文化政策的停滞期；1978年党的十一届三中全会召开后，公共文化政策进入复兴和全面发展时期。其间，政策发展的成就表现为：文化定位日益明确、公共文化设施建设成就显著、公共文化政策内容日益丰富；政策存在的不足表现为：公共文化政策体系存在不足、公共文化政策内容缺位、缺乏对农民自办文化这一内生机制的政策引导、缺乏对民俗文化的政策支持。[①] 魏鹏举等人（2016）结合我国公共文化发展情况与政策出台情况，将我国公共文化政策发展脉络划分为：1978年以前的政策萌芽期，这个时期的政策着眼点在于公共文化设施的建设。1979年至2000年的政策复兴期，这一时期伴随国家从"政治治理"转向"经济治理"，公共文化经济政策崭露头角。2000年以后的政策快速发展期，这个时期我国的公共文化建设取得了令人瞩目的成就，重大公共文化工程逐步推进，公共文化设施网络日益健全，文化产品和服务的内容更加丰富。[②] 郎冬雨（2017）以罗森布鲁姆多元公共行政观为价值导向，搭建"管理—政治—法律"三维政策分析模型，运用质性分析软件分析中华人民共和国成立以来公共文化服务政策文本，对管理价值、政治价值、法律价值3类共计30个政策话语信息节点进行编码统计，提出公共文化服务政策的阶段演进：1949—1977年为萌芽时期，本阶段所呈现的价值频次和覆盖率状态为：政治价值＞管理价值＞法律价值；1978—2001年为发展时期，所呈现的阶段性价值频次和覆盖率状态为：管理价值＞政治价值＞法律价值；2002—2015年为深化时期，所呈现的阶段性价值频次和覆盖率状态为：管理价值＞法律价值＞政治价值。[③]

2. 从公共文化服务内涵的维度，胡税根等人（2015）根据我国公共文化服务政策出台数量的变化以及内容和特色，将我国公共文化服务政策的发展分为三个阶段，即2000年及以前为我国公共文化服务政策的肇

---

① 李少惠、张红娟：《建国以来我国公共文化政策的发展》，《社会主义研究》2010年第2期。
② 魏鹏举、戴俊骋：《中国公共文化经济政策探析》，《中国行政管理》2016年第12期。
③ 郎冬雨：《我国公共文化服务政策的价值特征与演进逻辑》，《天水行政学院学报》2017年第6期。

始阶段，肇始阶段的公共文化服务政策主要着眼于对"文化事业""文化产业"与"文化市场"的相关规定。2001年至2005年为我国公共文化服务政策的探索阶段，该阶段在政策层面勾勒了公共文化服务的轮廓，并对公共文化服务的主要方向与重点内容进行了整体把控，从而为公共文化服务体系的提出与初步构建奠定了基础；这一阶段把公共文化资源共享作为政策的重点进行推进，但系统的公共文化服务政策体系尚未形成。2006年至2014年为我国公共文化服务政策的深化阶段，这一阶段，中央全方位制定了大量公共文化服务政策，包括纲领性的公共文化服务发展规划、针对具体公共文化服务工程的规划与标准以及公共文化服务场馆或设施的管理制度等；该阶段的公共文化服务政策种类齐全、覆盖面广、层次明晰、实际操作性强，这一初步构建的较为完整的公共文化服务政策体系为公共文化服务发展提供了制度支持。目前我国公共文化服务政策主要呈现了重视人民群众文化权益的保障、重视硬件设施的建设、重视重大文化惠民工程的建设以及重视基本公共文化服务均等化等总体特征。[①]

（二）关于公共文化服务政策理论建构研究

理论是实践的先导。目前围绕公共文化服务政策理论建构的研究，主要涉及公共文化服务政策内涵界定、价值定位及范围界定、目标选择、政策类别等内容。

1. 对公共文化服务政策内涵界定的研究

目前国内学者对公共文化服务政策内涵的界定不尽一致。按照公共文化服务政策效力层次定义，李景源、陈威（2009）认为，公共文化政策是指与公共文化相关的法律、法规、各级政府的政策，以及中共历届代表大会报告和中国历届人大政府工作报告中涉及公共文化的部分。[②]按照公共文化服务政策内容界定，毛少莹（2014）认为，所谓"公共文化政策"，即社会公共权威（通常是政府）在特定情境中，为达到一定的文化目标而制定的行动方案或行动准则。其作用是规范和管理公共文

---

① 胡税根、李倩：《我国公共文化服务政策发展研究》，《华中师范大学学报》（人文社会科学版）2015年第3期。

② 李景源、陈威：《文化蓝皮书·中国公共文化服务发展报告（2009）》，社会科学文献出版社2009年版，第31页。

化事务,指导有关文化机构、团体或个人的行动,其表达形式包括法律法规、行动规定或命令、国家领导人口头或书面的指示,政府大型文化规划、具体行动计划及相关策略等。常常表现为国家或地区的重要领导人讲话、文化规划、文化法规、文化经济政策等多种形式。① 周旺蛟(2014)认为,政府公共文化政策,包括公共文化政策的前置与后续,即涵盖制定公共文化政策的组织机构、公共文化相关法律法规、公共文化建设的具体举措、公共文化的服务供给等。② 按照公共文化服务政策作用定义,胡税根等人(2015)认为,公共文化服务政策是政府为了协调并保障人民群众公平地享有基础性公共文化服务而制定的与公共文化服务供给及公共文化服务体系建设相关的法律法规和计划措施。③ 冯雨晴(2016)认为公共文化服务政策指的是政策制定主体为了实现社会基本公共文化服务均等化,保障社会大众平等地享有基本公共文化服务的权利,满足大众的基本公共文化服务需求,而针对具体公共问题制定出来的相关公共政策,用以支持和鼓励公共部门供给充足的基本公共文化服务。④

2. 对公共文化服务政策价值及定位的研究

张波(2017)指出政府公共文化政策关系着社会公共利益,因而具有重要的道德价值。⑤ 李少惠等人(2017)基于政策扩散理论,提出需在中国现代公共文化服务政策扩散过程中强化现代公共文化服务的实践动力。⑥ 郎冬雨(2017)分析中华人民共和国成立以来公共文化服务政策文本,对公共文化服务的管理价值、政治价值、法律价值进行研究,提出三者的价值序位是管理价值为主导,法律价值为工具,政治价值为

---

① 毛少莹:《从公共文化政策看文化管理类学科的构成》,《上海文化》2014 年第 12 期。
② 周旺蛟:《南京国民政府时期的公共文化政策研究(1927—1937)》,硕士学位论文,湖南师范大学,2014 年,第 5 页。
③ 胡税根、李倩:《我国公共文化服务政策发展研究》,《华中师范大学学报》(人文社会科学版)2015 年第 3 期。
④ 冯雨晴:《北碚城市社区公共文化服务政策执行问题研究》,硕士学位论文,西南大学,2016 年,第 13 页。
⑤ 张波:《行政伦理:降低政府公共文化政策道德风险的有效策略》,《学习与探索》2017 年第 4 期。
⑥ 李少惠、崔吉磊:《中国现代公共文化服务政策扩散的内在张力与优化策略》,《思想战线》2017 年第 6 期。

基线。谢萌萌（2017）基于公共价值视角，以江西省公共文化服务政策中的价值选择为案例，提出文化资源、文化服务政策的独特性以及文化政策的价值选择。[①] 夏洁秋（2013）基于文化政策是公共文化服务建构的重要工具，指出公共文化服务建构中的文化政策定位，要立足于公共文化服务的赋权性、交互性、均衡性、综合性。[②]

3. 对公共文化服务政策的范围界定、目标选择和政策类别的研究

毛少莹（2014）提出公共文化政策问题的研究，属于公共政策学（政策科学或政策分析）范畴；并基于一般并不严格区分"文化政策"与"公共文化政策"的维度，提出公共文化政策的目标主要包括总体目标、对外文化政策、对内文化政策、文化遗产保护、促进文化与经济的融合；根据文化政策的不同目标，将文化政策大致分为文化发展的总体政策、文化行政管理类的政策、公益性文化服务政策、非（准）公益性文化经济政策和高雅艺术、专业研究及创作的政策5类；按照目前的文化行政管理架构，我国的公共文化政策大致分为文化行政管理政策、文化艺术政策、新闻出版政策、广播影视政策、图书馆政策、文物保护及博物馆政策、群众性文化馆（站）政策、互联网政策、文化经济政策、文化产业发展政策、文化市场监管政策11类。[③] 王鹤云（2014）分析了我国公共文化服务政策体系的基本框架及原则，指出可按照效力层次、作用、内容等标准对我国公共文化服务相关政策进行不同分类；按照效力层次应该包括：全国人大通过的相关法律、国务院颁布实施的行政法规、部门规章、地方性法规、中央文件等其他具有约束力和指导性的制度性文件；按照作用应该包括：保障类政策、规范类政策、鼓励类政策；按照内容应该包括：公共文化资源能量政策、公共文化设施建设管理政策、社会力量参与鼓励政策、资源配置倾斜政策、公共文化产品有效供给机制、绩效评估机制等政策内容。[④] 李秉坤，朱慧（2014）提出公共

[①] 谢萌萌：《创造公共价值：江西省公共文化服务政策的价值研究》，硕士学位论文，南昌航空大学，2017年，第1页。
[②] 夏洁秋：《文化政策与公共文化服务建构》，《同济大学学报》（社会科学版）2013年第1期。
[③] 毛少莹：《从公共文化政策看文化管理类学科的构成》，《上海文化》2014年第12期。
[④] 王鹤云：《我国公共文化服务政策研究》，博士学位论文，中国艺术研究院，2014年，第48—49页。

文化事业发展现行政策内容，包括文化政策、财政政策、税收政策、投融资政策等。①

（三）关于公共文化服务宏观政策的研究

公共文化服务宏观政策是指政府为了达到公共文化服务体系建设目标所采取的方向性、指导性的原则、手段和措施。杜德久（2008）按照构建公共文化服务体系的目标，根据北京自身的特点，提出探索建立促进服务主体和服务方式多元化，拓宽文化投资渠道，完善公共文化服务设施网络，改进公共文化服务评估监管等具有本市特色的公共文化服务体系政策。②延荣科（2011）提出从合理配置公共文化资源，完善公共文化发展政策，强化公共文化设施监管，丰富公共文化服务内容，加强公共文化产品生产，深化体制改革，壮大公共文化服务队伍等方面，落实文化惠民政策，推进公共文化建设。③王载册（2012）从公共文化服务体系基本理论出发，结合黄石市历史文化特点和经济社会发展实际，提出政府要高度重视制度设计工作，制定落实稳定的财政投入政策，强化一线服务，建立科学化、民主化的公共文化服务评估制度。④巫志南（2013）提出构建现代公共文化服务体系的政策走向是以标准化推进基本公共文化服务均等化，稳步推进政府购买公共文化产品和服务，全面深化公益性文化事业单位改革，突出人民群众的主体地位和作用，运用现代信息技术提高公共文化服务效能。⑤李秉坤等人（2014）提出促进公共文化事业发展要实行差异化的文化政策，实行积极有效的财政政策，实行税收激励政策，建立多元化社会投入的投融资政策。⑥王鹤云（2014）提出进一步完善公共文化服务的经费保障政策、公共文化产品供给的相关政策、公共文化服务的绩效评价政策。⑦胡税根等人（2015）

---

① 李秉坤、朱慧：《公共文化事业发展政策现状及政策建议》，《学理论》2014 年第 2 期。
② 杜德久：《完善公共文化政策构建首都公共文化体系》，《北京观察》2008 年第 3 期。
③ 延荣科：《落实文化惠民政策 推进公共文化建设》，《楚雄日报》2011 年 12 月 14 日第 003 版。
④ 王载册：《公共文化服务体系示范区制度性设计研究》，《黄石理工学院学报》（人文社会科学版）2012 年第 4 期。
⑤ 巫志南：《构建现代公共文化服务体系的政策走向分析》，《上海文化》2013 年第 12 期。
⑥ 李秉坤、朱慧：《公共文化事业发展政策现状及政策建议》，《学理论》2014 年第 2 期。
⑦ 王鹤云：《我国公共文化服务政策研究》，博士学位论文，中国艺术研究院，2014 年，第 51—71 页。

提出未来我国公共文化服务政策发展和完善要着重抓好四个方面：重视拓宽社会参与公共文化服务政策制定的渠道，加快建立健全公共文化服务政策执行的监督机制，重点推动公共文化服务标准化政策的制定，积极推进公共文化服务政策绩效评估工作以及进一步加强公共文化服务政策保障机制建设。① 陈程耀（2015）提出促进黑龙江省公共文化服务建设的政策是健全文化服务的财政政策，实行有针对性的公共文化产业政策，加强税收优惠政策实施力度，完善公共文化服务的教育政策。② 耿达等人（2016）提出加强政策法律体系建设，优化经费投入和财政保障机制，建立绩效评价和监督机制，强化政府公共文化服务职能，创新公共文化治理方式。③

（四）关于公共文化服务微观政策的研究

公共文化服务微观政策是指为了提高资源配置效率、调节生产和提供公共文化服务行为主体关系的具有操作性的政策。通过文献分析，发现公共文化服务微观政策的研究聚焦在标准化、均等化、社会化、数字化、特色化政策，以及财税、立法、执行、评估方面。

1. 对公共文化服务标准体系政策的研究

（1）公共文化服务标准化政策总体框架及范围、内容研究

浙江省推进基本公共文化服务标准化研究课题组（2014）在对基本公共文化服务范围、标准原则进行调研的基础上，制定了浙江省基本公共文化服务的范围、标准。④ 巫志南（2014）在调查研究基础上，对杭州市江干区基本公共文化服务标准作了初步的顶层设计，明确了人民群众的基本文化权益、实现的渠道、载体、方式和机制，以及区政府责任和公共文化机构、社会力量提供公共文化服务的内容、任务和要求。⑤ 贾晓敏等人（2015）在威海市公共文化服务建设实践的基础上，提出公

---

① 胡税根、李倩：《我国公共文化服务政策发展研究》，《华中师范大学学报》（人文社会科学版）2015 年第 3 期。
② 陈程耀：《黑龙江省公共文化服务政策研究》，硕士学位论文，哈尔滨商业大学，2015年，第 33—38 页。
③ 耿达、傅才武：《现代公共文化服务体系：发展检视与政策建议》，《湖湘论坛》2016年第 1 期。
④ 浙江省推进基本公共文化服务标准化研究课题组：《浙江公共文化服务范围、标准研究》，《上海文化》2014 年第 2 期。
⑤ 巫志南：《杭州市江干区基本公共文化服务标准研究》，《上海文化》2014 年第 8 期。

共文化服务标准体系建立的前提条件是制定公共文化服务清单、确定公共文化服务规划、确定公共文化服务宗旨和服务方针。据此，提出公共文化服务标准体系总体框架由服务通用基础标准体系、服务保障标准体系和服务提供标准体系三大子体系组成，并划分为3个层次，即第一层为国家法律法规、部门规章制度、公共文化服务标准化目标；第二层是服务通用基础标准体系；第三层是服务保障标准体系和服务提供标准体系。[①] 罗熙鸣等人（2016）结合相关政策文件和标准化理论，研究提出建立广东省基本公共文化服务标准体系框架，包括服务通用基础标准子体系（含标准化导则、术语标准、符号与标志标准）、服务提供标准子体系（含服务规范、运行管理规范）、服务保障标准子体系（含设施设备标准、安全与卫生标准、人力资源标准、数字化建设标准）、服务评价标准子体系（含监督管理标准、绩效评价标准、社会评价标准）。[②] 张文亮等人（2016）结合大连市自身的特色，构建了大连市公共文化服务标准体系框架，主要内容包括管理标准（包括责任监督标准、经费投入标准、人员编制标准和保障单位标准）、技术标准（包括资源配置标准、场地设施标准）、工作标准（包括服务半径标准、最低保障标准、服务种类标准）。[③] 钱荣富（2017）提出公共文化服务标准化的范围，主要包括公共文化服务保障标准、公共文化服务技术标准和公共文化服务评价标准三个方面。其中，服务保障标准重点考虑服务资源配置、服务供给、队伍建设和经费投入等；服务技术标准分为设施建设标准和管理服务标准两类，分别从硬件建设和软件建设两个方面收集或研究制定相关的标准；评价标准从绩效考核和社会评价两个方面评估公共文化服务设施建设、服务供给、资金投入等基础工作的完成情况，包括服务质量评价标准以及公众满意度调查等。同时，指出公共文化服务标准化要体现地方特色、要强化标准体系的指导作用、要提高标准的适用性、底线标准与

---

① 贾晓敏、詹立新、孙盛和、罗莉莉：《探索建立公共文化服务标准体系研究》，《标准科学》2015年第12期。

② 罗熙鸣、陈思嘉、何英蕾、徐剑：《广东省基本公共文化服务标准体系研究》，《标准科学》2016年第6期。

③ 张文亮、黄梦瑶、赵东霞：《大连市基本公共文化服务标准体系建设策略研究》，《公共图书馆》2016年第3期。

弹性标准相结合。① 张菊梅（2018）提出基本公共文化服务均等化的标准体系可从类别、空间、主体三个维度构建框架，即类别维度的基本公共文化服务均等化标准，包括文化设施标准、文化活动与平台标准、财政投入标准、公共信息服务标准、文化服务人才标准；空间维度的基本公共文化服务均等化标准，包括全国性文化服务标准、省域标准、市域标准、县域标准、乡镇标准、社区标准；主体维度的基本公共文化服务均等化标准，包括提供者的建设标准、生产者的质量标准、消费者的效用标准。②

（2）公共文化服务标准体系政策实现路径研究

浙江省推进基本公共文化服务标准化研究课题组（2014）提出明确政府职能定位，创新文化事业单位运行管理体制，增加基本公共文化产品和服务供给，建立和健全公共文化需求表达和决策参与机制。③ 阮可（2015）提出以财力均等化实现资源合理配置、创新服务面向基层下沉优质资源、通过部门统筹协调综合利用文化资源、建立供需对接机制精准服务百姓的保障标准实施途径。④

（3）公共文化服务标准体系政策实施情况研究

李小涛等人（2015）采用信息计量分析的工具与方法，提出中国尚未形成完整的公共文化服务标准体系，现行标准存在国际化水平不高、标龄普遍过长等问题。⑤ 江文涵（2017）从"社会基本权"理论与德国发展出的"文化宪法"理论两个角度讨论，以《中华人民共和国宪法》与《中华人民共和国公共文化服务保障法》中的代表性条文为研究对象，提出完善公共文化服务保障体系标准政策是公共文化服务标准体系应该受到文化法律体系的约束，完善非"三馆一站"公共文化服务保障法律体系，数字化发展要成为标准体系中重要的一部分。⑥

---

① 钱荣富：《江苏省公共文化服务标准体系建设实践与思考》，《中国标准化》2017年第1期。
② 张菊梅：《基本公共文化服务均等化标准体系的探讨》，《惠州学院学报》2018年第1期。
③ 浙江省推进基本公共文化服务标准化研究课题组：《浙江公共文化服务范围、标准研究》，《上海文化》2014年第2期。
④ 阮可：《我国基本公共文化服务保障标准研究》，《中国出版》2015年第12期。
⑤ 李小涛、邱均平：《公共文化服务标准的计量分析》，《重庆大学学报》（社会科学版）2015年第6期。
⑥ 江文涵：《我国基本公共文化服务标准体系研究》，硕士学位论文，西南政法大学，2017年，第4页。

2. 对公共文化服务均等化政策的研究

（1）城乡公共文化服务均等化政策研究

安彦林（2012）从经济学角度，提出促进城乡公共文化服务均等化的政策是实现城乡基本公共服务均等化、建立上下结合的农民文化需求的合理表达机制和公共文化服务供给的决策程序、完善公共财政制度、将公共文化服务均等化列入基层政府绩效考核内容。[1] 马兆青（2013）结合政府发布的相关数据对我国城乡基本公共文化服务的状况进行对比研究，提出推进我国城乡基本公共文化服务均等化的政策是加强农村地区的文化基础设施建设、建设一支高素质的农村文化队伍、加大对农村地区公共文化的财政资金投入、制定推动城乡基本公共文化服务均等化的条例或行动框架。[2] 王芳（2016）提出应建立科学规范的政府绩效评估和问责机制，实现基本公共文化服务供给机制多元化，在农村基础公共文化设施、资金投入、人才队伍建设等方面给予更多的政策支持。[3] 魏丹丹等人（2016）通过分析山东省泰安市农村基本公共文化服务供给非均衡化的各种原因，提出提高农村基本公共文化服务的管理效率成为解决城乡基本公共文化服务供给均衡化的关键。[4] 侯天佐（2017）基于现代化视角，提出当前重点要推进公共文化服务设施网络建设、公共文化服务标准化建设、公共文化服务信息化建设、公共文化服务社会化建设以及公共文化服务反馈机制建设，促进基本公共文化服务均等化。[5] 陆鸣（2017）提出政府应通过均衡配置、完善布局、形成现代公共文化设施服务网络体系，加大投入、促进基本公共文化设施标准均等化，以人为本、建立一支高素质的农村文化队伍，以需求为导向、建立群众文化需求反馈机制等。[6]

---

[1] 安彦林：《城乡公共文化服务均等化研究》，《山东财政学院学报》2012年第3期。
[2] 马兆青：《我国城乡基本公共文化服务均等化研究》，硕士学位论文，山西师范大学，2013年，第23—45页。
[3] 王芳：《城乡基本公共文化服务均等化问题研究》，《行政事业资产与财务》2016年第12期。
[4] 魏丹丹、盛芳、康维波：《城乡基本公共文化服务均等化研究》，《北华大学学报》（社会科学版）2016年第12期。
[5] 侯天佐：《现代化视角下基本公共文化服务均等化问题探析》，《宁夏党校学报》2017年第4期。
[6] 陆鸣：《我国城乡基本公共文化服务非均等化研究》，《北方经贸》2017年第7期。

(2) 区域公共文化服务均等化政策研究

胡税根等人（2011）提出实现西部地区基本公共文化服务均等化，需要制定《基本公共文化服务均等化条例》或行动框架，完善公共财政制度，加强西部农村文化人才队伍建设，建立基本公共文化服务的多元治理机制。[①] 梁立新（2014）提出实现民族地区基本公共文化服务均等化要进一步完善财政转移支付制度，加强共享性和流动性建设，构建主流文化与少数民族文化良性互动格局。[②] 王毅等人（2017）提出推进贫困县公共文化服务均等化，要强化地方政府职能、促进基本公共文化服务发展的平衡性与均等化，积极申请中央转移支付、借助发达地区和各级部门及社会力量的经济援助，提升服务效能，开展富有针对性、实用性和乡土气息的群众信息服务与文化活动，深入挖掘地区特色文化资源、促进地区文化的传承与推广，注重贫困县地区公共数字文化服务的实施、跟进与推广。[③] 刘小琴（2017）指出中国正在探索地区实现基本公共文化服务均等化自己的道路，主要内容包括公共文化服务机构全面实行免费开放，实施标准化、促进均衡发展，整合资源、建设基层综合性文化中心，推行总分馆制、促进区域一体化，场馆为主、网络服务和流动服务为辅、实现服务全覆盖，加强立法、依法治理。[④] 杨朝（2018）运用变异系数法、基尼系数法、泰尔指数法对我国地区间基本公共文化服务均等化水平进行测算分析，提出我国基本公共文化服务均等化要增加财政资金投入、加大转移支付力度，完善绩效评价机制与监督问责机制，进一步丰富基本公共文化服务内容、加快基本公共文化服务设施体系建设，增加人力资本的投入，促进文化消费思想观念的革新。[⑤] 申伟宁等人（2018）依据基本公共文化服务发展指数排序、波士顿矩阵定位以及发展指数二级指标分解的实证分析，提出实现京津冀区域基本公共文化

[①] 胡税根、宋先龙：《我国西部地区基本公共文化服务均等化问题研究》，《天津行政学院学报》2011年第1期。

[②] 梁立新：《民族地区基本公共文化服务均等化问题研究》，《哈尔滨师范大学社会科学学报》2014年第5期。

[③] 王毅、柯平、孙慧云、刘子慧：《国家级贫困县基本公共文化服务均等化发展策略研究》，《国家图书馆学刊》2017年第5期。

[④] 刘小琴：《公共文化服务均等化的路径》，《图书馆杂志》2017年第12期。

[⑤] 杨朝：《我国地区间基本公共文化服务均等化研究》，硕士学位论文，安徽大学，2018年，第1页。

服务领域均等化，除了采取传统途径如"完善公共财政制度""完善转移支付制度"等之外，更需要从基本环节入手，以标准化建设助推京津冀区域基本公共文化服务均等化。①

（3）特殊群体公共文化服务政策的研究

刘黎红等人（2013）从公共政策执行与效果的评估视角，提出进一步提升新生代农民工公共文化服务政策：一是强化、完善政府的责任；二是建立分类分层的农民工文化设施服务供给机制；三是强化社区文化资源共享机制；四是建立鼓励、监督用工单位加强文化设施和服务供给的机制；五是完善多元主体合作的服务传递机制；六是培育、扶持农民工文化娱乐内生机制。②莫小红（2016）提出推动农民工公共文化体育均等化的政策是加强法律法规建设、完善相关管理机制，加强正确的健身休闲体育活动的宣传与教育，建立合理的公共文化体育模式、开展多样化文体活动。③

3. 对社会力量参与公共文化服务政策的研究

（1）鼓励社会力量参与公共文化服务政策的研究

周宜开（2011）提出动员社会力量参与公共文化服务体系建设政策：一是完善公共文化服务体系，多渠道满足全社会公共文化需求；二是解放和发展文化生产力，形成多种所有制文化企事业机构协调发展的新格局；三是把社会力量创办的文化设施纳入公共文化服务体系建设的总体规划；四是提高公共文化产品和服务的供给能力。④郑丽萍（2012）以第三部门理论、新公共管理理论、公共治理理论为基础，提出加强文化立法，实施中央政府和地方政府、地方政府差异化的多元分层政策，引导社会力量参与公共文化服务。⑤把增强（2012）提出动员社会力量参与公共文化服务建设的政策：一是以法律法规形式明确规定支持社会

---

① 申伟宁、马斌、袁硕：《以标准化建设助推京津冀区域基本公共文化服务均等化》，《河北经贸大学学报》（综合版）2018年第3期。
② 刘黎红、徐伟：《新生代农民工公共文化服务政策执行问题探讨》，《东方论坛》2013年第1期。
③ 莫小红：《农民工公共文化体育均等化政策研究》，《科教导刊》2016年第5期。
④ 周宜开：《动员社会力量参与公共文化服务体系建设》，《前进论坛》2011年第10期。
⑤ 郑丽萍：《社会力量参与公共文化服务研究》，硕士学位论文，华东理工大学，2013年，第27—32页。

力量发展公共文化事业；二是积极扩大社会力量参与公共文化服务的渠道和领域；三是应促使财税等部门积极研究制定税收优惠政策，允许社会力量兴办的公共文化单位根据不同服务内容和服务对象，按照有偿服务、成本收费和减免收费等不同标准，建立多层次的收费标准；四是充分发挥分散在各地的企事业单位、学校艺术院团以及城乡居民中的文化能人和文化热心人的作用，鼓励吸引离退休文化专业人才充实到基层文艺队伍中，建立文化志愿者队伍，聚合各种社会闲散力量助力公共文化服务建设。[1] 程玉贤等人（2015）提出可以采取"民办政扶"政策，鼓励社会资本进入农村文化产业，鼓励社会力量捐赠开展农村公益性文化活动、资助文化项目、创办非营利文化企业等民生事业，扶持社会力量、社会资本投入农村公共文化体系建设。[2] 荆晓燕等人（2015）提出健全扶持社会力量参与公共文化的激励机制，积极搭建社会力量参与公共文化服务的平台，建立健全对于社会力量参与公共文化服务的考评管理体系。[3] 吴绒（2015）基于治理理论，以陕西省为案例，提出大力培育和发展社会力量特别是非政府组织，规范社会力量参与的程序性制度，加强社会力量有序参与公共文化服务。[4] 首小琴（2015）以广东省惠州市为研究样本，提出健全完善社会力量参与公共文化服务的制度与机制是健全政府购买服务机制，完善社会力量投资参与的配套激励政策，建立扶持文化类社会组织发展的机制，构建文化志愿者队伍的组建与稳定服务运行机制。[5] 蔡志刚（2016）提出积极探索社会资本投资公共文化服务多元化、采取多种措施吸引社会资金投入公共文化服务。[6] 徐华（2017）基于新公共服务理论、公共治理理论、第三部门理论，提出推动社会力量参与服务向产业化方向转型升级，完善"鄞州模式"的社会

---

[1] 把增强：《如何动员社会力量参与公共文化服务建设》，《领导之友》2012年第6期。
[2] 程玉贤、李海艳、石月清：《鼓励社会力量参与农村公共文化服务体系建设研究》，《改革与开放》2015年第1期。
[3] 荆晓燕、赵立波：《社会力量参与公共文化服务体系建设研究》，《中共福建省委党校学报》2015年第5期。
[4] 吴绒：《陕西社会力量参与公共文化服务供给研究》，硕士学位论文，长安大学，2015年，第33—34页。
[5] 首小琴：《社会力量参与公共文化服务建设的模式与机制》，《惠州学院学报》2015年第4期。
[6] 蔡志刚：《社会力量如何参与公共文化服务体系建设》，《衡阳日报》2016年10月27日。

力量参与公共文化服务。① 易昌松（2018）提出进一步加强政府的规划引领、强化线上的管理与服务、注重社会参与的舆论导向，推动"互联网＋"时代地方社会力量参与公共文化服务。② 李锋（2018）提出要对公共文化服务保障法列举的社会力量参与提供公共文化服务的若干方式制定实施细则。③

（2）公共文化服务参与政策的研究

蔡武进（2017）立足于实证调查，提出公共文化服务参与政策是加强公共文化财政投入的精准性和引导性，以社区文化服务中心为纽带重构城镇居民的公共文化空间，加强公共文化场馆的功能整合及空间衔接，促进公共文化参与和文化消费的互通与互动，健全居民公共文化参与机制。④

4. 对公共文化服务数字化建设政策的研究

（1）公益性数字文化服务体系政策研究

王学琴等人（2014）提出推进公益性数字文化服务体系构建的政策：一是以用户的实际文化需求为构建前提，扩大政策影响力；二是注重数字文化服务体系内容的充实，与数字内容产品相融合；三是增强对数字化环境的认识，重视数字版权问题。⑤ 李丹阳（2014）提出制定相关政策标准，建立国家级平台，加大公共文化资源数字化工作的推进力度，推进现代公共文化服务体系数字化建设。⑥ 王奥（2018）提出解决公共文化服务政府、资源、城乡三个连接，搭建公共文化服务机构大网络，整合公共文化服务数字化资源。⑦

（2）公共文化服务数字化平台建设政策的研究

陈承（2017）在搜集公共数字文化服务模式案例的基础上，提出从

---

① 徐华：《社会力量参与公共文化服务的"鄞州模式"探析》，硕士学位论文，广西师范大学，2017年，第13—14页。
② 易昌松：《"互联网＋"时代社会力量参与公共文化服务的实践与探索》，《文化创新比较研究》2018年第7期。
③ 李锋：《社会力量参与公共文化服务研究》，《湖南行政学院学报》2018年第5期。
④ 蔡武进：《我国城镇公共文化参与的状况、特征及政策建议》，《文化软实力研究》2017年第2期。
⑤ 王学琴、李文文、陈雅：《我国公益性数字文化服务体系政策研究》，《图书馆理论与实践》2014年第5期。
⑥ 李丹阳：《现代公共文化服务体系建设中的数字化探索》，《中国文化报》2014年12月19日。
⑦ 王奥：《公共文化服务体系数字化建设研究》，《图书情报知识》2018年第6期。

服务理念创新、公共数字文化资源整合、特色资源库建设、服务队伍和用户能力培养等方面,推进公共数字文化云服务创新的政策。① 徐望(2018)提出智慧文化服务体系建设政策解决方案:一是打造"全栈式"的"文化云"平台,实现一站式服务,平台运行采取政府主导、社会化市场化运行模式;二是创新开发公共文化云资源,形成文化云资源共享服务链;三是基于云端技术,实现分散资源集中管理,集中资源分散利用,协同按需智能化个性化服务。②

(3)公共文化服务数字资源建设政策的研究

陈胜利(2015)指出资源建设是文化共享工程建设的核心,文化共享工程资源建设的本质是文化的数字化,提出公共文化服务数字资源建设政策是牢固树立"用户意识",坚持"建""用"结合,建立健全资源建设机制,增加资源容量,提高资源质量,打造服务品牌。③

(4)公共文化服务数字版权政策的研究

齐崇文(2017)根据权利限制的基本原理,提出有必要在版权法框架内,从改进许可方式、改进使用方式、改进付费方式三个方面,对公共文化服务数字版权法定许可使用制度进行完善。④

5. 对公共文化服务财政和税收政策的研究

(1)关于公共文化服务财政支持政策的研究

马海涛等人(2007)基于公共物品理论、外部性理论、内生增长理论、需求供给理论,提出加大财政直接投入力度,优先保证基本文化投入;改善财政投入结构,提高资金使用效率;加大对于落后地区公共文化服务体系建设的转移支付力度;合理使用财政补贴、政府采购等手段扶持社会力量参与公共文化服务产品生产。⑤ 王岩(2011)基于公共物品理论、公共治理理论、新公共服务理论、公共财政理论,提出建立稳

---

① 陈承:《公共数字文化云服务创新体系及模式研究》,硕士学位论文,南昌航空大学,2017年,第1页。
② 徐望:《公共数字文化建设要求下的智慧文化服务体系建设研究》,《电子政务》2018年第3期。
③ 陈胜利:《公共数字文化资源建设的宏大实践》,《图书馆杂志》2015年第11期。
④ 齐崇文:《论公共文化服务中数字版权的实现》,《出版科学》2017年第5期。
⑤ 马海涛、龙军:《公共文化服务体系建设与财税政策支持》,《铜陵学院学报》2007年第6期。

定增长的投入机制，确保基本文化服务的供给；优化财政投入结构，提高资金使用效率；建立科学合理的转移支付制度。[1] 睢党臣等人（2012）在阐述公共文化服务体系与政府责任的基础上，提出注重财政投入资金的绩效考核，建立健全激励约束机制。[2] 赵康（2012）分析财政支持介入公共文化发展的理论依据，提出转变公共文化财政支出方式，提高公共文化财政支出效率；财政支持方式上集权和分权并存，推动准公共文化的发展；加大非营利性公共文化组织财政支持力度，实现公共文化参与主体多元化。[3] 董丁（2013）以政府供给公共文化服务相关理论以及政府扩大公共文化服务支出时机选择理论等为基础，提出建立财政分级投入机制，建立财政投入基础准备机制等。[4] 赵志杰（2013）运用公平正义理论、公民文化权利理论、公共产品理论、外部性理论等财政政策理论基础，提出确保财政投入在公共文化服务体系建设中的主导作用。[5] 财政部教科文司调研组（2013）提出从政策目标与政策思路、行政村村级公共文化财政补助方式、完善行政村村级公共文化财政补助管理体制三个方面，完善行政村公共文化建设财政支持政策。[6] 赵颖（2013）提出确立公共财政框架下文化事业的"广义视角"原则，将财政投入的规划原则拓展至涵盖文化演艺、文化遗产、广播影视和新闻出版的广义视角。[7] 李秉坤等人（2014）提出实行差异化的文化政策，实行积极有效的财政政策，建立多元化社会投入的投融资政策。[8] 郝龙飞（2014）基

---

[1] 王岩：《我国西部农村公共文化服务的财政政策研究》，硕士学位论文，兰州大学，2011年，第23—33页。

[2] 睢党臣、李盼、师贞茹：《完善公共文化服务体系的财政政策研究》，《上海管理科学》2012年第3期。

[3] 赵康：《我国公共文化发展的财政支持问题研究》，硕士学位论文，山东财经大学，2012年，第45—48页。

[4] 董丁：《构建甘肃省公共文化服务体系的财政政策研究》，硕士学位论文，西北师范大学，2013年，第1页。

[5] 赵志杰：《公共文化服务体系建设的财政政策研究》，硕士学位论文，山东财经大学，2013年，第1页。

[6] 财政部教科文司调研组：《行政村公共文化建设情况和财政支持政策建议》，《中国财政》2013年第16期。

[7] 赵颖：《我国文化事业财政投入研究》，博士学位论文，东北财经大学，2013年，第126页。

[8] 李秉坤、朱慧：《公共文化事业发展政策现状及政策建议》，《学理论》2014年第2期。

于财政政策理论，阐述了公共文化服务体系与财政政策的关系理论，以陕西省为例，提出需要构建一个系统化、协调化、动态化的公共文化服务体系建设的财政政策体系。[①] 贾康（2014）提出应积极结合现代市场体系的发展完善，积极探索和鼓励现代公共文化服务体系中可与市场对接、互动部分的投融资机制和运行管理机制的创新。[②] 郭凤娟（2014）在系统梳理公共文化服务、转移支付等相关理论的基础上，提出加快制定转移支付相关方面法律法规，明确规定政府的公共文化投入比例，明确各级政府的事权和财权，建立多种转移支付方式，完善一般性转移支付的有效增长机制，清理、整合、规范专项转移支付项目。[③] 陆晓利等人（2015）指出目前我国公共文化免费服务仍面临很多资金问题，需要从增加财政投入、建立长效财政保障机制、优化财政投入结构、完善财政政策并加强普及落实等方面，进一步完善公共文化免费服务财政保障机制。[④] 魏鹏举等人（2016）在对我国公共文化政策全面梳理的基础上，针对公共文化经济政策优化，提出要促进立法保障文化经济政策的稳定性与系统性、提升财税支持力度和效率、探索社会力量参与模式创新及加强公共文化经济政策评估等。[⑤] 江朦朦、张静（2017）基于实证研究结果，提出政府需要了解人民群众对基本公共文化项目内容的需求、出台扶持基本公共文化发展的相关政策，合理规划基本公共文化服务财政支出的分配、使用、管理、审计和监督并建立基本公共文化服务财政支出的稳定增长机制，大力发展地区经济、提升本地经济发展水平。[⑥] 王显成（2017）结合深化财政改革的要求，对接财政预算科目，认为目前不宜提出公共文化财政投入占财政支出的比例等总量标准指标。在投入

[①] 郝龙飞：《陕西建设公共文化服务体系的财政政策研究》，硕士学位论文，长安大学，2014年，第1页。

[②] 贾康：《构建现代公共文化服务体系的财政支持保障政策》，《中国财经报》2014年8月19日。

[③] 郭凤娟：《我国公共文化服务体系建设中的财政转移支付制度研究》，硕士学位论文，中国艺术研究院，2014年，第43—45页。

[④] 陆晓利、廖集光、贺南：《浅析公共文化免费服务和财政保障的关系》，《图书情报工作》2015年第12期。

[⑤] 魏鹏举、戴俊骋：《中国公共文化经济政策探析》，《中国行政管理》2016年第12期。

[⑥] 江朦朦、张静：《中国基本公共文化服务的财政支出效率测度》，《江汉论坛》2017年第3期。

方式上，要降低直接投入的比例，通过政府购买、BT等模式，实现财政对公共文化投入方式的优化。①

（2）对公共文化服务税收激励政策研究

赵春生（2015）应用层次分析模型、案例和回归模型，对北京实际情况进行实证研究，提出促使非营利性组织更好地供给公共文化服务的政策：一是完善相关税收优惠政策体系，按营利收入的性质实施差异化优惠；二是加强对社会捐赠的税收激励。②张晓丽（2016）基于外部效应理论、失灵理论、资源相互依赖理论以及激励理论，运用激励性规制理论框架（Jean Tirole，2014）构建政府财政动态合作激励模型，提出对社会组织免税资格认证、税收返还、分类税收、对捐赠主体激励等主要税收激励制度进行制度优化。③万瑜（2017）基于社会资本参与公共文化服务建设税收激励制度的基本理论与基本原则，提出从税种、税率及激励范围、方式、期限等方面，完善社会资本参与公共文化服务建设的税收激励制度。④李华等人（2018）选取江西省为实证研究对象，通过构建均等化模型，对江西省11个市级单位公共文化服务均等化现状进行测算，提出实施差别税率，加大税收优惠。⑤

6. 对公共文化服务立法问题的研究

商思刚（2012）提出我国公共文化服务体系立法改进和完善政策：一是构建符合我国国情与时代要求的公共文化服务法律体系；二是推动公共财政体制改革，保障公共文化服务的经费投入；三是协调地区、城乡、阶层差异，实现公共文化服务的均等化；四是引入市场竞争机制，完善公民和社会参与机制，建立健全公共文化服务的评估考核机制。⑥杨奎臣、谭

---

① 王显成：《公共文化服务投入的统计范围与保障标准》，《统计与决策》2017年第10期。
② 赵春生：《促进非营利组织公共文化服务供给的财政政策研究》，硕士学位论文，首都经济贸易大学，2015年，第1页。
③ 张晓丽：《社会组织供给公共文化服务的财税激励研究》，博士学位论文，首都经济贸易大学，2016年，第1页。
④ 万瑜：《社会资本参与公共文化服务建设税收激励制度研究》，硕士学位论文，西南政法大学，2016年，第27—38页。
⑤ 李华、严烨：《促进公共文化服务均等化财税政策研究》，《财税论坛》2018年第4期。
⑥ 商思刚：《论我国公共文化服务体系立法的改进与完善》，硕士学位论文，中国社会科学院，2012年，第15—20页。

业庭、李凤兰（2013）从立法目的出发，提出公共文化服务法律应属于社会法范畴，适应现实需要宜采取"促进型"立法模式，在该模式下应用立法技术，建构主要法律制度，构造公共文化服务法律体系架构。① 邢娟（2014）在详尽梳理公共文化服务相关政策法规的基础上，提出完善公共文化服务政策法规：一是系统制定公共文化服务的政策法规；二是提高公共文化政策法规制定的民主化程度；三是重视文化政策法规的宣传和文化法制教育。② 罗冠男（2015）提出推动中央和地方公共文化服务立法，需完善原则、权利、主体、决策、评估和责任等核心制度。③

7. 对公共文化服务政策执行主体政策的研究

徐卫芳（2017）基于新公共管理理论、治理理论、多中心理论、新公共服务理论，以河南省开封市为例，提出对公共文化服务政策执行主体的政策：一是加强和完善公共文化服务政策执行主体作用发挥的法制保障；二是进一步完善公共文化服务政策执行主体的作用机制；三是明确公共文化服务政策执行主体价值的取向；四是创新公共文化服务政策执行主体的服务方式提供。④ 王慧荣（2018）以政策网络作为理论基础，对兰州基层政府购买公共文化服务政策执行中以基层政府为核心的多元主体互动网络进行构建分析，提出公共文化服务政策执行主体的政策建议是政府社群完善政策体系、府际网络提升执行能力、生产者网络提高供给能力、专业网络发挥指导作用、议题网络加深参与互动。⑤

8. 对公共文化服务政策评估的研究

对公共文化服务政策评估的研究，本质上是进一步提出完善政策的建议。

（1）对公共文化基础设施政策评估的研究

李金珊、徐越（2014）基于公共文化基础设施建设的背后反映的是

---

① 杨奎臣、谭业庭、李凤兰：《公共文化服务立法基本问题定位：社会法范畴与促进型模式》，《云南行政学院学报》2013年第1期。
② 邢娟：《公共文化服务的政策法规分析》，《现代经济信息》2014年第22期。
③ 罗冠男：《试论我国公共文化服务法律体系的完善》，《天津法学》2015年第3期。
④ 徐卫芳：《开封市公共文化服务政策执行主体问题研究》，硕士学位论文，西南大学，2017年，第31—38页。
⑤ 王慧荣：《政策网络视角下兰州基层政府购买公共文化服务政策执行偏差研究》，硕士学位论文，兰州大学，2018年，第42—46页。

公共政策的实施，以浙江省农家书屋为例进行政策绩效评价，从制度分析的角度对农家书屋政策绩效评价结果加以分析，提炼出功能复合程度、可替代品的易获得程度、后续资金保障、专职管理、更新维护机制、群众需求的强弱和上级主管单位重视程度七项对我国基层公共文化基础设施的政策绩效具有解释力的制度因素。①

（2）对重大文化惠民项目政策评估的研究

马娜（2010）以广播电视"村村通"工程为例，对广西三江侗族自治县个案进行调查分析，提出完善"村村通"工程的相关政策：一是以"服务群体的最大化"作为"村村通"政策的执行原则；二是强化宣传，营造群众参与氛围；三是推进"村村通"建设的法制化进程；四是理顺县乡两级广电的管理体制，加速推进县乡两级垂直管理；五是从覆盖方式上进行创新；六是建立村村通广播电视内容长效服务机制；七是节目内容要注重传播的地域性、凸显民族文化；八是注重少数民族语言节目；九是加强在职培训和队伍建设；十是广泛拓展投融资渠道；十一是要更加关注妇女受众；十二是"村村通"工程的安全管理。②

（3）对公共文化设施免费开放政策评估的研究

欧阳坚（2008）通过剖析博物馆、纪念馆免费开放这一重要公共政策出台的理论依据，提出引入竞争机制改进公共文化服务供给方式。③陈庚、白昊卉（2018）以公共图书馆为例，运用文化权利、政策过程理论对我国公共文化场馆免费开放展开政策检视和反思，提出免费开放政策的优化：一是完善分类资助标准，设计多重综合标准；二是建立完善经费保障的动态调整机制，创新财政保障方式；三是建立绩效评价体系，形成激励约束机制。④

---

① 李金珊、徐越：《基层公共文化基础设施政策绩效及其制度因素探究》，《东北大学学报》（社会科学版）2014年第5期。
② 马娜：《民族地区农村广播电视"村村通"政策绩效研究》，硕士学位论文，中南民族大学，2010年，第35—42页。
③ 欧阳坚：《从公共物品视角看我国博物馆免费开放政策的出台》，《中国行政管理》2008年第10期。
④ 陈庚、白昊卉：《我国公共文化场馆免费开放政策检视与反思》，《中国图书馆学报》2018年第3期。

(4) 对公共文化服务财政政策评估的研究

龚璞、杨永恒（2013）通过对 1997 年到 2010 年的省级面板数据进行回归分析，发现财政分权政策对公共文化服务供给有显著的负面影响，提出促进公共文化服务均等化的政策：一是加大转移支付力度，弥补地区间财力差异；二是改革财政体制，理顺中央与地方关系；三是约束地方政府行为偏好，优化财政支出结构；四是统筹城乡发展，加大农村公共文化服务投入[①]。姚林香等人（2018）基于实证分析结果，对公共文化服务财政政策评估展开研究后，提出改进农村公共文化服务财政政策绩效的政策是加大财政直接投入力度，优化财政支出结构，加大财政政策执行力度。[②]

二 国外公共文化服务政策研究进展

目前还没有搜集到外国学者对公共文化服务政策研究的直接文献。通过对现有国内学者对国外公共文化服务政策研究文献的分析，发现目前研究主要集中在公共文化服务政策目标，公共文化服务政策内容、特征及作用，公共文化服务政策基本走向，公共文化服务立法，公共文化服务财税政策五个方面。

（一）关于公共文化服务政策目标的研究

任一鸣（2012）指出"文化民主化"既是法国的传统文化理念，也是巴黎公共文化政策的核心。巴黎公共文化服务体系就是建立在这一核心理念之上的，具体体现为保障公共文化设施的投入和均衡分布、文化传承和文化创新融合发展、关注公众对城市文化活动的参与度和满意度等。[③] 张丽（2013）研究指出法国文化政策的基本目标是使最大数量的法国人能够接近人类尤其是法国的文化杰作，确保他们对本国文化遗产的兴趣，促进文化艺术创作，繁荣艺术园地。法国文化政策的核心目标是促使文化通过各种表达方式传递给民众。[④] 苗瑞丹（2013）指出作为西方发达国家，注重公民基本文化权利，保障公民平等分享文化发展成

[①] 龚璞、杨永恒：《公共文化服务均等化与财政分权政策》，《上海文化》2013 年第 2 期。
[②] 姚林香、欧阳建勇：《我国农村公共文化服务财政政策绩效的实证分析》，《财政研究》2018 年第 4 期。
[③] 任一鸣：《巴黎公共文化发展及其启示》，《文化艺术研究》2012 年第 4 期。
[④] 张丽：《法国公共文化发展政策研究》，《山东图书馆学刊》2013 年第 5 期。

果一直是美国国家文化管理和服务的中心内容。提高公民的参与率是美国公共文化政策的主要目标。[①] 许清（2013）指出荷兰文化政策的基本原则是保持政府在文化评价中的中立立场，总体目标是将荷兰建设为一个美丽的、智慧的、文明的现代化国家。美丽是指通过实施积极的建筑政策建设当代建筑和采用现代化手段保存历史建筑和历史遗迹来增强文化发展对荷兰的美化作用；智慧是指确保每一位荷兰公民都能享受到良好的教育，鼓励每一位公民不断开拓创新，为优秀个人提供发展机会；文明是指确保每一位荷兰公民都能享受到良好的文化服务，提高公众在文化活动中的参与度，为社会发展营造一个良好的氛围。[②]

（二）关于公共文化政策的内容、特征、作用的研究

彭泽明（2012）指出美国的公共文化政策，主要包括实行"无为而治"的文化政策，实行"对文化艺术的各种资助政策"，实行文化多元主义和社区文化建设的政策；法国的公共文化政策，主要包括国家主导文化建设的政策，实行以中央和各级地方政府的公共投入为主导、鼓励文化资助的投入政策，实行文化普及和文化公民权、保护本国传统及积极应对信息化和网络化挑战的文化发展政策；英国的公共文化政策，主要包括实行"一臂之距"的文化政策，实行财政支持政策，实行推进最广大的公民接触和参与国家的文化生活、提高公民生活质量政策；日本的公共文化政策，主要包括实行"内容不干预"的文化政策、实行财政补助和对文化资助的企业减免税收的政策，实行大力振兴各领域的文化艺术活动、国民教育等文化政策；俄罗斯的公共文化政策，主要包括实行中央文化权力的"去中心化"及文化市场和分配私人化和商业化的文化政策，实行财政资金扶持政策，实行建设文化俄罗斯的政策；韩国的公共文化政策，主要包括重塑传统的文化政策，实行农村"精神启蒙"到社区"精神教育"的文化政策，设立中央、地方文化艺术振兴基金及"公共艺术项目"由地产商承建的政策。[③]

许清（2013）指出荷兰文化政策的主要特点是：计划管理体制，注

[①] 苗瑞丹：《反思与借鉴：美国公共文化政策对我国文化发展成果共享的现实启示》，《学术论坛》2013 年第 10 期。

[②] 许清：《荷兰公共文化政策研究》，《山东图书馆学刊》2013 年第 3 期。

[③] 彭泽明：《中国文化馆（站）发展之路》，重庆出版社 2012 年版，第 213—227 页。

重荷兰公众在文化艺术活动中的参与，注重文化发展的多样性，注重市场经济理念在文化发展中的培植，优先国家政策。① 高梦楚（2013）指出匈牙利公共文化政策的特点是：中央统筹与地方分权的平衡，充分考虑多民族性和海外同胞利益，对国家文化遗产的保存与管理。②

宋海燕等人（2013）指出罗斯福"新政"时期公共文化政策的实行，扩大了美国政府的职能，彰显了艺术家的社会作用，丰富了公众的文化生活，也为美国社会保留了丰富的文化资源。③

（三）关于公共文化政策的基本走向研究

饶先来（2013）透过当代艺术教育在法国文化政策中的地位之演变这一视角，梳理了法国公共文化政策的基本走向：一是强化文化的战略地位，继续推进"文化的民主化"；二是在大文化概念下加强各方合作，进行制度创新，推动文化的发展；三是强调艺术家的作用，保护文化创造的活力和文化多样性。④

（四）关于公共文化服务立法研究

郭玉军等人（2018）以英国、比利时及法国公共文化立法为研究对象，指出其形成了符合自身文化发展实际的市场发展模式、地方政府推动模式及中央集权模式，这些模式在处理政府与市场、法律与政策、授权与融资、激励与保障、监管与问责关系方面既存在共性也存在区别。中国应在借鉴欧洲经验的基础上，结合公共文化服务保障法的相关规定，引入社会力量以实现公共文化市场化，释放公共文化机构空间，激励文化人才的自我管理，促使监管机制与问责机制相结合，以保障中国文化服务建设的法治化进程。⑤

（五）关于公共文化发展的财税政策研究

苑新丽（2015）梳理出发达国家支持公共文化发展的财税政策特征是：拥有健全的文化法律法规，广泛运用财政资金支持公共文化发展，

---

① 许清：《荷兰公共文化政策研究》，《山东图书馆学刊》2013年第3期。
② 高梦楚：《匈牙利公共文化管理体制与内容特色》，《山东图书馆学刊》2013年第4期。
③ 宋海燕、陈海宏：《罗斯福"新政"时期的公共文化政策论析》，《理论学刊》2013年第12期。
④ 饶先来：《从艺术教育看法国公共文化政策的当代走向》，《上海文化》2013年第8期。
⑤ 郭玉军、李伟：《欧洲公共文化立法探讨及对中国的启示》，《中国石油大学学报》（社会科学版）2018年第3期。

财政文化资金有明确的预算安排,注重发挥税收政策对公共文化发展的支持作用。① 朱慧(2013)指出英国公共文化事业发展财政支持政策,主要包括非政府中介机构具体分配公共财政拨款的财政政策、公益彩票下的投融资政策;法国公共文化事业发展财政支持政策,主要包括政府直接拨款的财政政策。②

三 国内外相关研究成果述评

(一)国内相关研究成果述评

1. 研究呈现的特点

(1)公共文化服务政策研究关注度越来越高,研究主题不断向公共文化服务关键环节聚焦

2007年以来相关学科背景、一批大学和科研机构及专家、学者把研究的目光投入公共文化服务政策研究。从目前搜集到的114条关于公共文化服务政策研究文献来看,自2013年后公共文化服务政策研究文献明显上升,到2017年出现大增(见图1-1)。通过文献分析,研究主题不断细化与深入,主要集中在公共文化服务政策理论建构、公共文化服务宏观政策、公共文化服务标准化政策、公共文化服务均等化政策、公共文化服务社会化政策、公共文化服务数字化政策、公共文化服务财政支撑政策、公共文化服务政策评估等方面(见图1-2),尤其是均等化政策和财政政策研究成为两大热点问题,其文献分别达到22篇(见图1-3)、20篇(见图1-4),两者之和占整个研究文献的36.8%。究其原因主要是2013年11月《中共中央关于全面深化改革若干重大问题的决定》、2015年1月《中共中央办公厅国务院办公厅关于加快构建现代公共文化服务体系的意见》、2016年12月《中华人民共和国公共文化服务保障法》发布后,该领域的研究日益增多。研究数量的不断增长和主题不断向公共文化服务关键环节聚焦,正好说明公共文化政策不仅是公共文化服务建设的推动力和"杠杆",也是公共文化服务政策研究的吸引力和"导向"。

---

① 苑新丽:《发达国家支持公共文化发展财税政策及借鉴》,《国际税收》2015年第4期。
② 朱慧:《英法促进公共文化事业发展政策及经验借鉴》,《对外经贸》2013年第10期。

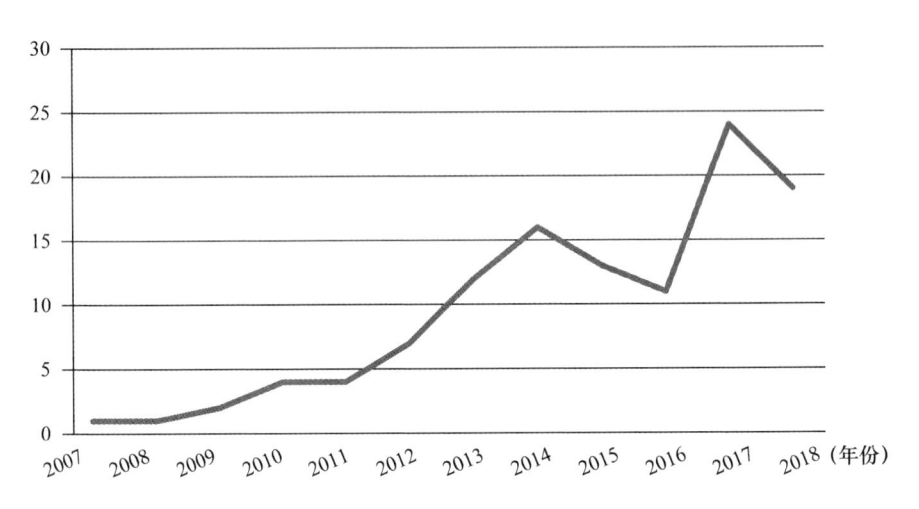

图 1-1 公共文化服务政策研究文献年度变化趋势

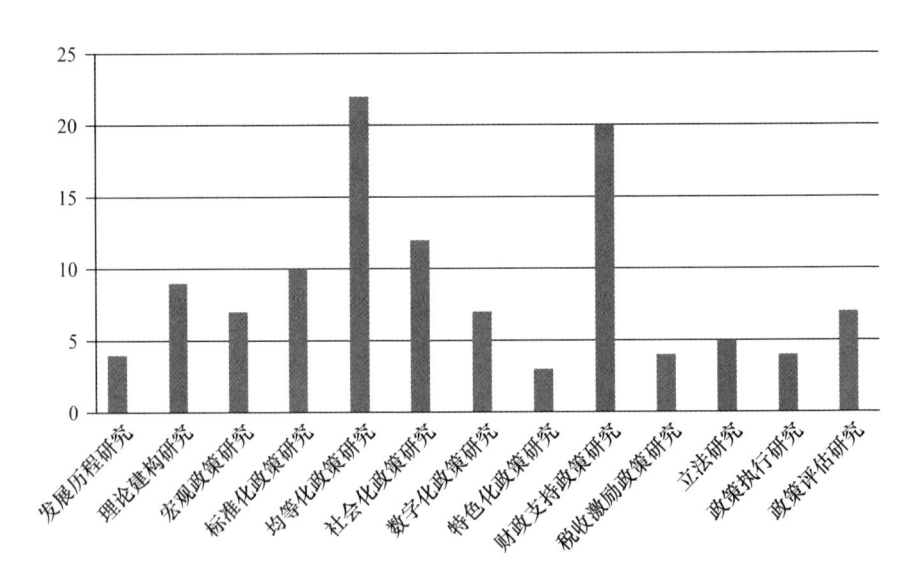

图 1-2 公共文化服务政策研究文献研究主题数量变化趋势

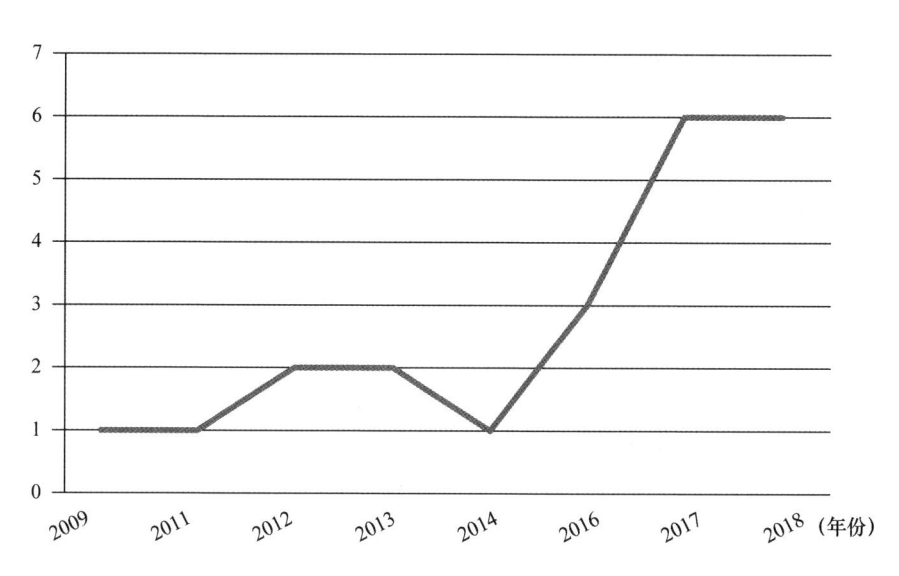

图 1-3 公共文化服务均等化政策研究文献年度变化趋势

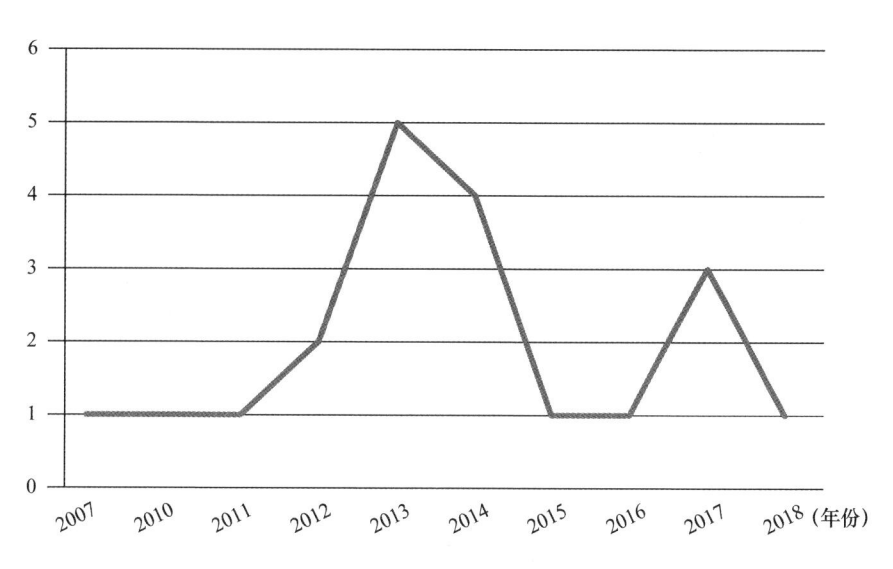

图 1-4 公共文化服务财政支撑政策研究文献年度变化趋势

(2) 研究呈现跨学科的特点，研究路向体现出实用性立场

根据目前筛选出的 29 篇公共文化政策研究学位论文文献，主要涉及管理学、经济学、法学、艺术学、历史学等学科，其中涉及管理学的研

究文献 12 篇、经济学的研究文献 10 篇、法学的研究文献 4 篇、艺术学的研究文献两篇、历史学的研究文献 1 篇。这恰好说明公共文化政策是跨学科的领域。同时，从 114 篇研究文献不难发现，多数文献的研究路径体现出实用性立场。

（3）研究的理论基础多种，研究方法多样化

初步统计研究文献，其研究的理论基础有新公共管理理论、公共治理理论、公共产品理论、公共财政理论、需求供给理论、公共选择理论、区域发展理论、社会公平正义理论、第三部门理论、外部性理论、政策扩散理论、多中心理论、公共行政理论、政府职能理论、标准化理论、社会基本权理论、公民文化权利理论等，尤其是新公共管理理论、公共治理理论、公共产品理论应用广泛；其研究方法主要有文献分析法、比较分析法、定性分析法、规范分析法、变异系数法、基尼系数法、泰尔指数法、信息计量分析法等，使研究有了科学支撑和宽广视野，不仅为推动学科构建和生动实践提供了滋养，也为本课题的研究提供了较好的借鉴参考。

2. 未来努力的方向

（1）研究视角的局限和重要问题的关注度仍不够

纵观国内研究文献，多从政府视域思考，对政策制定主体关注多，缺少对受众群体的考量；更多关注的是公共文化服务体系政策制定的问题，而对政策执行、实施效果的评估研究不够，对公共文化服务政策的理论建构及制定的理论来源和现实依据研究不够。尤其是公共文化服务体系建设中的文化事业与产业协同发展、重大文化惠民工程深入实施、推动公共文化服务高质量发展、公共文化服务与旅游公共服务融合发展、社会公众参与、公共文化服务深化体制机制改革等问题研究，还留有许多空间。

（2）研究内容缺乏体系化、系统化

分析现有国内研究文献，绝大部分是针对某一个或某一类政策问题展开研究，体系化、系统化研究不够，研究的问题较为零散、碎片化。这或许在某种程度上说明，目前公共文化服务政策体系研究本身还不够成熟和没有形成足够清晰的研究思路。而围绕公共文化服务体系的"网络设施子体系、产品生产与提供子体系、人财物保障子体系、组织支撑

子体系、绩效评估子体系"组成或"标准化、均等化、社会化、数字化"重点任务展开的逻辑化、体系化政策研究滞后。

（3）国内多科学联合研究缺失、定量研究不够

综合国内研究文献，不难发现目前公共文化服务政策体系研究已有管理学等多学科介入，但仍是各自为政、分散作战，"孤岛现象"严重，跨学科联合研究交叉平台的真正形成"路漫长"。这或许昭示着"公共文化服务政策学"这门交叉学科的诞生日益紧迫。与此同时，从搜集到的114篇文献统计，定性研究78篇，占总数的68.4%；定量研究22篇，占总数的19.3%；定性与定量结合研究14篇，占总数的12.3%。或许是对第一手资料掌握有限，致使定量研究不够。

（4）国内研究显现表层化、深度开展研究有待加强

厘析目前的研究文献，宏观性研究阐述较多，微观深入研究缺乏，致使研究显得较为空泛化。如：对公共文化服务政策体系发展历程，国内学者多从政策分析和公共文化服务内涵维度进行研究，缺乏的恰恰是根据公共文化服务发展规律维度的深入研究，这种研究或许能深入挖掘公共文化服务体系建设的时代背景、探寻每个阶段政策出台的初衷和价值导向。如：对公共文化服务政策体系理论建构研究还处在起步阶段，理论研究严重滞后于实践，"实践推着理论走"，公共文化服务政策理论体系的建构任重道远。搜集到的114篇文献中，有的文献还不能算真正意义上的政策研究，是泛泛的对策、策略研究，严格意义上以政策视角维度开展研究的文献仅有65篇，占总数的57%。与此同时，有的研究文献缺乏以政策文本为依托开展研究，也是导致研究深度不够的内因之一，据统计，以政策文本为研究对象的仅有17篇，占总数的14.9%。

（二）国外相关研究成果述评

尽管没有查找到国外学者对公共文化服务政策研究的直接成果，但是国内学者对国外公共文化服务政策的研究对于开展本课题研究仍然提供了难得的借鉴。他们聚焦在公共文化服务政策目标，公共文化服务政策内容、特征及作用，公共文化服务政策基本走向，公共文化服务立法，公共文化服务财税政策五个方面开展研究，这对于研究我国公共文化服务政策具有重要的启示意义。尤其是国外注重让文化面向更广泛的民众，提高公民的公共文化服务参与率；传承文化遗产，达至"文化认同"；

通过健全的文化法律法规，运用财政资金支持公共文化发展，注重发挥税收政策对公共文化服务发展的支持作用；实行以中央和各级地方政府的公共投入为主导、鼓励文化资助的投入政策；注重市场经济理念在文化发展中的培植；等等。这对进一步优化我国公共文化服务政策具有参考意义。但对国外公共文化服务政策的研究缺乏体系化、系统化。

第二节　公共文化服务政策体系概念界定

公共文化服务、公共文化服务政策、公共文化服务政策体系三者之间有着紧密的内在关联。在界定公共文化服务政策体系概念之前，有必要对公共文化服务和公共文化服务政策概念作出界定，以便更准确把握公共文化服务政策体系概念。

一　公共文化服务概念及基本特征

（一）概念

公共文化服务的概念在学术界阐释和表述不一。周晓丽等人认为，公共文化服务是既不以营利为目的，又注重社会效益，还能为社会提供非竞争性、非排他性的公共文化产品的资源配置活动[1]；王大为认为，由国家政府提供的，面向社会全体公民的、非营利性的，就是公共文化服务，是相对于私人文化服务而言的一个概念。[2] 胡税根等人认为，公共义化服务是指基于社会效益，不以营利为目的，为社会提供非竞争性、非排他性的公共文化产品的资源配置活动。[3] 陈威认为，公共文化服务就是由公共部门或准公共部门共同生产或提供，以满足社会成员的基本文化需求为目的，着眼于提高全体公众的文化素质和文化生活水平的公共产品。[4] 曹爱军等人认为，公共文化服务是满足社会的公共文化需求，

---

[1] 周晓丽、毛寿龙：《论我国公共文化服务及其模式选择》，《江苏社会科学》2008年第1期。
[2] 王大为：《公共文化服务的基本特征与现代政府的文化责任》，《齐齐哈尔师范高等专科学校学报》2007年第3期。
[3] 胡税根、李倩：《我国公共文化服务政策发展研究》，《华中师范大学学报》（人文社会科学版）2015年第2期。
[4] 陈威：《公共文化服务体系研究》，深圳报业集团出版社2006年版，第16页。

向公众提供公共文化产品与服务的行为及其相关制度与系统的总称。①周武旺认为，公共文化服务是指满足国民基本公共文化需求，由政府及文化主管部门为国民提供公共文化产品或服务的全部制度的总称。②学者们更多从服务目的、提供主体、提供产品和服务、服务对象等不同方面予以回答，都有其合理性，但对公共文化服务提供主体多元化及提供内容存在一定异议。

课题组使用公共文化服务的法律定义。《中华人民共和国公共文化服务保障法》对"公共文化服务"的定义：是指由政府主导、社会力量参与，以满足公民基本文化需求为主要目的而提供的公共文化设施、文化产品、文化活动以及其他相关服务。

（二）基本特征

目前，我国学术界关于公共文化服务的基本特征尚无权威解释。胡税根等人认为，公共文化服务的基本特征是公平性、均等性、公益性、便利性和普及性，这些特征较多地体现在人民群众基本的、共享的、通过市场难以满足和调节的文化产品上。③王大为认为，公共文化服务的基本特征是公有性、公益性、公众性、共享性④；王富军认为，公共文化服务的基本特征是公共性、基本性、文化性、便利性、均等性、多样性⑤；邬家峰认为，公共文化服务的基本特征是价值性、公益性、均等性、普惠性、便利性、有效性⑥；刘芳认为，公共文化服务的特征是公益性、公开性、公平性、发展性⑦；张云峰认为，公共文化服务的基本特征是公益性、公平性、基本性、多样性、便利性、持续性⑧；等等。

---

① 曹爱军、杨平：《公共文化服务的理论与实践》，科学出版社2011年版，第23页。
② 周武旺：《公共文化服务均等化研究》，硕士学位论文，湘潭大学，2012年，第18页。
③ 胡税根、李倩：《我国公共文化服务政策发展研究》，《华中师范大学学报》（人文社会科学版）2015年第2期。
④ 王大为：《公共文化服务的基本特征与现代政府的文化责任》，《齐齐哈尔师范高等专科学校学报》2007年第3期。
⑤ 王富军：《农村公共文化服务体系建设研究》，硕士学位论文，福建师范大学，2012年，第35—42页。
⑥ 邬家峰：《公共文化服务体系建设研究》，硕士学位论文，华中师范大学，2012年，第20—22页。
⑦ 刘芳：《论博物馆公共文化服务的特征》，《科教文汇》2013年第10期。
⑧ 张云峰：《黑龙江省建设农村公共文化服务体系研究》，硕士学位论文，东北农业大学，2010年，第16—19页。

综合各方观点,我们认为公共文化服务的基本特征主要表现在以下五个方面:

一是价值性。我国的公共文化服务必须以社会主义核心价值观为引领,社会主义核心价值观是社会主义文化建设的灵魂。在人民群众通过公共文化服务进行公共文化享受、实现基本文化权益的同时,社会主义核心价值观得到弘扬。公共文化服务是以保障文化民生、促进文化公平为宗旨,实现弘扬社会主义核心价值观与保障群众基本文化权益的有机统一。

二是公益性。公益也就是公共利益。公益性是公共文化服务的本质属性,是公共文化服务区别于一般市场经营性文化产业和文化服务的最基本的特征。公共文化服务应当尊重社会全体成员的共同利益,不能以营利为目的。公共文化服务以普遍实现公共文化权益为准则,追求的是社会效益的最大化,体现的是国家政府的公共利益。公共文化服务必须把社会效益放在首位,始终坚持公益的原则,实行非营利的公共文化服务。

三是基本性。基本性也就是基础性、一般性。人民日益增长的美好生活需要和不平衡不充分的发展之间的矛盾,人需求的无限性和满足人需求资源的稀缺性之间的矛盾,人民日益增长的优质公共服务需求与政府能力有限之间的矛盾,决定了在特定的历史条件下,不是所有人的所有需求都能同时同等得到满足。作为政府的责任,政府向公众提供的是最基本的公共文化服务而不是所有的公共文化服务,满足的是公众最基本的文化需求而不是所有的文化需求。

四是均等性。均等性就是公平、平等。均等性最核心的是服务机会的公平均等。不管是城市居民还是农村居民,不管是发达地区还是落后地区,地不分南北,人不分老幼,身份不分高低,都应该有同样的机会享受公共文化服务。一句话,就是政府为社会提供的公共文化服务应该"人人有份,大体均等"。

五是便利性。便利性也就是方便。便利性是提高公共文化服务时效性,实现群众文化权益的重要原则。作为面向全体居民的公共文化服务,应当是近距离的、容易获取的服务。这种便利性包括公共文化设施使用上的便利、公共文化信息采集利用上的便利、公共文化服务手段上的便利、公共文化服务提供上的便利等。

二 公共文化服务政策概念及基本特征

（一）概念

公共文化服务政策，也可称公共文化政策，是公共政策的重要组成部分。目前对公共政策的概念释义，国内外学者们从不同的角度出发给予不同的界定。[①] 对公共文化服务政策的定义，国内学者围绕政策效力、内容、作用三个方面开展了讨论。[②] 我们认为，公共文化服务政策是文化行政部门在特定情境中，为解决公共文化服务问题、实现公共文化服务目标、达成公共文化服务目的而制定的方案或准则。其作用是规范和指导公共文化服务有关机构、单位或个人的行动，其表现形式包括法律法规、行政规定或命令、规划、具体行动计划及相关策略等。

（二）基本特征

公共文化服务政策的基本特征与公共政策的基本特征几无差异，学

[①] 据谢明编著的由中国人民大学出版社2015年出版的《公共政策概论》（第二版）记载，美国学者伍德罗·威尔逊认为，公共政策是由政治家（具有立法权者）制定的并由行政人员（国家公务人员）执行的法律和法规；美国政治学家哈罗德·拉斯韦尔指出，公共政策实际是一种含有目标、价值和策略的大型计划；美籍加拿大学者戴维·伊斯顿认为，公共政策是政府对整个社会的价值作权威性的分配；美国学者托马斯·戴伊认为，公共政策是政府选择做或选择不做的事情；美国学者罗伯特·艾斯顿认为，公共政策就是政府机构与其周围环境之间的关系；美国学者司图亚特·S.那格尔认为，公共政策是政府为解决各种各样的问题所作出的决定；美国学者詹姆斯·E.安德森认为，公共政策是一个或一组行动者为解决一个问题或相关事务所采取的相对稳定的、有目的的一系列行动。台湾学者伍启元认为，公共政策是政府所采取对公私行动的指引；公共政策是将来取向的；公共政策是目标取向的；公共政策是与价值有密切关联而受社会价值所影响的；公共政策是由政府或有决策权者所采取或选择的；公共政策是具有约束性而为大多数人所接受的行动指引。广西民族大学刘咏玲在《群文天地》（2012年第4期）发表的《论民主革命时期中共文化政策的构建》认为，文化政策是文化的政治表现形态，是国家形态下人类有意识的、自觉的文化统治行为和文化政治行为，反映的是一定阶级的文化权益、愿望、要求和目的，体现的是国家的文化意志；山西省委党校梁玉萍在《中共山西省委党校学报（2000年第4期）》发表的《正确认识理解公共政策的基本特征》认为，公共政策是指国家、执政党及其他政治团体在特定时期为实现一定的社会政治、经济和文化目标所采取的政治行动或所规定的行为准则，它是一系列谋略、法令、措施、办法、方法、条例等总称；清华大学建筑学院城市规划系博士研究生彭海东在《规划师》（2007年第8期）发表的《城市规划的公共政策特征》认为，公共政策是政府等公共权力机关为应对公共领域中的相关问题而制定的政策。等等。

[②] 具体详见本章第一节"公共文化服务政策体系研究现状"中对公共文化服务政策内涵界定研究的相关内容。

者们对公共文化服务政策的基本特征研究不够,对公共政策基本特征的研究较多,但是没有形成统一的说法。① 综合各位学者的观点,从抽象意义上讲,我们认为公共文化服务政策的基本特征近似于公共政策的基本特征,没有严格意义上的区分,主要有以下五个方面:

一是政治性。公共文化服务政策是政治理性的选择,制定公共文化服务政策的全过程表现为一个政治过程,具有高度的政治性。首先表现为公共文化服务政策由政府制定,产生于政治系统。其次公共文化服务政策涉及多个利益相关者,涉及各种权力和利益的博弈。公共文化服务政策的结果是多种利益、权力调和的结果,具有高度的政治性。

二是公共性。公共文化服务政策作为政府实施公共管理的重要措施和手段,自然内在地具有公共性的特征。公共性是公共文化服务政策的价值基础,是公共文化服务政策的灵魂。公共文化服务政策的公共性特征,首先表现在公共文化服务政策问题取向的公共性。在一个政治系统中,有各种各样的矛盾和问题,但是并不是所有的矛盾和问题都会成为公共文化服务政策解决的对象,实际上,只有那些有助于保障和增进公共文化利益的矛盾和问题,才能进入公共文化服务政策的议程。其次表现在公共文化服务政策目标取向的公共性。一旦公共文化服务政策问题确立,就进入解决公共文化服务政策问题阶段。政府在借助公共文化服务政策手段行使公共权力、承担公共责任、解决政策问题的过程中,必须谋取公共文化利益,而不能在私人领域侵犯私权,或为少数人甚至政府自己谋取私利。公共文化服务问题、公共文化服务目标和公共文化利益构成了公共文化政策的三要素,保护公共文化利益则是公共文化服务政策的核心价值取向。

三是权威性。亦称强制性。公共文化服务政策的权威性主要指公共

---

① 清华大学建筑学院城市规划系博士研究生彭海东在《规划师》(2007年第8期)发表的《城市规划的公共政策特征》认为,公共政策的主要特征是公共性、政治性、权威性与强制性、价值相关性、调节性;重庆行政学院行政管理教研部刘昌雄在《探索》(2003年第4期)发表的《公共政策:涵义、特征和功能》认为,公共政策的主要特征是权威性、公共性、选择性、多样性;重庆大学硕士研究生张雯2010年硕士学位论文《基于生态城市建设的公共政策研究》认为,公共政策的主要特征是政治性、价值选择性、权威性和政策内容的多样性。中国人民大学公共管理学院张书连在《北京行政学院学报》(2016年第5期)发表的《我国公共政策及其特征分析》认为,我国的公共政策在制定中具有凸显共产党的主导作用、坚持群众路线、坚持以经济建设为中心、坚持稳步前进的政策制定路径等显著特征,等等。

文化服务政策在其适用范围内具有普遍的约束力，得到广大社会成员的遵守和认同。公共文化服务政策之所以具有权威性，一是公共文化服务政策的制定主体——政府具有特定性，只有政府才具备公共政策制定主体的资格。二是公共文化服务政策的运作程序和规则具有严格性，无论是公共文化服务政策的制定，还是执行，都必须是法定主体按照法定程序进行，任何组织和个人都不得违反。三是公共文化服务政策实施具有强制性。公共文化服务政策的实施主要不是依靠执行机构和目标群体的内在强制，而是依赖于外在强制。

四是选择性。无论是公共文化服务政策目标的确定、方案的设计和决断，还是公共文化服务政策的执行、调整、评估和终结，均是政府进行选择的结果。公共文化服务政策的选择性特征贯穿于公共文化服务政策运行过程的始终。公共文化服务政策的选择性特征是由人们认知的差异性、目标群体利益需求的多样性和公共文化服务政策资源的有限性所决定的；目标群体的利益需求有眼前的、有长远的，有合理的、有不合理的，有个体的、有群体的，有物质的、有精神的，有固定的、有变动的，有独享的、有共享的，等等；政策资源涉及人、财、物、权威和信息等诸要素，资源的有限性和问题的广泛性，导致公共文化服务政策只能从众多方案中选择或综合出一种方案作为行动的依据。

五是多样性。公共文化服务政策无论是作为公共管理的手段，还是作为一门学科都具有多样性的特征。作为公共管理手段的公共文化服务政策，其多样性表现在：首先，公共文化服务政策问题具有多样性。如有全局的、局部的等。其次，公共文化服务政策类型具有多样性。由于公共文化服务政策问题具有多样性，所以为解决公共文化服务政策问题而制定和实施的公共文化服务政策也有多种类型。如按其内容和地位可分为公共文化服务总政策、公共文化服务基本政策和具体政策；按其制定主体层次可分为中央公共文化服务政策和地方公共文化服务政策；按其适用时间可分为公共文化服务短期政策、中期政策和长期政策；按其自身性质与要求可分为公共文化服务稳定性政策和探索性政策；等等。最后，公共文化服务政策的功能也具有多样性。如公共文化服务政策实施后，其效果有可能是积极的、消极的、无效的或喜忧参半的。

三 公共文化服务政策体系概念及基本特征

（一）概念

目前对公共政策体系的概念释义，学者们定义相差无几[1]，但是对公共文化服务政策体系的概念界定滞后。我们认为，公共文化服务政策体系是指不同政策单元之间和同一政策内部不同要素之间，按照一定的秩序和内部联系组合而成的有机整体。

（二）基本特征

公共文化服务政策体系的基本特征与公共政策体系的基本特征几无区别，学者们对公共政策体系基本特征的界定趋于一致。[2] 我们认为公共文化服务政策体系的基本特征近似于公共政策的基本特征，并无严格意义上的区分，主要有以下四个方面：

一是整体性。公共文化服务政策体系是一个有机的整体，这是公共文化服务政策体系首要的基本特点。

二是相关性。指公共文化服务政策体系系统内部以及系统与环境之间的相互依存性质。

三是层次性。从纵向结构看，公共文化服务政策体系从高层到底层分为若干等级，高层级政策是低层级政策的基础，低层级政策是对高层级政策的具体化。从横向结构看，公共文化服务政策体系内部分为不同

---

[1] 重庆行政学院公共管理学教研部谢来位在《农业经济问题》（2006 年第 2 期）发表的《建设社会主义新农村的公共政策体系建构》认为，所谓公共政策体系，是指政策元素之间以及不同政策单元之间相互联系并与政策环境相互作用的有机整体；特定社会的政策系统是一个复杂的网络，由纵向结构的分层系统和横向结构的分类系统构成，且政策系统存在于特定的政策环境之中，与环境之间进行着物质、信息和能量的交换，以维持自己的生存和发展。哈尔滨商业大学硕士研究生张秀波 2013 年硕士学位论文《黑龙江省生态型城镇建设的公共政策体系研究》认为，所谓公共政策体系是公共政策元素之间以及不同政策单元之间按照一定的秩序和内部联系组合而成的有机整体。广东华进律师事务所曾旻辉、黄玉华在《中国发明与专利》（2018 年 5 月）发表的《促进专利服务创新发展的公共政策体系研究》认为，公共政策体系是一个由多种构成要素构成的有机整体，其中包括主体、客体和构成要素，它们相互影响相互作用，是一个完整的系统工程，等等。

[2] 重庆行政学院公共管理学教研部谢来位在《农业经济问题》（2006 年第 2 期）发表的《建设社会主义新农村的公共政策体系建构》认为，公共政策体系具有整体性、相关性、层次性、有序开放性等特点。中南财经政法大学知识产权学院博士研究生张鹏在《知识产权》（2014 年第 12 期）发表的《知识产权公共政策体系的理论框架、构成要素和建设方向研究》认为，公共政策体具有整体性、协调性和实操性特征。

类别的子系统，它们之间相互补充、配合、协调，使公共文化服务政策体系得以保持自身的有机整体性。

四是有序开放性。这是公共文化服务政策体系运行状态的特征之一。有序性体现了公共文化服务政策体系的结构和运动按照一定秩序有规则地进行。开放性体现了公共文化服务政策体系与社会环境之间的关系。

第二章

研究的理论基础及定性与定量研究路向

第一节 研究的理论基础

通过对公共文化服务发展相关理论的梳理，既明确促进公共文化服务发展的指导理论，也为公共文化服务政策体系研究提供坚实的理论基础。

一 公共行政理论

19世纪末公共行政学开创和形成，威尔逊、法约尔、韦伯、布坎南等一批学者对公共行政理论及公共管理的发展产生了非常重要的影响。公共行政概念包括以下三个方面：一是公共行政是政府运用行政权力处理公共事务、提供公共服务的管理活动；二是公共行政是政府以公共利益为目的，有效满足社会各种公共需求，提供公共产品与公共服务的社会管理活动；三是公共行政关注解决公共问题和管理社会公共事务，其基本价值准则在于实现国家意志，追求和实现社会公平。[1] 就公共文化服务而言，公共文化行政的内容，包括政府为全体公民提供公共文化设施、文化产品、文化活动及其他相关服务，使全体公民自由平等地享有和主动参与公共文化服务、自主开展健康文明的群众性文化活动。

---

[1] 王晓路、石坚、肖薇：《当代西方文化批评读本》，四川大学出版社2004年版，第132页。

二 公共产品理论

公共产品理论是伴随西方财政学的发展而形成的。按照文化产品是否具有非竞争性和非排他性，可将其分为私人文化产品、准公共文化产品和纯公共文化产品三大类。私人文化产品具有强竞争性和强排他性，在市场经济条件下，这类产品通过竞争由市场提供。虽然私人文化产品的收益归个人所有，但具有不同于一般物质产品的精神消费的意义，对于社会福利总体水平的提升有着正面影响。准公共文化产品的公共性较强，很大一部分公共文化产品可归为此类；有些准公共文化产品在消费上具有私人产品的竞争性，但很难实现排他性收费；有些虽然可以实现排他性收费，但边际收益弥补不了边际成本，因此，准公共文化产品应由政府提供，或采用政府和市场混合的模式提供。纯公共文化产品具有消费的非竞争性和非排他性，市场无法提供，必须由政府直接提供[1]，因此，为了满足社会对公共文化产品的需求，政府需履行好公共文化服务的主体责任，以公共财政为支撑，以公益性文化单位为骨干，切实保障人民群众的基本文化权益。

三 新公共服务理论

新公共服务理论是在"效率"与"民主"这两大价值观之间进行平衡博弈，进而衍生出来的一种新的公共管理理论，它是一系列管理理念、管理制度、管理技术和管理手段的集合。其核心要义在于主张政府作为公共管理者要着眼于公共利益，突出服务和放权，强调人的价值和公共利益的价值观，强调为公民服务。[2] 就公共文化服务而言，要落实政府的主体建设责任，坚持公共文化服务的公益性，始终把社会效益放在首位。

四 公共治理理论

公共治理是基于"多中心合作共治"理念的一种新型公共行政管理模

---

[1] 王岩：《我国西部农村公共文化服务的财政政策研究》，硕士学位论文，兰州大学，2011年，第7—8页。

[2] 曾保根：《新公共服务理论的"四位一体"解构》，《学术论坛》2010年第4期。

式。其区别于以往传统治理模式的根本在于强调治理主体要注重多元模式，在这种模式下，治理的权力是共享的；在多重主体的共同作用下，实现治理效果的提升，而其中公民参与是公共治理的主要实现途径。① 就公共文化服务而言，要坚持政府主导、社会力量参与的公共文化服务基本原则，充分发挥群众的主体性，形成公共文化服务的政府、社会、群众共治格局。

五　公民文化权利理论

文化权利作为公民的基本人权，是衡量一个社会文明水平和发展进步的重要指标。而从法律角度看，文化权利更是人人都应享有的基本权利。1948年12月，联合国大会颁布《世界人权宣言》，《宣言》第二十七条规定："人人有权自由参加社会的文化生活，享受艺术，并分享科学进步及其产生的福利。"而1966年通过的《经济、社会、文化权利国际公约》也规定缔约国人人享有参加文化生活、享受科技进步及应用所产生利益并予以保护的权利。② 公共文化服务建设，尤其是2016年12月《中华人民共和国公共文化服务保障法》的颁布实施，正是为了保障公民享有参加文化生活、创造文化成果以及享受成果利益的权利。

第二节　政策定性研究路向

据我们查阅相关研究文献，一些学者关于公共文化服务和文化产业政策定性研究的思路，对于我们开展本课题的定性研究具有重要的启发借鉴意义。

一　定性研究思路的借鉴

（一）宋海燕等人对罗斯福"新政"时期的公共文化政策论析研究的思路

从当时美国社会经济状况、美国文化民主思潮的诞生、政治家的推

---

① 曾莉：《公共治理中公民参与的理性审视》，《甘肃社会科学》2011年第1期。
② 赵志杰：《公共文化服务体系建设的财政政策研究》，硕士学位论文，山东财经大学，2013年，第13页。

动三个方面,分析了"新政"时期公共文化政策出台的背景;以政策出台的旨意和实施的文化项目为标准,划分公共文化政策发展阶段,厘析"新政"时期公共文化政策的内容,并对"新政"时期公共文化政策作出评述。①

(二)贺延辉对俄罗斯图书馆政策法规研究的思路

从苏联时期的图书馆政策法规入手,在分析、评价苏联图书馆政策法规特点的基础上,首先剖析和揭示苏联解体后俄罗斯图书馆国家宏观管理政策的转变,分析俄罗斯图书馆事业分权管理政策的利弊,探索当今俄罗斯图书馆事业"国家—社会"管理模式的确立,进而围绕社会转型后俄罗斯图书馆事业改革发展变化,对俄罗斯图书馆政策内容、俄罗斯图书馆法制建设状况、图书馆职业活动展开全方位研究论述。最后,对比中俄两国图书馆事业发展,从俄罗斯图书馆政策法规的制定和实施中得出有利于我国图书馆事业发展的启示。②

(三)王学琴等人对我国公益性数字文化服务体系政策研究的思路

从公共文化服务的现有政策环境入手,阐释公益性数字文化服务政策产生的目的意义;以政策文本为案例,分析公益性数字文化服务相关政策的内涵;从服务方式、政策制度出台形式、服务对象三个方面,对公益性数字文化服务体系政策进行分析。在此基础上,提出公益性数字文化服务体系新政策构架中的策略。③

(四)魏鹏举等人对中国公共文化经济政策探析研究的思路

在对我国公共文化政策全面梳理的基础上,从政策分析角度,结合我国公共文化发展情况与政策出台情况,划分中国公共文化政策发展脉络,重点对中国公共文化财税相关政策进行分析,最后提出优化公共文化经济政策的若干建议。④

---

① 宋海燕、陈海宏:《罗斯福"新政"时期的公共文化政策论析》,《理论学刊》2013年第12期。

② 贺延辉:《俄罗斯图书馆政策法规研究》,博士学位论文,武汉大学,2010年,第1—2页。

③ 王学琴、李文文、陈雅:《我国公益性数字文化服务体系政策研究》,《图书馆理论与实践》2014年第5期。

④ 魏鹏举、戴俊骋:《中国公共文化经济政策探析》,《中国行政管理》2016年第12期。

（五）周斌对文化产业法规政策研究的思路

从文化产业及其政策法规关系分析入手，重点对文化产业法规政策环境构成的"作为内容产业的文化安全政策、文化生产和文化市场管理政策、文化市场建设和准入政策、文化产业集约化政策、文化产业创新和精品政策、文化产业经济政策、建立文化产业指标体系和统计政策、基于市场条件的'行政干预政策'"八个方面进行分析，从而得出研究结论。[①]

（六）杨吉华对文化产业政策研究的思路

从文化产业政策的涵义及作用、文化产业政策的构成要素、文化产业政策内容体系三个方面，对文化产业政策进行概述；分析了我国文化产业政策的实践及存在的问题，就制定我国文化产业政策的依据、原则和政策目标提出走向。同时，针对构成文化产业政策内容体系的文化产业结构政策、文化产业组织政策、文化产业发展政策进行专题研究。[②]

（七）高晓琛对我国文化产业政策法规研究的思路

按照文化产业政策法规不同的制定机关分属不同的位阶进行梳理后，分析我国文化产业政策法规当前存在的问题，从而提出完善我国文化产业政策法规的对策。[③]

二 本课题定性研究的路向

（一）政策背景分析

在界定相关概念和全面梳理公共文化服务政策法规的基础上，把政策出台置于当时我国经济、政治、文化、社会等发展现实中，分析其政策出台的历史背景，阐释政策出台的重要性和必要性，分析政策目标和价值导向，以把握政策调节的社会问题和政策议程。

（二）政策内容概述

以政策分析为维度，结合我国公共文化服务体系建设情况，划分我

[①] 周斌：《文化产业政策法规研究》，博士学位论文，南京师范大学，2005年，第65—106页。
[②] 杨吉华：《文化产业政策研究》，硕士学位论文，中共中央党校，2007年，第8页。
[③] 高晓琛：《我国文化产业政策法规研究》，《知识经济》2013年第1期。

国公共文化服务政策发展分期，概述其主要内容，以把握公共文化服务政策发展走向。

(三) 政策实践分析

分析我国公共文化服务政策实践及存在问题、原因，遵循公共文化服务体系建设的规律特征，以理论为基础，提出优化公共文化服务政策体系的策略。本部分分析将与定量研究分析相结合，在本研究"第六章 公共文化服务政策体系实施及发展走向"中一并进行分析。

第三节 政策定量研究路向

据我们查阅相关研究文献，一些学者关于公共文化服务和文化产业政策定量研究的描述性统计分析、词频统计与公共政策焦点分析及政策要素模型分析，对于我们开展本课题的定量研究具有重要的借鉴参考。

一 定量研究思路的借鉴

(一) 李鑫炜对我国公共数字文化服务政策研究的描述性统计分析

以我国公共数字文化服务政策为研究对象，以政策文本作为政策研究的客观凭证，采用内容分析法[①]对以下几方面内容开展探究：一是公共数字文化服务政策的相关概念；二是对政策发文时间、政策发文数量、政策文本发文主体进行分析；三是对政策实施进行概述。[②]

(二) 谢明等人对 2008—2012 年国务院政府工作报告词频统计与公共政策焦点分析

他们提出在一定范围的语言材料中（一份给定的文件里），词频指

[①] 内容分析法是一种主要以各种文献为研究对象的研究方法。其基本特征是系统性、客观性和定量性，它们相互关联，共同构成了内容分析法的主要特征。内容分析法将非定量的文献材料转化为定量的数据，并依据这些数据对文献内容作出定量分析和关于事实的判断、推论。而且，它对组成文献的因素与结构的分析更为细致和程序化。

[②] 李鑫炜:《我国公共数字文化服务政策文本分析》，硕士学位论文，河北大学，2018年，第1页。

的是某一个给定的词语在该文件中出现的次数。一般来说,字词的重要性会随着它在文本中出现的次数成正比增加,因此将词频统计应用于政府工作报告和党和国家领导人重要讲话,对把握公共政策焦点具有一定的作用。据此,他们对2008—2012年国务院政府工作报告的文本进行研究,按照词语出现的频率由高到低排列,发现"发展、改革、稳定、文化、就业、城镇、创新、科技、民生、医疗、社会保障"出现频率高。他们对这些出现频率高的词进行总结归纳,并得出结论,我国政府的工作重心一直是深化改革、推进发展、强调稳定、关注民生、树立以人为本的执政理念、回应社会和老百姓最关切的问题。与此同时,他们对2013年《中共中央关于全面深化改革若干重大问题的决定》进行了词频统计,发现"公平"一词共出现了20次,引人注目;他们认为《决定》提出的"保证各种所有制经济依法平等使用生产要素、公开公平公正参与市场竞争""建立公平开放透明的市场规则""保障农民公平分享土地增值收益""建立更加公平可持续的社会保障制度""让人民群众在每一个司法案件中都感受到公平正义"等频繁出现的"公平"一词,清晰地勾勒出党的十八届三中全会后的改革走向。[①]

(三)李思屈等人"3P型"文化产业与文化产业政策的分析

1. 搭建模型

该研究以实现文化产业综合效益的政策评估为目标,搭建"3P模型"。"3P模型"是由创意力、影响力和资本转换力构成(即Creative Power, Influencing Power and Cultural Capita Transform Power,简称为3P)。

"3P模型"由如下系统组成:

(1)要素系统。由创意力、影响力和资本转换力三个层面的10个要素组成,这10个要素能直观地表达3P模型文化产业的发展情况。

(2)指标系统。本系统由25项量化指标组成,从而更加直观、量化地评价文化产业的实力和发展潜力。上述两个系统,可以用表2-1表示:

[①] 谢明:《公共政策概论》(第二版),中国人民大学出版社2014年版,第27页。

表 2-1　　　　　　　　　　　3P 模型及其指标体系

层次	要素系统及符号		指标系统及符号	
创意力	人才指数	C1	文化创意阶层指数	C11
			人力资本指数	C12
			科技人才指数	C13
	技术指数	C2	文化产业研发指数	C21
			创新指数	C22
			技术创新指数	C23
	包容指数	C3	态度指数	C31
			价值指数	C32
			自我体现指数	C33
影响力	知晓度	C4	提及率	C41
			识别率	C42
			记忆率	C43
	普及度	C5	市场占有率	C51
			使用率	C52
	忠诚度	C6	重复消费率	C61
			品牌转换率	C62
	美誉度	C7	正面评价率	C71
			正面联想率	C72
文化资本转换力	价值利用率	C8	文化资源贡献率	C81
			文化产业利用率	C82
	文化产业贡献率	C9	产业贡献率	C91
			就业贡献率	C92
			出口贡献率	C93
	品牌贡献率	C10	品牌价值率	C101
			品牌带动力	C102

2. 提炼与 3P 模型对应的政策要素

该研究以发展 3P 模型文化产业为目标,运用文献回溯、深度访谈、问卷调查等定性分析与实证调研相结合的方法,对我国文化产业及各产业门类的政策进行全景式梳理,共搜集 517 条政策文本作为研究的样本库,并以搭建的"3P 模型及其指标体系"为标准,对应其在产业政策中的体现,选取较具代表性的重要产业政策进行内容分析,提取内容分析的要素 46 个(见表 2-2),即 46 个政策要素。

表 2-2　　　　　　　　　　文化产业政策 46 要素

一级指标	二级指标	三级指标
资本运作与体制改革类	资本投入方式	1. 吸纳风险投资 2. 吸纳民营资本 3. 其他社会资本 4. 外资进入 5. 合资或合作 6. 独资
	政府管理体制改革	7. 政企分开 8. 完善行政审批制度 9. 资产授权运营 10. 政府服务效率
文化产业组织类	文化产业与社会发展	1. 先进文化 2. 社会效益与经济效益的协调统一
	基地与园区发展	3. 基地园区的表彰 4. 基地园区的撤销
	文化企业管理	5. 建立文化企业、企业集团 6. 重点文化产品、项目和经营部分 7. 跨地区、跨行业兼并重组 8. 专业化、规模化、集约化 9. 优化组织机构设置 10. 自主创新 11. 市场准入

续表

一级指标	二级指标	三级指标
文化市场类	文化市场规范	1. 理顺文化市场管理体制 2. 反不正当竞争、反垄断 3. 打击走私、盗版行为，保护知识产权 4. 建立企业诚信体系 5. 专业认证体系建立 6. 行业标准 7. 开征文化事业建设费
	文化产业优惠政策	8. 免税 9. 出口退税 10. 贴息补助 11. 建立健全专项资金制度 12. 对文化事业的捐赠 13. 土地、租金优惠 14. 适度产业保护政策
	鼓励文化市场发展	15. 鼓励上市 16. 文化贸易政策 17. 鼓励文化企业"走出去"政策
文化产业技术类	1. 关键技术、基础技术的研发投入	
	2. 提高信息化水平，实施"数字战略"	
	3. 促进产业融合	
各地区文化产业协调发展	1. 中西部文化资源配置	
	2. 少数民族文化促进政策	
文化人才类	1. 重视高级或复合型人才培养	
	2. 人才引进机制	
	3. 优秀人才激励政策	

3. 构建 3P 模型指标体系与 46 要素对应关系

3P 模型及其指标体系是针对我国文化产业发展的本质特征和内在规律所提出来的，用以检验文化产业的发展潜力及可持续性发展问题。上述 46 要素是通过对现有政策内容进行分析提取的，可以代表当前我国政策的主要规范趋向。3P 指标体系与 46 要素有着对应关系（见表 2-3），可以说，要素体现得越好的政策，就越能推动文化产业良性和可持续发展。

表 2-3　　　　　　　　3P 指标体系与 46 要素对应表

层次	要素系统及符号		指标系统及符号		46 要素
创意力	人才指数	C1	文化创意阶层指数	C11	·文化人才类
			人力资本指数	C12	
			科技人才指数	C13	
	技术指数	C2	文化产业研发指数	C21	·资本运作与体制改革类 ·资本投入方式 ·政府管理体制改革 ·文化产业组织类 ·文化组织管理 ·文化产业技术类
			创新指数	C22	
			技术创新指数	C23	
	包容指数	C3	态度指数	C31	·文化人才类
			价值指数	C32	
			自我体现指数	C33	
影响力	知晓度	C4	提及率	C41	·文化产业组织类 ·文化产业与社会发展 ·文化市场类 ·文化市场规范 ·鼓励文化市场发展
			识别率	C42	
			记忆率	C43	
	普及度	C5	市场占有率	C51	
			使用率	C52	
	忠诚度	C6	重复消费率	C61	
			品牌转换率	C62	
	美誉度	C7	正面评价率	C71	
			正面联想率	C72	
文化资本转换力	价值利用率	C8	文化资源贡献率	C81	·资本运作与体制改革类 ·资本投入方式 ·各地区文化产业协调发展
			文化产业利用率	C82	
	文化产业贡献率	C9	产业贡献率	C91	·资本运作与体制改革类 ·资本投入方式 ·文化产业组织类 ·基地与园区发展 ·文化组织管理 ·文化产业市场类 ·文化产业优惠政策 ·鼓励文化市场发展
			就业贡献率	C92	
			出口贡献率	C93	
	品牌贡献率	C10	品牌价值率	C101	·文化产业市场类 ·文化组织管理
			品牌带动力	C102	

4. 对提取要素进行分析

运用46要素对全部517条政策进行要素提取，并应用SPSS统计分析软件对要素提取结果进行分析，力图以定量与定性相结合的方式客观反映各主体执行现有政策的满意度，对其政策效果进行评估，对各地发展模式及成功经验进行提炼，真实反映尚需进一步解决的客观困难，进而提出进一步优化我国文化产业政策的建议。

二 本课题定量研究的路向

（一）政策描述性统计分析

1. 政策类型划分

参照毛少莹按照目前我国文化行政管理架构，对我国公共文化政策类别的"文化行政管理政策、文化艺术政策、新闻出版政策、广播影视政策、图书馆政策、文物保护及博物馆政策、群众性文化馆（站）政策、互联网政策、文化经济政策、文化产业发展政策、文化市场监管政策"划分法①，以及《2018年中国文化文物统计年鉴》的"综合、图书馆业、群众文化业、艺术业、文化市场、文物业及教育、科技、动漫、其他"划分标准，并结合公共文化服务保障法界定的公共文化设施和公共文化服务体系建设的规律，本课题研究将公共文化服务政策类型划分为公共文化改革发展总体政策（含发展战略、规划、计划、标准、规范、意见等）②、图书馆业政策、群众文化业政策（含文化站、基层综合性文化服务中心等）、博物（纪念）馆政策、广播影视公共服务政策（含西新工程、广播电视村村通、广播电视播出传输覆盖设施、电影惠民政策等）、新闻出版公共服务政策（含农家书屋、公共阅报栏（屏）政策等）、公共数字文化服务政策（含全国文化信息资源共享工程、数字图书馆推广工程、公共电子阅览室建设计划政策）、公共文化经济政策（含财政、税收政策）八类。这八类政策构成了我国公共文化服务政策体系。

2. 以政策类型为基点

从政策发布总量、政策发布时间、政策发布部门三个维度，对一段

---

① 毛少莹：《从公共文化政策看文化管理类学科的构成》，《上海文化》2014年第12期。
② 公共文化改革发展总体政策包括国家相关部门单独或联合发布的综合性政策文件，如规划、意见等。

时间内具有一定层级的行政机关发布的政策文件进行统计分析，总结并得出结论，了解其变动趋势，探究其政策线索走向，以此判断政策出台的相关因素。

（二）政策词频统计分析

1. 运用词频统计软件工具搜索关键词

以搜集的政策文本为研究样本，采用武汉大学沈阳博士开发的中文词频分析软件 Rost wordparser 对其自动统计出关键词，由课题组进行人工处理后，按出现次数依次排序并对高频词进行列表。

2 高频词词频统计分析

通过对高频词的总结归纳和分析，探寻政策关注的热点问题，分析公共政策的焦点，把握公共文化服务政策的发展走向。

（三）公共文化服务发展政策要素分析

1. 公共文化服务发展模型建构的依据

（1）2005年10月党的十六届五中全会通过的《中共中央关于制定国民经济和社会发展第十一个五年规划的建议》首次提出"逐步形成覆盖全社会的比较完备的公共文化服务体系"，由此开启了我国公共文化服务体系建设的征程。

（2）2007年8月《中共中央办公厅国务院办公厅关于加强公共文化服务体系建设的若干意见》提出，与中国特色社会主义事业和全面建设小康社会的历史进程相适应，按照结构合理、发展均衡、网络健全、运行有效、惠及全民的原则，以政府为主导、以公益性文化单位为骨干、鼓励全社会积极参与，努力建设以公共文化产品生产供给、设施网络、资金人才技术保障、组织支撑和运行评估为基本框架的覆盖全社会的公共文化服务体系。

（3）2015年1月《中共中央办公厅国务院办公厅关于加快构建现代公共文化服务体系的意见》提出，到2020年，基本建成覆盖城乡、便捷高效、保基本、促公平的现代公共文化服务体系。公共文化设施网络全面覆盖、互联互通，公共文化服务的内容和手段更加丰富，服务质量显著提升，公共文化管理、运行和保障机制进一步完善，政府、市场、社会共同参与公共文化服务体系建设的格局逐步形成，人民群众基本文化权益得到更好保障，基本公共文化服务均等化水平稳步提高。

(4) 2017年10月党的十九大提出:"完善公共文化服务体系,深入实施文化惠民工程,丰富群众性文化活动。"

(5) 2018年8月习近平总书记在全国宣传思想工作会议上强调:"要推动公共文化服务标准化、均等化,坚持政府主导、社会参与、重心下移、共建共享,完善公共文化服务体系,提高基本公共文化服务的覆盖面和适用性。"

由此,我们不难发现,覆盖、供给、创新是我国公共文化服务发展的重要内容,覆盖是公共文化服务发展的基础,供给是公共文化服务发展的核心,创新是引领公共文化服务发展的动力。

2. 公共文化服务发展模型的主要内容

课题组研究认为,构建集覆盖力、供给力、创新力为一体的公共文化服务体系是我国未来公共文化服务体系发展的走向。

公共文化服务发展模型的主要内容,由三个目标层次10个准则层次组成。①覆盖力层面,包括场馆设施覆盖面、流动设施覆盖面、数字设施覆盖面三个准则层次。②供给力层面,包括服务高效率、服务优质率、群众参与率三个准则层次。③创新力层面,包括文化与科技融合深度、公共文化服务发展动力、体制机制改革力度、服务效能评价力度四个准则层次。其功能是表现公共文化服务发展实力和发展潜力(见表2-4)。

表2-4　　　　　　公共文化服务发展模型的主要内容

目标层次	准则层次
覆盖力	场馆设施覆盖面
	流动设施覆盖面
	数字设施覆盖面
供给力	服务高效率
	服务优质率
	群众参与率
创新力	文化与科技融合深度
	公共文化服务发展动力
	体制机制改革力度
	服务效能评价力度

3. 公共文化服务发展模型的政策要素

课题组研究认为，构建集覆盖力、供给力、创新力为一体的公共文化服务体系，重点任务是推进公共文化服务的标准化、均等化、社会化、数字化①（简称"四化"），具体举措是加强公共文化服务保障（简称"一加强"），最终目的是增强公共文化服务提供能力（简称"一增强"）。"一加强"是"四化"的有力支撑，"四化"是"一加强"作用的结果，"一加强"和"四化"共同作用产生了"一增强"，它们有机联系在一起，是公共文化服务发展的重要政策要素。

公共文化服务发展政策是促进公共文化服务发展的重要工具。② 公共文化服务发展政策要素的提取，由课题组主要以2015年1月《中共中央办公厅国务院办公厅关于加快构建现代公共文化服务体系的意见》为遵循，结合相关文献论述③，并采取专家访谈法予以确定。其政策要素由一级指标6个，二级指标20个，三级指标100个组成（见表2-5）。

表2-5　　　　　　　　公共文化服务发展政策要素

一级指标	二级指标	三级指标
促进公共文化服务标准化	1. 建立保障标准	1. 国家基本公共文化服务指导标准
		2. 省、自治区、直辖市基本公共文化服务实施标准
		3. 地（市）、县级公共文化服务目录
	2. 立业务和技术标准	4. 公共文化服务设施建设标准
		5. 公共文化服务业务管理标准
		6. 公共文化服务规范
		7. 公共文化服务技术应用标准
	3. 建立评价标准	8. 政府公共文化服务评价标准
		9. 公共文化服务机构评价标准
		10. 公共文化服务项目评价标准

---

① 张永新：《构建现代公共文化服务体系的重点任务》，《行政管理改革》2014年第4期。
② 夏洁秋：《文化政策与公共文化服务建构——以博物馆为例》，《同济大学学报》（社会科学版）2013年第1期。
③ 相关文献主要包括：《中共中央办公厅国务院办公厅关于加强公共文化服务体系建设的若干意见》《中共中央办公厅国务院办公厅印发国家"十二五"时期文化发展改革规划纲要》《中共中央办公厅国务院办公厅印发国家"十三五"时期文化发展改革规划纲要》；张永新发表在2014年第4期《行政管理改革》上的"构建现代公共文化服务体系的重点任务"。

续表

一级指标	二级指标	三级指标
促进公共文化服务均等化	1. 促进城乡公共文化服务均等化	1. 均等配置公共文化资源
		2. 加强城市社区和农村文化设施建设
		3. 拓展重大文化惠民项目服务"三农"内容
		4. 加大对农村民间文化艺术的扶持力度
		5. 大力开展流动服务和数字服务
		6. 建立公共文化服务城乡联动机制
		7. 推进县级文化馆、图书馆总分馆制建设
		8. 加强城市对农村文化建设的帮扶
	2. 促进地区公共文化服务均等化	9. 纳入扶贫攻坚计划，实施一批文化扶贫项目
		10. 落实国家在贫困地区安排的公益性文化建设项目取消县以下（含县）及西部地区集中连片特困地区市地级配套资金的政策
		11. 加强少数民族语言频率频道和涉农节目建设
		12. 重点支持民文出版译制
		13. 加强边境地区基层公共文化设施建设
		14. 促进公共文化服务的地区对口帮扶
		15. 实施"三区"人才专项支持计划
		16. 支持老少边穷地区挖掘、开发、利用民族民间文化资源
	3. 促进群体公共文化服务均等化	17. 积极开展面向老年人、未成年人、残疾人、农民工、农村留守妇女儿童、生活困难群众作为公共文化服务的文化服务
		18. 将中小学生定期参观博物馆、美术馆、纪念馆、科技馆纳入中小学教育教学活动计划
		19. 公共文化服务机构要为残疾人提供无障碍设施
		20. 实施盲文出版项目、开发视听读物、建设有声图书馆、鼓励和支持有条件的电视台增加手语节目或加配字幕
		21. 加强对残疾人文化艺术的扶持力度

续表

一级指标	二级指标	三级指标
推动公共文化服务社会化	1. 鼓励和引导社会力量参与公共文化服务	1. 简政放权，减少行政审批项目，吸引社会资本投入公共文化领域
		2. 建立健全政府向社会力量购买公共文化服务机制
		3. 推广运用政府和社会资本合作等模式
		4. 鼓励和支持社会力量通过投资或捐助设施设备、兴办实体、资助项目、赞助活动、提供产品和服务等方式参与公共文化服务体系建设
		5. 推动建立健全公开透明的社会捐赠管理制度
		6. 鼓励党政机关、国有企事业单位和学校的各类文体设施向社会免费或优惠开放
		7. 探索开展公共文化设施社会化运营
	2. 培育和规范文化类社会组织	8. 鼓励各类公共文化服务机构成立行业协会
		9. 适合由社会组织提供的公共文化服务事项交由社会组织承担
		10. 引导文化类社会组织依法依规开展公共文化服务
		11. 加强政府对文化类社会组织的管理和社会监督
	3. 大力推进文化志愿服务	12. 探索具有地方或行业特色的文化志愿服务模式
		13. 建立志愿服务机制
推进公共文化服务数字化	1. 加大文化科技创新力度	1. 公共文化科技创新纳入科技发展专项规划
		2. 推进文化专用设备、软件、系统的研发应用
		3. 实施一批公共文化服务科技创新应用示范项目
	2. 推进公共文化服务数字化建设	4. 构建标准统一、互联互通的公共数字文化服务网络
		5. 科学规划公共数字文化资源建设
		6. 加强公共文化大数据采集、存储和分析处理
	3. 提升公共文化服务现代传播能力	7. 拓宽公共文化资源传输渠道
		8. 构建数字出版物传播平台
		9. 实现广播电视户户通
		10. 完善应急广播覆盖网络

续表

一级指标	二级指标	三级指标
增强公共文化服务提供能力	1. 提升公共文化服务效能	1. 实施公共文化设施免费开放
		2. 建立群众文化需求反馈机制
		3. 开展"菜单式""订单式"服务
		4. 加强公共文化服务品牌建设
		5. 加大对跨部门、跨行业、跨地域公共文化资源的整合力度
		6. 广泛开展公益性文化艺术活动
		7. 挖掘特色资源,加强文化创意产品研发
		8. 完善公益性演出补贴制度
		9. 积极发展与公共文化服务相关联的教育培训、体育健身、演艺会展、旅游休闲等产业
		10. 引导和支持各类文化企业开发公共文化产品和服务
	2. 丰富优秀公共文化产品供给	11. 创作生产优秀文化产品
		12. 建立优秀传统文化传承和发展体系
		13. 加强戏曲等优秀文化艺术的普及推广工作
		14. 开展优秀文化遗产、高雅艺术进校园、进社区
		15. 推进送戏、送书、送电影下乡
		16. 开展优秀出版物推荐活动
		17. 开办少数民族语言的频率频道
		18. 提高少数民族语言节目译制、制作、播映和传输
		19. 实施少数民族新闻出版"东风工程"
		20. 加强少数民族文字及双语出版物的出版发行
		21. 加强少数民族语言文艺作品的创作
	3. 活跃群众文化生活	22. 开展全民阅读、全民普法、全民健身、全民科普和艺术普及、优秀传统文化传承活动
		23. 引导广场文化活动健康、规范、有序开展
		24. 推进民间文化艺术之乡建设
		25. 组织开展群众性节日民俗活动
		26. 鼓励群众自办文化
		27. 推进红色文化、社区文化、乡土文化、校园文化、企业文化、军旅文化、家庭文化建设

续表

一级指标	二级指标	三级指标
加强公共文化服务保障	1. 创新管理和运行机制	1. 建立公共文化服务体系建设协调机制
		2. 加大公益性文化事业单位改革力度
		3. 建立文化事业单位法人治理结构
		4. 创新基层公共文化管理机制
		5. 完善公共文化服务评价工作机制
	2. 加强组织领导	6. 公共文化服务纳入国民经济和社会发展总体规划及城乡规划
		7. 纳入创建文明城市的重要内容
	3. 加大财税支持	8. 建立健全公共文化服务财政保障机制
		9. 进一步完善转移支付制度
		10. 落实现行鼓励社会组织、机构和个人捐赠公益性文化事业所得税税前扣除政策规定
		11. 加强对公共文化服务资金管理使用情况的监督和审计并开展绩效评价
	4. 加强队伍建设	12. 研究制定公共文化机构人员编制标准并根据业务发展状况进行动态调整
		13. 对实行免费开放后工作量大量增加、现有机构编制难以满足工作需要的公益性文化事业单位合理增加机构编制
		14. 落实每个乡镇综合文化站（中心）编制配备不少于1—2名的要求
		15. 设立城乡基层公共文化服务岗位
		16. 加强多层次专业人才教育和培训
		17. 建立培训上岗制度
		18. 加强基层乡土文化人才建设
	5. 建立健全公共文化服务法律体系	19. 出台公共文化服务相关法律法规

4. 公共文化服务发展模型与政策要素对应关系

公共文化服务发展模型体现了公共文化服务的本质规律和发展趋势，其对应的政策要素如表 2-6 所示。

表 2-6　　　　公共文化服务发展模型指标与政策要素对应表

目标层次	准则层次	政策要素
覆盖力	场馆设施覆盖面	◎促进公共文化服务标准化 ◎促进公共文化服务均等化 ◎推动公共文化服务社会化 ◎加强公共文化服务保障
	流动设施覆盖面	◎促进公共文化服务标准化 ◎促进公共文化服务均等化 ◎推动公共文化服务社会化 ◎加强公共文化服务保障
	数字设施覆盖面	◎促进公共文化服务标准化 ◎促进公共文化服务均等化 ◎推动公共文化服务社会化 ◎加强公共文化服务保障
供给力	服务高效率	◎促进公共文化服务均等化 ◎推动公共文化服务社会化 ◎推进公共文化服务数字化 ◎增强公共文化服务提供能力 ◎加强公共文化服务保障
	服务优质率	◎增强公共文化服务提供能力 ◎推动公共文化服务社会化 ◎加强公共文化服务保障
	群众参与率	◎增强公共文化服务提供能力 ◎推进公共文化服务数字化 ◎推动公共文化服务社会化
创新力	文化与科技融合深度	◎推进公共文化服务数字化
	公共文化服务发展动力	◎推动公共文化服务社会化
	体制机制改革力度	◎加强公共文化服务保障
	服务效能评价力度	◎加强公共文化服务保障

5. 公共文化服务发展政策要素分析

以搜集的所有政策文本为依据，采用关键词的搜索办法，运用武汉大学沈阳博士开发的中文词频分析软件 Rost wordparser 对政策要素的三级指标进行自动统计频次，然后经过人工甄别、筛选保留用于本研究分析的频次。

在此基础上，一是对政策要素的一、二、三级指标在所有政策文本中出现频次、频次在所有政策文本中的占比与排序进行分析，立足宏观、中观、微观三个层面，从而总体上把握我国公共文化服务政策的侧重点和发展走向。二是对政策要素的三级指标在各公共文化服务政策类型文本中出现频次、频次在各公共文化服务政策类型文本中的占比进行分析，从而总体上把握我国公共文化服务政策在各公共文化服务政策类型中的侧重点和走向。三是对政策要素对我国公共文化服务发展的影响进行分析，从而把握支撑公共文化服务发展的政策需求，以增强建立国家公共文化服务政策体系的科学性、前瞻性、操作性，提高政策执行的效力，推动我国公共文化服务的发展。

第三章

公共文化服务政策体系定性研究

自从2005年10月党的十六届五中全会首次提出建设公共文化服务体系以来，直到2013年11月党的十八届三中全会首次提出构建现代公共文化服务体系，并纳入我国"推进文化体制机制创新"全面深化改革四大重要改革任务之一。据此，我国的公共文化服务体系可以大体上划分为两个阶段，即2005年10月至2013年11月前为传统公共文化服务体系建设阶段，2013年11月以来为现代公共文化服务体系建设阶段。现代公共文化服务体系概念的提出，是中央对新时期文化建设理论和发展方向的新表述，是对新形势下公共文化工作的全新概括，标志着我国公共文化服务体系建设进入了一个新阶段。[1] 现代公共文化服务体系尽管适应新的形势赋予新的建设任务，但仍是公共文化服务体系的范畴，是传统公共文化服务体系建设的继承和延续，是公共文化服务体系建设的新阶段、新发展，现代和传统公共文化服务体系二者一脉相承。

与之相适应的公共文化服务政策体系，也可以划分为传统公共文化服务政策体系和现代公共文化服务政策体系两个阶段。在此语境下，以2005年10月党的十六届五中全会首次提出建设公共文化服务体系，2007年8月《中共中央办公厅国务院办公厅关于加强公共文化服务体系建设的若干意见》，2013年11月党的十八届三中全会首次提出构建现代公共文化服务体系，2015年1月《中共中央办公厅国务院办公厅关于加快构建现代公共文化服务体系的意见》四个事件为维度，可将传统公共

---

[1] 张永新：《现代公共文化服务体系的五个方面》，2013年11月15日，http://culture.people.com.cn/n/2013/1115/c172318-23558608.html。

文化服务政策体系和现代公共文化服务政策体系两个阶段各细化为两个建设时段。传统公共文化服务政策体系阶段，可细化为政策体系初步构建（2005年10党的十六届五中全会至2007年8月《中共中央办公厅国务院办公厅关于加强公共文化服务体系的若干意见》）和政策体系不断发展（2007年8月《中共中央办公厅国务院办公厅关于加强公共文化服务体系的若干意见》以来至2013年11月党的十八届三中全会前）两个建设时段；现代公共文化服务政策体系阶段，可细化为政策体系基本形成（2013年11月党的十八届三中全会至2015年1月《中共中央办公厅国务院办公厅关于加快构建现代公共文化服务体系的意见》）和政策体系健全完善（2015年1月《中共中央办公厅国务院办公厅关于加快构建现代公共文化服务体系的意见》以来）两个建设时段。这四个政策体系时段不以传统和现代时空划分，一以贯之，呈现出我国公共文化服务政策体系全景式发展进程。

　　本课题研究中，公共文化服务政策体系是指不同政策单元之间和同一政策内部不同要素之间，按照一定的秩序和内部联系组合而成的有机整体。基于这种认识，公共文化服务政策体系可以从宏观、中观、微观三个维度进行划分。按照公共文化服务体系建设的宏观维度，公共文化服务政策体系主要由设施网络覆盖、产品生产供给、资金人才技术保障、组织支撑、运行评估五方面政策构成；按照公共文化服务重点建设任务的中观维度，公共文化服务政策体系主要由标准化、均等化、社会化、数字化发展四方面政策构成；按照公共文化服务保障和改善民生的微观维度，公共文化服务政策体系主要由广播电视村村通工程、文化信息资源共享工程、农村电影放映工程、农家书屋建设工程四方面政策构成，也称文化惠民工程政策体系。本课题为了更加凸显微观层面的公共文化服务惠民政策体系研究，将专设第四章"文化惠民工程政策体系定性研究"。

第一节　传统公共文化服务体系与现代公共文化服务体系

一　公共文化服务体系概念

公共文化服务体系，是指公共文化产品、服务、制度和系统的总称，主要包括设施网络覆盖体系、产品和服务供给体系、人才资金和技术保障体系、组织支撑体系、运行评估体系五个子体系。

二 传统公共文化服务体系概念

传统公共文化服务体系是相对于现代公共文化服务而言的，是指以政府为主体、为满足公众的公共文化需求，由政府向公众单一提供公共文化服务和产品的设施、机构、管理及制度的总称。

三 现代公共文化服务体系概念

现代公共文化服务体系是指体现时代发展趋势，适应社会主义初级阶段基本国情和市场经济特征，符合文化发展规律，具有中国特色的公共文化服务保障体制、运行机制的总称。主要包括公共文化服务标准化、均等化、社会化、数字化、保障化、创新化等内容体系。

四 传统公共文化服务体系与现代公共文化服务体系的区别与联系

（一）二者联系

第一，二者的基本特征是公益性、基本性、均等性、便利性。

第二，二者的主要内容在目前阶段是保障人民群众看电视、听广播、读书看报、进行公共文化鉴赏、参与公共文化活动等基本文化权益。

第三，二者的主要实现方式是以政府为主导，以公益性文化单位为骨干，鼓励社会力量参与公共文化服务。

第四，现代公共文化服务体系是传统公共文化服务体系的继承和延续，是公共文化服务体系建设的新阶段、新发展，二者一脉相承。

（二）二者区别

传统公共文化服务体系与现代公共文化服务体系最鲜明的区别在于"现代性"。"现代性"是现代公共文化服务体系的核心特征。[1] 传统公共文化服务体系与现代公共文化服务体系的区别主要表现在以下几个方面：

1. 价值取向现代性

现代公共文化服务体系以培育具有时代精神和全面发展的社会主义公

---

[1] 张永新：《现代公共文化服务体系的五个方面》，2013年11月15日，http://culture.people.com.cn/n/2013/1115/c172318-23558608.html。

民为目标，塑造社会主义核心价值观，着力于塑造能代表时代精神的、有创造性的、积极健康的公共文化。现代公共文化服务体系明确提出了"基本、均等"的思想，服务目标均等化是现代公共文化服务的基本要求。①

2. 政府行政理念现代性

适应社会主义市场经济的新要求，现代公共文化服务体系的构建必然要求进一步转变政府职能，强化文化领域政府公共服务的意识，实现从传统的管制型政府向现代服务型政府转变。各级政府工作的重点要放在基础保障和环境创设上来，在保障公共文化服务均等化的同时，加强制度建设、能力建设和平台建设。同时，充分运用市场机制，调动社会力量参与公共文化服务体系建设。②

3. 运行机制现代性

运行机制民主化是现代公共文化服务体系体现公共性和提高服务绩效的必然要求。从事公共服务供给的各类机构应贯彻开放透明的原则，强化社会公众对公共文化服务供给及运行的知情权、参与权和监督权，增加决策透明度。现代公共文化服务体系要求建立法人治理结构，推动公共图书馆、博物馆、文化馆、科技馆等组建理事会，吸纳有关方面代表、专业人士、各界群众参与管理。现代公共文化服务体系的核心思想就是要通过建立健全我国公共文化服务的民主管理体制，来确保公共文化服务单位不偏离自身的公益属性，不断提升公共文化服务的质量和绩效。③

4. 服务能力现代性

进一步转变政府职能，充分发挥政府的主导作用，落实政府责任，增强社会主义市场经济条件下政府提供基本公共文化服务的能力。同时，深化公益性文化事业单位改革，增强公益性文化事业单位内在动力，适应公共文化服务体系建设的新发展。④

---

① 蒯大申：《现代公共文化服务体系的内涵与基本特征》，2014年4月2日，http://www.qhass.org/Page/ArtDis.aspx? id = 6302。
② 张永新：《现代公共文化服务体系的五个方面》，2013年11月15日，http://culture.people.com.cn/n/2013/1115/c172318-23558608.html。
③ 蒯大申：《现代公共文化服务体系的内涵与基本特征》，2014年4月2日，http://www.qhass.org/Page/ArtDis.aspx? id = 6302。
④ 张永新：《现代公共文化服务体系的五个方面》，2013年11月15日，http://culture.people.com.cn/n/2013/1115/c172318-23558608.html。

5. 公共服务方式现代性

建立以需求为导向的公共文化服务提供机制，转变传统的自上而下的单一供给方式；加强基层公共文化服务设施建设和服务能力建设，促进全社会公共文化资源共建共享；创新基本公共文化服务供给模式，引入竞争机制，积极采取购买服务等方式；以科技创新为动力，重视文化与科技的结合，综合运用现代传播手段推进公共文化服务体系建设。①

6. 管理手段现代性

法治化是国家治理体系现代化的核心。传统管理体制以人治和行政化为主要特征，而现代治理以法治化和制度化为核心内容。公共文化服务体系要现代化，整个管理体系就必须法治化。②

第二节 公共文化服务政策体系的发展历程

一 传统公共文化服务政策体系建设阶段

2005年10月至2013年11月前为传统公共文化服务政策体系建设阶段。

（一）出台背景

1. 是深入贯彻落实科学发展观和全面建设小康社会的一项重要任务

2002年11月党的十六大以来，以胡锦涛同志为总书记的党中央，高举中国特色社会主义伟大旗帜，以邓小平理论和"三个代表"重要思想为指导，立足社会主义初级阶段基本国情，总结中国发展实践，借鉴国外发展经验，适应中国发展要求，提出了科学发展观这一重大战略思想。党的十七大把科学发展观写入党章，党的十八大把科学发展观列入党的指导思想。科学发展观，第一要务是发展，核心是以人为本，基本要求是全面协调可持续发展，根本方法是统筹兼顾。胡锦涛同志在党的

---

① 张永新：《现代公共文化服务体系的五个方面》，2013年11月15日，http://culture.people.com.cn/n/2013/1115/c172318-23558608.html。

② 蒯大申：《现代公共文化服务体系的内涵与基本特征》，2014年4月2日，http://www.qhass.org/Page/ArtDis.aspx?id=6302。

十七大报告中提出：必须坚持以人为本。要始终把实现好、维护好、发展好最广大人民的根本利益作为党和国家一切工作的出发点和落脚点，尊重人民主体地位，发挥人民首创精神，保障人民各项权益，走共同富裕道路，促进人的全面发展，做到发展为了人民、发展依靠人民、发展成果由人民共享。公共文化服务体系建设，是维护好、实现好、发展好人民群众基本文化权益的主要途径，反映了广大人民群众的意愿，体现了社会主义制度的优越性，对于促进人的全面发展、提高全民族的思想道德和科学文化素质、建设富强民主文明和谐的社会主义现代化国家，具有重要意义。

2000年10月，党的十五届五中全会通过《中共中央关于制定国民经济和社会发展第十个五年计划的建议》，全会深入分析了世纪之交我国改革开放和现代化建设面临的国际和国内形势，会议认为从21世纪开始，我国进入了全面建设小康社会，加快推进社会主义现代化的新的发展阶段。2002年11月江泽民同志在党的十六大上强调，综观全局，21世纪头二十年，对我国来说，是一个必须紧紧抓住并且可以大有作为的重要战略机遇期。根据十五大提出的到2010年、建党一百年和新中国成立一百年的发展目标，我们要在21世纪头二十年，集中力量，全面建设惠及十几亿人口的更高水平的小康社会，使经济更加发展、民主更加健全、科教更加进步、文化更加繁荣、社会更加和谐、人民生活更加殷实。全面建设小康社会的目标，就文化建设而言是全民族的思想道德素质、科学文化素质明显提高，形成全民学习、终身学习的学习型社会，促进人的全面发展。全面小康包括文化小康，没有文化小康就不是全面小康。公共文化服务是文化小康的重要内容。建设公共文化服务体系是全面建设小康社会的题中之义。

2. 是建设和谐文化、构建社会主义和谐社会的必然要求

2006年10月党的十六届六中全会通过的《中共中央关于构建社会主义和谐社会若干重大问题的决定》指出：建设和谐文化，是构建社会主义和谐社会的重要任务。社会主义核心价值体系是建设和谐文化的根本。建设和谐文化，能够打牢巩固社会和谐的思想道德基础。

社会和谐是中国特色社会主义的本质属性，是国家富强、民族振兴、人民幸福的重要保证。构建社会主义和谐社会，是我们党以马克思列宁

主义、毛泽东思想、邓小平理论和"三个代表"重要思想为指导，全面贯彻落实科学发展观，从中国特色社会主义事业总体布局和全面建设小康社会全局出发提出的重大战略任务，反映了建设富强民主文明和谐的社会主义现代化国家的内在要求，体现了全党全国各族人民的共同愿望。同时，指出我国正处于并将长期处于社会主义初级阶段，人民日益增长的物质文化需要同落后的社会生产之间的矛盾仍然是我国社会的主要矛盾，统筹兼顾各方面利益任务艰巨而繁重。特别要看到，我国已进入改革发展的关键时期，经济体制深刻变革，社会结构深刻变动，利益格局深刻调整，思想观念深刻变化。这种空前的社会变革，给我国发展进步带来巨大活力，也必然带来这样那样的矛盾和问题。

建设和谐文化和构建社会主义和谐社会二者有机联系在一起。2005年10月党的十六届五中全会通过的《中共中央关于制定国民经济和社会发展第十一个五年规划的建议》把"丰富人民群众精神文化生活"作为推进社会主义和谐社会建设的重要内容。同时，在"丰富人民群众精神文化生活"的具体任务中，首次提出"加大政府对文化事业的投入，逐步形成覆盖全社会的比较完备的公共文化服务体系"。由此可见，建设公共文化服务体系是建设和谐文化、构建社会主义和谐社会的必然要求。

3. 是全面建设服务型政府的内在要求

2004年2月，温家宝总理在中央党校举办的省部级主要领导干部"树立和落实科学发展观"专题研究班结业仪式上首次提出要努力建设服务型政府。同年3月温家宝总理在参加全国人大会议期间强调，"管理就是服务，我们要把政府办成一个服务型政府，为市场主体服务，为社会服务，最终为人民服务。"在2005年3月召开的全国人民代表大会上，温家宝总理在政府工作报告中再次强调"建设服务型政府"，并经全国人大批准最终成为国家意志。[①]

服务型政府是在公民本位、社会本位理念的指导下，在整个社会民主秩序的框架下，通过法定程序，按照公民意志建立起来的以为公民服务为宗旨并承担着服务责任的政府。服务型政府是政府利用其由民众赋予的公权力，以公民本位和社会本位为理念，从民众需求和公

---

① 胡珍民：《我国服务型政府建设研究》，硕士学位论文，西南政法大学，2011年，第10页。

共利益出发,通过多元治理,为民众提供优质的公共产品和服务。在服务型政府中,服务将是政府最核心的价值理念,也是政府行为的主要依据。[①]

提供公共文化服务是服务型政府的主要职责之一。2012年7月《国务院关于印发〈国家基本公共服务体系"十二五"规划〉的通知》将基本公共文化服务作为我国九大基本公共服务领域之一,明确其基本范围、标准和工作重点,引导公共文化资源配置,保障人民群众基本文化权益。

4. 是我国文化建设的重要组成部分

2002年,党的十六大报告提出积极发展文化事业和文化产业,这是我国对文化发展规律的科学认识,是我国在文化建设方面的重大理论突破。2011年党的十七届六中全会通过的《中共中央关于深化文化体制改革推动社会主义文化大发展大繁荣若干重大问题的决定》提出:大力发展公益性文化事业,保障人民基本文化权益。《决定》强调指出:满足人民基本文化需求是社会主义文化建设的基本任务,加强公共文化服务是实现人民基本文化权益的主要途径。必须坚持政府主导,按照公益性、基本性、均等性、便利性的要求,构建公共文化服务体系,让群众广泛享有免费或优惠的基本公共文化服务。

在上述背景下,我国逐步认识公共文化服务体系建设的特点和规律,明确其在全面建设小康社会、构建和谐社会、建设服务型政府和文化建设中的性质、作用和功能,明确了公共文化服务体系的"设施网络、服务供给、人财物技术保障、组织支撑、绩效评价"等建设任务,形成了公共文化服务体系建设的基本政策,推动我国覆盖城乡、结构合理、功能健全、实用高效的公共文化服务体系建设。

(二)历程概述

这一阶段,党中央、全国人大、国务院先后出台了20个政策文件(见表3-1),加强了公共文化服务体系建设。通过对政策文件的分析,可以清晰地梳理出传统公共文化服务政策体系的发展历程,具体可细化为两个政策体系建设时段。

---

① 胡珍民:《我国服务型政府建设研究》,硕士学位论文,西南政法大学,2011年,第20页。

表 3-1　　　　　　　公共文化服务体系各阶段的政策

序号	政策名称	出台年份	出台部门
1	《中共中央关于制定国民经济和社会发展第十一个五年规划的建议》	2005 年	党的十六届五中全会
2	《中共中央办公厅国务院办公厅关于进一步加强农村文化建设的意见》	2005 年	中共中央办公厅、国务院办公厅
3	《中共中央国务院关于深化文化体制改革的若干意见》	2005 年	中共中央、国务院
4	《中共中央国务院关于推进社会主义新农村建设的若干意见》	2005 年	中共中央、国务院
5	《中华人民共和国国民经济和社会发展第十一个五年规划纲要》	2006 年	第十届全国人大四次会议
6	《中共中央办公厅国务院办公厅印发国家"十一五"时期文化发展规划纲要》	2006 年	中共中央办公厅、国务院办公厅
7	《国务院办公厅关于进一步做好新时期广播电视村村通工作的通知》	2006 年	国务院办公厅
8	《中共中央关于构建社会主义和谐社会若干重大问题的决定》	2006 年	党的十六届六中全会
9	《国务院办公厅转发广电总局等部门关于做好农村电影工作意见的通知》	2007 年	国务院办公厅
10	《中共中央办公厅国务院办公厅关于加强公共文化服务体系建设的若干意见》	2007 年	中共中央办公厅、国务院办公厅
11	《国务院关于进一步繁荣发展少数民族文化事业的若干意见》	2009 年	国务院
12	《中共中央关于制定国民经济和社会发展第十二个五年规划的建议》	2010 年	党的十七届五中全会
13	《中华人民共和国非物质文化遗产法》	2011 年	十一届全国人大常委会第十九次会议
14	《中华人民共和国国民经济和社会发展第十二个五年规划纲要》	2011 年	十一届全国人大四次会议
15	《中共中央国务院关于分类推进事业单位改革的指导意见》	2011 年	中共中央、国务院
16	《国务院办公厅关于印发分类推进事业单位改革配套文件的通知》	2011 年	国务院办公厅
17	《中共中央关于深化文化体制改革推动社会主义文化大发展大繁荣若干重大问题的决定》	2011 年	党的十七届六中全会

续表

序号	政策名称	出台年份	出台部门
18	《中共中央办公厅国务院办公厅印发国家"十二五"时期文化改革发展规划纲要》	2012年	中共中央办公厅、国务院办公厅
19	《国务院关于印发〈国家基本公共服务体系"十二五"规划〉的通知》	2012年	国务院
20	《国务院办公厅关于政府向社会力量购买服务的指导意见》	2013年	国务院办公厅

1. 政策体系初步构建（2005年10月党的十六届五中全会至2007年8月《中共中央办公厅国务院办公厅关于加强公共文化服务体系的若干意见》）

2005年10月党的十六届五中全会通过的《中共中央关于制定国民经济和社会发展第十一个五年规划的建议》首次提出"加大政府对文化事业的投入，逐步形成覆盖全社会的比较完备的公共文化服务体系"，由此揭开我国公共文化服务建设的历史篇章。2005年11月《中共中央办公厅国务院办公厅关于进一步加强农村文化建设的意见》提出大力推进广播电视进村入户、积极发展农村电影放映、开展农村数字化文化信息服务、推动服务"三农"的出版物出版发行、加强乡村文化设施建设、加大文化资源向农村的倾斜六方面政策，以此加强农村公共文化建设。2005年12月《中共中央国务院关于深化文化体制改革的若干意见》提出"加大公益性文化事业投入，调整资源配置，逐步构建公共文化服务体系"。2005年12月《中共中央国务院关于推进社会主义新农村建设的若干意见》提出"构建农村公共文化服务体系"。2006年3月十届全国人大四次会议通过的《中华人民共和国国民经济和社会发展第十一个五年规划纲要》进一步提出"加大政府对文化事业的投入，逐步形成覆盖全社会的比较完备的公共文化服务体系"。2006年9月《中共中央办公厅国务院办公厅印发国家"十一五"时期文化发展规划纲要》提出"完善公共文化服务网络、加强农村文化建设、普及文化知识、建立健全文化援助机制、鼓励社会力量捐助和兴办公益性文化事业"等方面政策，建设公共文化服务体系。2006年9月《国务院办公厅关于进一步做好新时期广播电视村村通工作的通知》，专门就进一步做好新时期广播电视村村通工作作出政策安排。① 2006年10月党的十六届六中全会通过的《中共中央关于构建社会主义和谐社会若干重大问题的决定》将"加快建立覆盖全社会的公共文化服务体系"纳入"坚持协调发展，加强社会事业建设"内容。2007年5月《国务院办公厅转发广电总局等部门关于做好农村电影工作意见的通知》，专门就做好农村电影工作②提出政策意见。2007年8月《中共中央办公厅国务院办公厅关于加强公共文化服务体系建设的若干意见》，就加快建立覆盖全社会的公共文化服务体系作出全面系统的顶层制度设计，重点就公共文化服务体系建设的指导思想和目标任务、实施重大公共文化服务工程、增强公共文化产品的生产供给能力、创新公共文化服务运行机制、加强对公共文化服务体系建设的领导五方面提出政策意见。该意见是我国加强公共文化服务体系建设的纲领性文件，在公共文化服务体系建设中发挥了积极的作用。该意见的出台标志着我国公共文化服务政策体系已初步构建。

2. 政策体系不断发展（2007年8月《中共中央办公厅国务院办公厅关于加强公共文化服务体系的若干意见》以来至2013年11月党的十八届三中全会前）

2007年8月《中共中央办公厅国务院办公厅关于加强公共文化服务体系建设的若干意见》后，2009年7月《国务院关于进一步繁荣发展少数民族文化事业的若干意见》提出："加快少数民族和民族地区公共文化基础设施建设。"2010年10月党的十七届五中全会通过的《中共中央关于制定国民经济和社会发展第十二个五年规划的建议》提出："以农村基层和中西部地区为重点，继续实施文化惠民工程，基本建成公共文化服务体系。"2011年2月十一届全国人大第十九次会议通过的《中华人民共和国非物质文化遗产法》将图书馆、文化馆、博物馆、科技馆等公共文化机构应当根据各自业务范围，开展非物质文化遗产的整理、研究、学术交流和非物质文化遗产代表性项目的宣传、展示纳入法律条文。2011年3月十一届全国人大四次会议通过的《中华人

---

① 我国村村通工作最早开始于1998年。
② 国家在1998年启动了农村电影放映"2131工程"。

民共和国国民经济和社会发展第十二个五年规划纲要》提出"建立健全公共文化服务体系。"2011年3月《中共中央国务院关于分类推进事业单位改革的指导意见》将承担公共文化等基本公益服务的文化事业单位，不能或不宜由市场配置资源的，划入公益一类。2011年7月《国务院办公厅关于印发分类推进事业单位改革配套文件的通知》对划入公益一类的文化事业单位作出明确规定："这类单位不得从事经营活动，其宗旨、业务范围和服务规范由国家确定。"2011年10月党的十七届六中全会通过的《中共中央关于深化文化体制改革推动社会主义文化大发展大繁荣若干重大问题的决定》指出，满足人民基本文化需求是社会主义文化建设的基本任务。加强公共文化服务是实现人民基本文化权益的主要途径。要以公共财政为支撑，以公益性文化单位为骨干，以全体人民为服务对象，以保障人民群众看电视、听广播、读书看报、进行公共文化鉴赏、参与公共文化活动等基本文化权益为主要内容，完善覆盖城乡、结构合理、功能健全、实用高效的公共文化服务体系。这个决定的出台标志着我国对公共文化服务作用的认识上升到一个新的高度。

2012年2月《中共中央办公厅国务院办公厅印发国家"十二五"时期文化改革发展规划纲要》提出，加快构建公共文化服务体系，重点任务是构建公共文化服务体系、加强公共文化产品和服务供给、加快城乡文化一体化发展、广泛开展群众性文化活动。2012年7月《国务院关于印发〈国家基本公共服务体系"十二五"规划〉的通知》明确提出国家建立基本公共文化服务制度，并阐明国家基本公共文化服务的制度安排，明确基本范围、标准和工作重点，引导公共文化资源配置，是政府履行公共文化服务职责的重要依据。这个纲要的颁布，使我国保障人民基本文化权益有了具体的政策制度安排，能确保人民基本文化权益保障落到实处。2013年9月《国务院办公厅关于政府向社会力量购买服务的指导意见》明确要求包括文化在内的基本公共服务领域要逐步加大政府向社会力量购买服务的力度。这些政策的出台标志着我国公共文化服务政策体系不断发展。同时，为2013年11月党的十八届三中全会提出构建现代公共文化服务体系的战略思想创造了良好条件。

二 现代公共文化服务政策体系建设阶段

2013 年 11 月以来为现代公共文化服务政策体系建设阶段。

（一）出台背景

1. 是落实习近平新时代中国特色社会主义思想、保障和改善民生的重要举措

习近平新时代中国特色社会主义思想内容十分丰富。党的十九大报告用"八个明确"概括了这一重大思想的主要创新观点。提出明确坚持和发展中国特色社会主义，总任务是实现社会主义现代化和中华民族伟大复兴，在全面建成小康社会的基础上，分两步走在 21 世纪中叶建成富强民主文明和谐美丽的社会主义现代化强国；明确新时代我国社会主要矛盾是人民日益增长的美好生活需要和不平衡不充分的发展之间的矛盾，必须坚持以人民为中心的发展思想，不断促进人的全面发展、全体人民共同富裕；明确中国特色社会主义事业总体布局是"五位一体"、战略布局是"四个全面"，强调坚定道路自信、理论自信、制度自信、文化自信；明确全面深化改革总目标是完善和发展中国特色社会主义制度、推进国家治理体系和治理能力现代化；明确全面推进依法治国总目标是建设中国特色社会主义法治体系、建设社会主义法治国家。这些思想观点是构建现代公共文化服务体系的指导思想，尤其是党的十九大强调："坚持在发展中保障和改善民生。""满足人民过上美好生活的新期待，必须提供丰富的精神食粮。"建设现代公共文化服务体系是满足人民过上美好生活新期待的重要途径。

2. 是全面深化文化体制改革、促进文化事业繁荣发展的必然要求

党的十八届三中全会从中国特色社会主义事业"五位一体"的总体布局出发，提出推进国家治理体系和治理能力现代化，明确提出构建现代公共文化服务体系的目标任务，表明公共文化服务已经成为党中央全面深化改革战略部署中的重要战略任务，成为"推进文化体制机制创新"的一项重要内容。公共文化服务体系不仅是现代化国家治理体系的组成部分，也是构成国家治理能力现代化的必备要素。[①] 党的十八届三

[①] 张永新：《构建现代公共文化服务体系的重点任务》，《行政管理改革》2014 年第 4 期。

中全会针对构建现代公共文化服务体系部署了7项改革任务，即建立公共文化服务体系建设协调机制，统筹服务设施网络建设，促进基本公共文化服务标准化、均等化；建立群众评价和反馈机制，推动文化惠民项目与群众文化需求有效对接；整合基层宣传文化、党员教育、科学普及、体育健身等设施，建设综合性文化服务中心；明确不同文化事业单位功能定位，建立法人治理结构，完善绩效考核机制；推动公共图书馆、博物馆、文化馆、科技馆等组建理事会，吸纳有关方面代表、专业人士、各界群众参与管理；引入竞争机制，推动公共文化服务社会化发展；鼓励社会力量、社会资本参与公共文化服务体系建设，培育文化非营利组织。概括起来，这些改革任务突出了公共文化服务建设"政府职能转变""统筹协调""效能建设"三方面特点[1]，这也是当前制约公共文化服务体系建设的"瓶颈"。党的十七大报告提出，坚持把发展公益性文化事业作为保障人民基本文化权益的主要途径。党的十七届六中全会通过《中共中央关于深化文化体制改革推动社会主义文化大发展大繁荣若干重大问题的决定》指出，加强公共文化服务是实现人民基本文化权益的主要途径。建设公共文化服务体系是大力发展公益性文化事业，保障人民基本文化权益的重要组成部分。

3. 是弘扬社会主义核心价值观、建设社会主义文化强国的重大任务

2011年10月党的十七届六中全会通过的《中共中央关于深化文化体制改革推动社会主义文化大发展大繁荣若干重大问题的决定》强调，社会主义核心价值体系是兴国之魂，是社会主义先进文化的精髓，决定着中国特色社会主义发展方向，要贯穿文化建设的始终。同时，首次提出，坚持中国特色社会主义文化发展道路，努力建设社会主义文化强国。2015年1月《中共中央办公厅国务院办公厅关于加快构建现代公共文化服务体系的意见》强调，以人民为中心，以社会主义核心价值观为引领，发展先进文化，创新传统文化，扶持通俗文化，引导流行文化，改造落后文化，抵制有害文化，巩固基层文化阵地，促进在全社会形成积极向上的精神追求和健康文明的生活方式。党的十九大报告强调，要坚持中国特色社会主义文化发展道路，激发全民族文化创新创造活力，建

---

[1] 张永新：《构建现代公共文化服务体系的重点任务》，《行政管理改革》2014年第4期。

设社会主义文化强国。公共文化服务体系既是弘扬社会主义核心价值观的有效载体，也是社会主义文化强国的重要建设内容。

面对新形势新任务，我国不断深化对公共文化服务体系建设的认识，进一步明确其在中国特色社会主义事业"五位一体"总体布局、"四个全面"战略布局、坚定"四个自信"中的地位和作用，更加突出公共文化服务体系建设的"标准化、均等化、社会化、数字化"等现代性重点任务，形成了现代公共文化服务体系建设的基本政策，推动我国覆盖城乡、便捷高效、保基本、促公平的现代公共文化服务体系建设。

（二）历程概述

这一阶段，党中央、全国人大、国务院先后出台了20个政策文件（见表3-2），促进了现代公共文化服务体系的加快构建。通过对政策文件的分析，可以清晰地梳理出现代公共文化服务体系政策的发展历程，具体可以细化为两个政策体系建设时段。

表3-2　　　　　　　现代公共文化服务体系阶段的政策

序号	政策名称	出台年份	出台部门
1	《中共中央关于全面深化改革若干重大问题的决定》	2013年	党的十八届三中全会
2	《中共中央办公厅国务院办公厅关于加快构建现代公共文化服务体系的意见》	2015年	中共中央办公厅、国务院办公厅
3	《博物馆条例》	2015年	国务院第78次常务会议
4	《国务院办公厅转发文化部等部门关于做好政府向社会力量购买公共文化服务工作意见的通知》	2015年	国务院办公厅
5	《国务院办公厅印发关于支持戏曲传承发展若干政策的通知》	2015年	国务院办公厅
6	《国务院办公厅关于推进基层综合性文化服务中心建设的指导意见》	2015年	国务院办公厅
7	《中共中央关于制定国民经济和社会发展第十三个五年规划的建议》	2015年	党的十八届五中全会
8	《国务院关于进一步加强文物工作的指导意见》	2016年	国务院
9	《中华人民共和国国民经济和社会发展第十三个五年规划纲要》	2016年	十二届全国人大四次会议

续表

序号	政策名称	出台年份	出台部门
10	《国务院办公厅关于加快推进广播电视村村通向户户通升级工作的通知》	2016年	国务院办公厅
11	《国务院办公厅转发文化部等部门关于推动文化文物单位文化创意产品开发若干意见的通知》	2016年	国务院办公厅
12	《中华人民共和国公共文化服务保障法》	2016年	十二届全国人大常务委员会第二十五次会议
13	《国务院关于印发〈"十三五"推进基本公共服务均等化规划〉的通知》	2017年	国务院
14	《中共中央办公厅国务院办公厅关于实施中华优秀传统文化传承发展工程的意见》	2017年	中共中央办公厅、国务院办公厅
15	《国务院办公厅关于转发文化部等部门中国传统工艺振兴计划的通知》	2017年	国务院办公厅
16	《中共中央办公厅国务院办公厅印发国家"十三五"时期文化发展改革规划纲要》	2017年	中共中央办公厅、国务院办公厅
17	《中共中央办公厅国务院办公厅关于加强文化领域行业组织建设的指导意见》	2017年	中共中央办公厅、国务院办公厅
18	《中华人民共和国公共图书馆法》	2017年	十二届全国人大常务委员会第三十次会议
19	《中共中央国务院关于实施乡村振兴战略的意见》	2018年	中共中央、国务院
20	《中共中央办公厅国务院办公厅关于建立健全基本公共服务标准体系的指导意见》	2018年	中共中央办公厅、国务院办公厅

1. 政策体系基本建立（2013年11月党的十八届三中全会至2015年1月《中共中央办公厅国务院办公厅关于加快构建现代公共文化服务体系的意见》）

2013年11月党的十七届六中全会通过的《中共中央关于全面深化

改革若干重大问题的决定》首次提出构建现代公共文化服务体系，标志着我国公共文化服务体系建设进入一个新阶段。2015年1月《中共中央办公厅国务院办公厅关于加快构建现代公共文化服务体系的意见》，从总体要求、统筹推进公共文化服务均衡发展、增强公共文化服务发展动力、加强公共文化产品和服务供给、推进公共文化服务与科技融合发展、创新公共文化管理体制和运行机制、加大公共文化服务保障力度七个方面，对加快构建现代公共文化服务体系作出顶层制度设计，明确提出到2020年基本建成覆盖城乡、便捷高效、保基本、促公平的现代公共文化服务体系。这是未来一个时期我国加快构建现代公共文化服务体系的纲领性文件。《意见》的下发，是公共文化服务体系建设的标志性重大节点，是我们推进公共文化事业发展的一个重大机遇。[①] 尤其是《意见》配套印发了首个《国家基本公共文化服务指导标准（2015—2020年）》，标准制定主要遵循了基本性、普惠性和动态性三个原则，从我国国情出发，以群众实际文化需求为导向，界定了基本公共文化服务的保障范围，主要围绕读书看报、收听广播、观看电视、观赏电影、观看演出、参加文体活动和免费使用公共文化设施等群众基本文化权益，提出了具体的项目、内容和指导标准，明确了服务范围、程度和质量要求。同时，对公共文化服务硬件设施和人员配备提出了相应标准，为各地加快构建现代公共文化服务体系提供了指导和遵循。明确标准从2015年起开始实施，标准以县为基本单位推进落实，标准的出台使2012年7月我国提出的建立基本公共文化服务标准制度得到细化、落到实处。《意见》的颁布标志着我国公共文化服务政策体系基本建立。

2. 政策体系健全完善（2015年1月《中共中央办公厅国务院办公厅关于加快构建现代公共文化服务体系的意见》以来）

2015年1月国务院第78次常务会议通过《博物馆条例》，自2015年3月20日起施行。2015年5月《国务院办公厅转发文化部等部门关于做好政府向社会力量购买公共文化服务工作意见的通知》，从指导思想、基本原则和目标任务，积极有序推进政府向社会力量购买公共文化服务工作，营造政府向社会力量购买公共文化服务的良好环境三个方面

[①] 文化部、国家新闻出版广电总局、发展改革委员会、财政部：《解读关于加快构建现代公共文化服务体系的意见》，《人文天下》2015年第3期。

提出政策意见，同时配套印发了我国首个《政府向社会力量购买公共文化服务指导性目录》，我国从顶层科学系统地设计了政府向社会力量购买公共文化服务的政策进路。《意见》的出台对建立健全政府向社会力量购买公共文化服务机制，完善公共文化服务供给体系，提高公共文化服务效能作出了重要部署，这既是对中央全面深化文化体制改革提出的"推动公共文化服务社会化"改革任务的落实，也是2013年9月《国务院办公厅关于政府向社会力量购买公共服务的指导意见》的拓展和延伸。2015年7月《国务院办公厅印发关于支持戏曲传承发展若干政策的通知》，从总体要求、加强戏曲保护与传承、支持戏曲剧本创作、支持戏曲演出、改善戏曲生产条件、支持戏曲艺术表演团体发展、完善戏曲人才培养和保障机制、加大戏曲普及和宣传、加强组织领导九个方面，提出支持戏曲传承发展的政策。2015年10月《国务院办公厅关于推进基层综合性文化服务中心建设的指导意见》，从指导思想、基本原则和工作目标，加强基层综合性文化服务中心建设，明确功能定位，丰富服务内容和方式，创新基层公共文化运行管理机制，加强组织实施六方面提出指导意见，明确提出主要采取盘活存量、调整置换、集中利用等方式进行建设，不搞大拆大建，凡现有设施能够满足基本公共文化需求的，一律不再进行改扩建和新建；到2020年，全国范围的乡镇（街道）和村（社区）普遍建成集宣传文化、党员教育、科学普及、普法教育、体育健身等功能于一体的基层综合性文化服务中心。2015年10月党的十八届五中全会通过的《中共中央关于制定国民经济和社会发展第十三个五年规划的建议》，在对我国公共文化服务体系建设作出基本建成判断的基础上提出"完善公共文化服务体系"。2016年3月《国务院关于进一步加强文物工作的指导意见》提出，到2020年，文物事业在传承中华优秀传统文化、弘扬社会主义核心价值观、推动中华文化走出去、提高国民素质和社会文明程度中进一步发挥重要作用。2016年3月十二届全国人大四次会议通过的《中华人民共和国国民经济和社会发展第十三个五年规划纲要》，提出"构建现代公共文化服务体系"。2016年4月《国务院办公厅关于加快推进广播电视村村通向户户通升级工作的通知》，从总体要求、主要任务、政策保障、组织领导四个方面作出政策安排，切实推动广播电视户户通工作。2016年5月《国务院办公厅转发文化部等部门关于推动文化文物单位文化创意产品开发若干意见的通知》要求各级各类博物馆、美术馆、图书馆、文化馆、群众艺术馆、纪念馆、非物质文化遗产保护中心及其他文博单位等掌握各种形式文化资源的文化文物单位要在履行好公益服务职能、确保文化资源保护传承的前提下，调动文化文物单位积极性，加强文化资源系统梳理和合理开发利用，开发各类文化创意产品。2016年12月十二届全国人大二十五次会议通过《中华人民共和国公共文化服务保障法》，公共文化服务保障法的诞生，是我国文化领域的一件大事、喜事，标志着我国文化法治建设取得了新的可喜进展；公共文化服务保障法是我国文化领域一部综合性、全局性、基础性的重要法律，是一部具有鲜明中国特色、充分反映社会主义制度优越性的重要法律。公共文化服务保障法确定了公共文化服务的基本原则，构筑了公共文化服务的制度体系，规定了公共文化服务的保障措施，为构建现代公共文化服务体系提供了法律依据，为实现人民群众基本文化权益提供了法律保障，使宪法确立的有关文化事业的原则和制度在法律中得到贯彻落实；公共文化服务保障是最具权威的政策制度，标志着我国公共文化服务政策体系达到一个新的水平。2017年1月《国务院印发"十三五"推进基本公共服务均等化规划的通知》，并配套印发了我国首个《"十三五"国家基本公共服务清单》，该规划是"十三五"乃至更长一段时期推进基本公共服务体系建设的综合性、基础性、指导性文件，该规划将基本公共文化服务纳入规划，明确本领域服务项目具体包括：公共文化设施免费开放、送地方戏、收听广播、观看电视、观赏电影、读书看报、少数民族文化服务、参观文化遗产共8项，以构建现代公共文化服务体系，促进基本公共文化服务标准化、均等化，更好地满足人民群众精神文化需求，提高全民文化素质。2017年1月《中共中央办公厅国务院办公厅关于实施中华优秀传统文化传承发展工程的意见》明确要求，到2025年，中华优秀传统文化传承发展体系基本形成，研究阐发、教育普及、保护传承、创新发展、传播交流等方面协同推进并取得重要成果，具有中国特色、中国风格、中国气派的文化产品更加丰富，文化自觉和文化自信显著增强，国家文化软实力的根基更为坚实，中华文化的国际影响力明显提升。同时，强调各类文化单位机构、各级文化阵地平台都要担负起守护、传播和弘扬中华优秀传统文化的职责。2017年3月《国务院办公厅关于转发文化部等部门中国传统工艺振兴计划的通知》提出,使传统工艺在现代生活中得到新的广泛应用,更好满足人民群众消费升级的需要。到2020年,传统工艺的传承和再创造能力、行业管理水平和市场竞争力、从业者收入以及对城乡就业的促进作用得到明显提升。2017年5月《中共中央办公厅国务院办公厅印发国家"十三五"时期文化发展改革规划纲要》提出完善公共文化服务网络、推动基层公共文化设施资源共建共享、创新公共文化服务运行机制、推动老少边贫地区公共文化跨越发展,到2020年现代公共文化服务体系基本建成,基本公共文化服务标准化、均等化水平稳步提高,体现地方和民族特色的文化设施网络基本形成,公共文化供给与群众文化需求有效匹配。2017年5月《中共中央办公厅国务院办公厅关于加强文化领域行业组织建设的指导意见》,从总体要求、明确职能定位、做好培育发展工作、加强自身建设、强化规范管理、组织实施六方面,就推动文化领域行业组织健康有序发展提出政策意见。2017年11月十二届全国人大第三十次会议通过的《中华人民共和国公共图书馆法》,明确了公共图书馆事业的重要地位和发展方向,确立了体现中国特色社会主义特点的公共图书馆相关管理制度,强调了公共图书馆的公益属性、对服务提出明确要求,公共图书馆法是国家层面公共文化领域的第一部专门法律,为推动公共图书馆事业发展提供了基本遵循。2018年1月《中共中央国务院关于实施乡村振兴战略的意见》把传承发展提升农村优秀传统文化和加强农村公共文化建设纳入乡村振兴战略的重要内容。2018年12月《中共中央办公厅国务院办公厅关于建立健全基本公共服务标准体系的指导意见》提出力争到2025年,基本公共服务标准化理念融入政府治理,标准化手段得到普及应用,系统完善、层次分明、衔接配套、科学适用的基本公共服务标准体系全面建立;到2035年,基本公共服务均等化基本实现,现代化水平不断提升。该意见将基本公共文化服务保障纳入其中。我国的公共文化服务政策体系还将随着中国特色社会主义进入新时代,满足人民群众对美好生活的新期待不断健全完善,为加快构建普惠性、保基本、均等化、可持续的现代公共文化服务体系[1]提供政策支撑。

---

[1] 《中共中央办公厅国务院办公厅印发国家"十三五"时期文化发展改革规划纲要》,2017年5月8日,http://politics.people.com.cn/n1/2017/0508/c1001-29259304.html。

第三节　公共文化服务政策体系内容概述

本节公共文化服务政策体系内容概述，主要包括宏观层面的公共文化服务体系建设和中观层面的公共文化服务重点建设任务的政策内容概述。

由于本研究将在后面对广播电视村村通、文化信息资源共享、农村电影放映、农家书屋等重点文化惠民工程政策内容从微观层面进行专章概述，为了尽量避免同一个问题的重复，本节不对其政策内容进行概述。本节将主要以党中央、全国人大、国务院出台的政策为依据，突出重点政策、抓住关键环节，对其相关政策内容从宏观和中观两个层次展开概述。

一　公共文化服务体系建设宏观政策内容概述

按照公共文化服务体系的设施网络覆盖、产品生产供给、资金人才技术保障、组织支撑、运行评估五个组成部分，与之相对应的公共文化服务体系建设政策体系，主要由设施网络覆盖、产品生产供给、资金人才技术保障、组织支撑、运行评估五方面政策构成。

（一）设施网络建设政策

依据《中华人民共和国公共文化服务保障法》第十五条的规定，公共文化设施网络由场馆服务设施、流动服务设施、数字服务设施相结合而形成。

2005年11月《中共中央办公厅国务院办公厅关于进一步加强农村文化建设的意见》提出加强乡村文化设施建设的三方面政策：一是场馆服务设施建设政策。坚持以政府为主导，以乡镇为依托，以村为重点，以农户为对象，发展县、乡镇、村文化设施和文化活动场所，构建农村公共文化服务网络。到2010年，实现县有文化馆、图书馆，乡镇有综合文化站，行政村有文化活动室。乡镇可结合乡镇机构改革和站（所）整合，组建集图书阅读、广播影视、宣传教育、文艺演出、科技推广、科普培训、体育和青少年校外活动等于一体的综合性文化站，配备专职人员管理。村文化活动室可"一室多用"，明确由一名村干部具体负责。

在学校布点整顿中腾出的闲置校舍，可改造为村文化活动基地。加强农村影院的更新改造，增加农村电影固定放映点。二是流动服务设施建设政策。对西部及其他老少边穷等地广人稀、适宜开展流动服务的地区，由政府给乡文化站配备多功能流动文化车。重点做好配送电影流动放映车工作。三是数字服务设施建设政策。加快全国文化信息资源共享工程建设，积极发展文化信息资源共享工程农村基层服务点，重点支持边远贫穷地区乡镇、村基层服务点建设；依托农村党员干部现代远程教育和农村中小学现代远程教育网络，以共建方式发展基层服务点。至此，公共文化设施网络政策初步形成。

2006年9月《中共中央办公厅国务院办公厅印发国家"十一五"时期文化发展规划纲要》，提出完善公共文化设施网络布局和农村文化设施建设的政策：一是完善公共文化设施网络布局政策。以大型公共文化设施为骨干，以社区和乡镇基层文化设施为基础，优先安排关系人民群众切身文化利益的设施建设，加强图书馆、博物馆、文化馆、美术馆、电台、电视台、广播电视发射转播台（站）、互联网公共信息服务点等公共文化基础设施建设。二是推进农村文化设施建设政策。加快欠发达地区综合文化站的改扩建和农村危旧公共文化设施的改造，改善、提升农村公共文化基础设施条件和服务水准，逐步改变城乡之间文化发展不平衡现象。公共文化政策以设施网络建设为导向，同时强调农村文化设施建设，以逐步推动城乡文化均衡发展。

2006年10月党的十六届六中全会通过的《中共中央关于社会主义和谐社会若干重大问题的决定》提出，加强公益性文化设施建设，鼓励社会力量捐助和兴办公益性文化事业，加快建立覆盖全社会的公共文化服务体系。这表明国家鼓励社会力量参与公共文化设施建设。

2007年8月《中共中央办公厅国务院办公厅关于加强公共文化服务体系建设的若干意见》，提出建立健全公共文化设施网络三方面政策：一是场馆和数字服务设施建设政策。以大中城市公共文化设施为骨干，以县、乡（镇）和社区基层文化设施为基础，统筹规划，合理布局，加强各类文化馆（站）、博物馆、图书馆、美术馆、艺术馆、纪念馆和广播电视台（站）、互联网的公共信息服务点和卫星接收设施公共服务管理系统等公共文化设施建设，优化社区和乡村公共文化资源配置，形成覆盖城乡、结构合理、功能健全、实用高效的公共文化设施网络。要在城镇主要街道、大专院校、公共场所、居民小区规划建立党报阅报栏、售报亭。二是流动服务设施建设政策。在地广人稀的地区，积极建设流动文化服务网络，配备流动文化车，开展流动文化服务。三是设施综合利用政策。要统筹文化、教育、科技、广电、体育和青少年、老年活动场所的规划建设，实现相关设施的综合利用、共建共享。《意见》新增了阅报设施建设政策，同时，提出相关设施要统一规划和综合利用的政策。

2007年9月《国家发改委文化部关于印发〈全国"十一五"乡镇综合文化站建设规划〉的通知》提出，按照统一规划、分级负责，突出重点、分步实施，整合资源、填平补齐等原则，中央安排专项资金，支持和引导乡镇综合文化站设施建设，2006年试点，2007年正式开始，2010年完成全部规划的建设任务，建成后全国所有乡镇综合文化站全部达到300平方米以上。《规划》的发布，使乡镇综合文化站设施建设政策落到实处，推动我国乡镇综合文化站建设迎来历史上最好的时期。

2010年10月党的十七届五中全会通过的《中共中央关于制定国民经济和社会发展第十二个五年规划的建议》提出，以农村基层和中西部地区为重点，继续实施文化惠民工程，基本建成公共文化服务体系。这表明制定公共文化服务设施建设政策的着力点，要以农村基层和中西部地区为重点。

2011年3月《文化部关于加强村级文化建设的指导意见》提出，要将村文化活动室建设纳入县乡经济社会发展总体规划和公共文化服务体系建设规划，基本实现每个行政村有文化活动室。已经建有村文化活动室的，要制定设备配置标准，配备图书、书架、电视、电脑、影碟机、投影仪等设备器材。尚未建设村文化活动室的，要加大资金投入，依托村办公场所，通过对村公共设施和闲置校舍等的整合，尽快建成村文化活动室。村文化活动室的建设，可以按照公共财政投入和村民共建相结合的原则，设立村文化设施建设专项资金，动员社会参与，共同投资建设。《意见》对我国村文化活动室建设的规划布局、设施建设、设备配置、建设方式、资金投入等方面提出了比较明确的政策要求。

2011年3月第十一届全国人大四次会议通过《中华人民共和国国民

经济和社会发展第十二个五年规划纲要》，提出抓住薄弱环节，完善我国公共文化设施的四方面政策：一是以农村基层和中西部地区为重点，继续实施文化惠民工程。二是改善农村文化基础设施，支持老少边穷地区建设和改造文化服务网络。三是完善城市社区文化设施，促进基层文化资源整合和综合利用。四是提出规划建设一批地市级公共图书馆、文化馆、博物馆。

2011年6月《国家文物局印发国家文物博物馆事业发展"十二五"规划》，提出优化博物馆体系的六方面政策：一是基本形成以中央地方共建国家级博物馆为龙头，国家一二三级博物馆和重点行业博物馆为骨干，国有博物馆为主体，民办博物馆为补充的博物馆体系，构建辐射全国、面向世界的博物馆资源共享平台。二是建成一批体现国家或地方文明形象的博物馆，新建、改扩建一批地市级和文物大县博物馆，加强博物馆基础设施、安全防范设施、保管装备、保存环境控制设施、陈列展示设施建设。三是大力推进中央地方共建国家级博物馆和创建世界一流博物馆工作。四是支持各省、自治区、直辖市建设地方重点博物馆。五是立足行业特点和地域文化特色，积极发展科技、艺术、自然、民族、民俗、工业遗产等类型的专题性博物馆，大力推进生态博物馆、社区博物馆、数字博物馆等新形态博物馆建设。六是实施民办博物馆质量提升行动计划，引导、规范和扶持民办博物馆发展。

2011年10月党的十七届六中全会通过的《中共中央关于深化文化体制改革推动社会主义文化大发展大繁荣若干重大问题的决定》，从构建公共文化服务体系的角度，提出完善公共文化设施的四方面政策：一是加强文化馆、博物馆、图书馆、美术馆、科技馆、纪念馆、工人文化宫、青少年宫等公共文化服务设施和爱国主义教育示范基地建设。二是统筹规划和建设基层公共文化服务设施，坚持项目建设和运行管理并重，实现资源整合、共建共享。三是加强社区公共文化设施建设，把社区文化中心建设纳入城乡规划和设计。四是完善面向妇女、未成年人、老年人、残疾人的公共文化服务设施。《决定》突出了文化系统以外和特殊人群的公共文化设施建设。

2011年12月《国家文物局印发博物馆事业中长期发展规划纲要（2011—2020年）》提出博物馆体系建设的四方面政策：一是优化结构，

突出特色。不断优化博物馆类型、层次结构；引导博物馆合理定位，克服同质化倾向，在不同层次、不同领域办出特色。二是优化区域布局结构。实施地市级及文物大县博物馆建设计划，重点向中西部博物馆文化服务资源短缺地区倾斜。鼓励东部地区博物馆率先发展。加大东部博物馆对西部博物馆对口支援力度。2015年实现每个地级以上中心城市拥有1个以上功能健全的博物馆。三是推进各类国家级博物馆建设。四是大力发展立足行业特点和地域文化特色的专题性博物馆。

2012年5月《文化部关于印发〈文化部"十二五"时期文化改革发展规划〉的通知》提出完善公共文化设施网络的六方面政策：一是适应推进城市化和建设社会主义新农村的要求，统筹规划，合理布局，以城乡基层文化设施建设为重点，以流动文化设施和数字文化阵地建设为补充，继续加强公共文化设施建设，努力形成比较完备的国家、省、市、县（区）、乡镇（街道）、村（社区）六级公共文化设施网络。二是进一步加大城乡基层文化设施建设力度，重点向贫困地区、落后地区、革命老区和基层农村倾斜。三是以服务人口为依据，制定和完善设施建设标准和设备配置标准，推进公共文化设施建设的规范化、标准化。四是实施全国地市级公共文化设施建设规划，建设一批地市级公共图书馆、文化馆、博物馆。五是继续实施县级图书馆、文化馆修缮和社区文化中心（活动室）服务能力建设等项目。六是建立灵活机动、方便群众的流动服务网络。《规划》凸显了努力形成比较完备的六级公共文化设施网络，向老少边穷地区和基层农村倾斜，推进公共文化设施建设的规范化、标准化的政策导向。

2012年7月《国务院关于印发〈国家基本公共服务体系"十二五"规划〉的通知》，提出建立健全基本公共服务体系，促进基本公共服务均等化的设施建设政策：一是公益性文化设施建设政策。继续实施文化惠民工程，以农村基层和中西部地区为重点，加快公共文化基础设施建设。推进建立公共电子阅览室和未成年人公益性上网场所。二是广播影视设施建设政策。加强农村基层广播电视和无线发射台站建设。加强直播卫星平台建设。三是新闻出版设施建设政策。继续加强农家书屋和城乡阅报栏（屏）建设，合理规划布局建设农村和中小城市出版发行网点。

2013年11月党的十八届三中全会通过的《中共中央关于全面深化改革若干重大问题的决定》，提出整合基层宣传文化、党员教育、科学普及、体育健身等设施，建设综合性文化服务中心。《决定》把建设综合性文化服务中心纳入全面深化改革的总体政策。

2015年1月《中共中央办公厅国务院办公厅关于加快构建现代公共文化服务体系的意见》，提出提升公共文化设施建设水平的三方面政策：一是健全公共文化设施布局、土地使用、建设规模、设计和施工规范以及技术要求等标准。二是按照城乡人口发展和分布，坚持均衡配置、严格预留、规模适当、功能优先、经济适用、节能环保的原则，合理规划建设各类公共文化设施。三是结合基层公共服务设施建设，制定村（社区）综合公共文化服务中心建设标准，充分利用现有城乡公共设施，统筹建设集宣传文化、党员教育、科技普及、普法教育、体育健身等多功能于一体的基层公共文化服务中心，配套建设群众文体活动场地。

2016年4月《国务院办公厅关于加快推进广播电视村村通向户户通升级工作的通知》提出大力提升基础设施支撑保障能力的三方面政策：一是按照广播电视工程建设标准和相关技术标准，加快推进县级及以上无线发射台（转播台、监测台、卫星地球站）等基础设施建设；加强基层广播电视播出机构基础设施和服务能力建设。二是在推进基层综合性文化服务设施建设时，充分考虑农村广播室、广播电视设施设备维修维护网点需求。三是充分利用现有基础设施，加强有线电视骨干网和前端机房建设，采用超高速智能光纤传输和同轴电缆传输技术，加快下一代广播电视网建设，提高融合业务承载能力。

2016年12月十二届全国人大常务委员会第二十五次会议通过的《中华人民共和国公共文化服务保障法》对公共文化设施的规划、选址、建设用地、公共文化设施的设计和建设，基层综合性文化服务中心建设的方式等作出明确的法律界定，将公共文化设施建设在实践中长期形成的成功做法固化为法律条文，公共文化设施建设纳入法治化轨道。

2017年2月《文化部关于印发〈文化部"十三五"时期文化发展改革规划〉的通知》，提出完善公共文化设施网络的三方面政策：一是以公共图书馆、文化馆、博物馆、乡镇（街道）综合文化站、村（社区）综合性文化服务中心为重点，以流动文化设施和数字文化设施为补充，统筹规划，均衡配置，推动各级公共文化设施基本达到国家建设标准。二是采取盘活存量、调整置换、集中利用等方式，着力推进乡镇（街道）和村（社区）综合性文化服务中心建设。三是加强贫困地区的流动服务点建设，配备流动文化服务设备器材。到"十三五"期末，县级公共图书馆、文化馆和乡镇（街道）综合文化站设施建设基本达标，基本实现每个行政村（社区）都建有综合性文化服务中心，贫困地区县县有流动文化车。《规划》强调了各级公共文化设施基本达到国家建设标准的政策引导。

2017年5月《中共中央办公厅国务院办公厅印发国家"十三五"时期文化发展改革规划纲要》，提出完善公共文化服务网络的四方面政策：一是鼓励各地按照国家基本公共文化服务指导标准，自主制定富有特色的地方实施办法，健全各级各类公共文化基础设施。二是立足实际，注重实效，做好公共文化馆、图书馆、博物馆、美术馆、乡镇（街道）综合文化站、村（社区）综合性文化服务中心等的规划建设。三是提高广播电视播出机构的制播能力和发射（监测）台、卫星地球站、直播卫星平台的承载能力。建设国家和地方应急广播体系。四是鼓励社会力量投资或捐助公共文化设施设备。

2017年11月十二届全国人大常务委员会第三十次会议通过的《中华人民共和国公共图书馆法》第十三条规定：县级以上地方人民政府应当根据本行政区域内人口数量、人口分布、环境和交通条件等因素，因地制宜确定公共图书馆的数量、规模、结构和分布，加强固定馆舍和流动服务设施、自助服务设施建设。县级以上人民政府应当设立公共图书馆。地方人民政府应当充分利用乡镇（街道）和村（社区）的综合服务设施设立图书室，服务城乡居民。公共图书馆法为公共图书馆网络设施建设提供了法律依据。

（二）产品生产供给政策

2017年1月《国务院关于印发〈"十三五"推进基本公共服务均等化规划〉的通知》明确基本公共文化领域服务项目具体包括：公共文化设施免费开放、送地方戏、收听广播、观看电视、观赏电影、读书看报、少数民族文化服务、参观文化遗产共8项。这8项服务项目属于公共文化服务产品生产供给的主要内容，与之相匹配的政策构成了产品生产供给政策体系。

1. 公共文化设施免费开放

2004年2月《中共中央国务院关于进一步加强和改进未成年人思想道德建设的若干意见》首次提出：各类博物馆、纪念馆、展览馆、烈士陵园等爱国主义教育基地，要创造条件对全社会开放，对中小学生集体参观一律实行免票，对学生个人参观可实行半票。2008年1月《中宣部财政部文化部国家文物局关于全国博物馆、纪念馆免费开放的通知》明确：全国各级文化文物部门归口管理的公共博物馆、纪念馆，全国爱国主义教育示范基地全部免费开放。其中，文物建筑及遗址类博物馆暂不实行全部免费开放，继续对未成年人、老年人、现役军人、残疾人和低收入人群等特殊群体实行减免门票等优惠政策。由此，开启了我国公共文化设施免费开放政策的进程。

2011年3月十一届全国人大四次会议通过的《中华人民共和国国民经济和社会发展第十二个五年规划纲要》提出：公共博物馆、图书馆、文化馆、纪念馆、美术馆等公共文化设施免费向社会开放。2011年1月文化部、财政部下发的《关于推进全国美术馆、公共图书馆、文化馆（站）免费开放工作的意见》明确：到2012年底，实现美术馆、公共图书馆、文化馆（站）免费开放。由此，我国公共文化设施免费开放政策范围扩大到美术馆、公共图书馆、文化馆（站）。

2012年7月《国务院关于印发〈国家基本公共服务体系"十二五"规划〉的通知》将"公共文化场馆开放"纳入《"十二五"时期公共文化体育服务国家基本标准》，并明确其服务对象是城乡居民；其保障标准是公共空间设施和基本服务项目免费，全年开放时间不少于10个月；其支出责任是中央和地方财政按比例共同负担；其覆盖水平是除文物建筑及遗址类博物馆外，各级文化文物部门归口管理的公共文化场馆全面向社会开放。同时，提出逐步扩大科技馆、工人文化宫、青少年宫等免费开放范围。2015年1月《中共中央办公厅国务院办公厅关于加快构建现代公共文化服务体系的意见》，提出深入推进公共图书馆、博物馆、文化馆、纪念馆、美术馆等免费开放工作，逐步将民族博物馆、行业博物馆纳入免费开放范围。推动科技馆、工人文化宫、妇女儿童活动中心以及青少年校外活动场所免费提供基本公共文化服务项目。其配套印发的《国家基本公共文化服务指导标准（2015—2020年）》将"设施开放"纳入"服务项目"，其标准是公共图书馆、文化馆（站）、公共博物馆（非文物建筑及遗址类）、公共美术馆等公共文化设施免费开放，基本服务项目健全。2015年3月《中国科协中宣部财政部关于全国科技馆免费开放的通知》明确：科协系统所属的具备基本常设展览和教育活动条件，并配套有一定的观众服务功能，能够正常开展科普工作，符合国家有关规划并由相关部门批准立项建设的县级（含）以上公益性科技馆实现免费开放。我国公共文化设施免费开放政策范围扩大到国办美术馆。

2016年12月十二届全国人大会常务委员会第二十五次会议通过的《中华人民共和国公共文化服务保障法》第三十一条规定：公共文化设施应当根据其功能、特点，按照国家有关规定，向公众免费或者优惠开放。公共文化服务保障法为公共文化设施免费或者优惠开放提供了法律依据。

2017年1月《国务院关于印发〈"十三五"推进基本公共服务均等化规划〉的通知》以及配套印发的《"十三五"国家基本公共服务清单》，将"公共文化设施免费开放"纳入"服务项目"，并明确其牵头负责单位是文化部、国家文物局、财政部。公共文化设施免费开放政策越来越细化、深化。

2. 送地方戏

2002年1月《国务院办公厅转发文化部国家计委财政部关于进一步加强基层文化建设指导意见的通知》首次提出：艺术表演团体、群艺馆、文化馆要深入基层为群众送戏。

2005年11月《中共中央办公厅国务院办公厅关于进一步加强农村文化建设的意见》提出购买适合农村需要的优秀剧本版权，免费供给基层艺术团体使用、改编并为农民群众演出。

2011年3月十一届全国人大四次会议通过的《中华人民共和国国民经济和社会发展第十二个五年规划纲要》，提出为农村免费提供送戏公益性文化服务。

2012年7月《国务院关于印发〈国家基本公共服务体系"十二五"规划〉的通知》将"公益性流动文化服务"纳入《"十二五"时期公共文化体育服务国家基本标准》，并明确其服务对象是城乡居民；其保障标准是免费享有集影视放映、文艺演出、图片展览、图书销售和借阅、科技宣传为一体的流动文化服务；每个乡镇每年送4场地方戏曲；每学期中小学生观看两部爱国主义教育影片；其支出责任是地方政府负责，中央财政适当补助；其覆盖水平是基本建立灵活机动、方便群众的公益性流动文化服务网络，保障公益性演出场次。

2015年1月《中共中央办公厅国务院办公厅关于加快构建现代公共文化服务体系的意见》以及配套印发的《国家基本公共文化服务指导标准（2015—2020年）》，将"送地方戏"纳入服务项目，其标准是根据群众实际需求，采取政府采购等方式，为农村乡镇每年送戏曲等文艺演出。

2015年5月《国务院办公厅转发文化部等部门关于做好政府向社会力量购买公共文化服务工作意见的通知》，将"公益性文化艺术活动（含戏曲）的组织与承办"纳入《政府向社会力量购买公共文化服务指导性目录》。

2015年7月《国务院办公厅印发关于支持戏曲传承发展若干政策的通知》，提出支持戏曲演出的政策主要是加大政府购买力度。

2017年1月《国务院关于印发〈"十三五"推进基本公共服务均等化规划〉的通知》，将"送地方戏"列入《"十三五"国家基本公共服务清单》"服务项目"，并明确牵头负责单位是文化部、教育部、新闻出版广电总局、财政部。

3. 观看电视和收听广播

广播电视村村通是观看电视和收听广播的主要载体。为解决广大农民群众听广播、看电视难的问题，1998年党中央、国务院决定启动广播电视村村通工程，在完成50户以上已通电自然村广播电视村村通工程的基础上，进入"十一五"后，2005年11月《中共中央办公厅国务院办公厅关于进一步加强农村文化建设的意见》，提出大力推进广播电视进村入户。以提高中央台和省台广播电视节目入户率为重点，争取到2010年基本实现20户以上的已通电自然村全部通广播电视。2006年9月《中共中央办公厅国务院办公厅印发国家"十一五"时期文化发展规划纲要》，提出全面实现20户以上已通电自然村通广播电视。2006年9月《国务院办公厅关于进一步做好新时期广播电视村村通工作的通知》专门就贯彻《中华人民共和国国民经济和社会发展第十一个五年规划纲要》提出的全面实现20户以上已通电自然村通广播电视提出政策要求。2007年8月《中共中央办公厅国务院办公厅关于加强公共文化服务体系建设的若干意见》提出到2010年底全面实现20户以上已通电自然村广播电视村村通，到2020年基本实现农村广播电视户户通。2011年3月十一届全国人大四次会议通过《中华人民共和国国民经济和社会发展第十二个五年规划纲要》，提出为农村免费提供基本广播电视公共服务。

2012年2月《中共中央办公厅国务院办公厅印发国家"十二五"时期文化改革发展规划纲要》提出，为全民免费提供基本的广播电视服务和突发事件应急广播服务。《纲要》首次将"应急广播服务"纳入公共文化服务政策范围。2012年7月《国务院关于印发〈国家基本公共服务体系"十二五"规划〉的通知》，将"农村广播电视和应急广播"纳入《"十二五"时期公共文化体育服务国家基本标准》。农村广播电视的服务对象是农村居民为主；其保障标准是无偿提供中央第一套广播节目、中央第一套和第七套电视节目及本省第一套广播电视节目等4套以上广播和电视节目服务，逐步增加节目套数和提高播放质量；其支出责任是中央和地方政府共同负责；其覆盖水平是基本实现所有通电行政村和自然村村村和户户通广播电视。应急广播服务对象是城乡居民；其保障标准是在突发公共事件发生前后及时获得政令、信息等服务；其支出责任是中央和地方政府共同负责；其覆盖水平是在全国范围内基本实现分层次、分类型、全方位立体覆盖。这是国家首次明确"农村广播电视"基本公共文化服务的具体标准。

2015年1月《中共中央办公厅国务院办公厅关于加快构建现代公共文化服务体系的意见》以及配套印发的《国家基本公共文化服务指导标准（2015—2020年）》，将"收听广播和观看电视"纳入"服务项目"。收听广播标准是为全民提供突发事件应急广播服务。通过直播卫星提供不少于17套广播节目，通过无线模拟提供不少于6套广播节目，通过数字音频提供不少于15套广播节目。观看电视标准是通过直播卫星提供25套电视节目，通过地面数字电视提供不少于15套电视节目，未完成无线数字化转换的地区提供不少于5套电视节目。《意见》适当提高了"农村广播电视"基本公共文化服务的具体标准。

2017年1月《国务院关于印发〈"十三五"推进基本公共服务均等化规划〉的通知》以及配套印发的《"十三五"国家基本公共服务清单》，将"收听广播和观看电视"列入"服务项目"，并明确牵头负责单位是新闻出版广电总局、财政部。

4. 观赏电影

1998年国家提出21世纪在广大农村实现"一村一月放映一场电影的目标"，当时被称为"2131计划"。2005年11月《中共中央办公厅国务院办公厅关于进一步加强农村文化建设的意见》提出继续实施农村电影数字化放映"2131工程"，到2010年基本实现全国农村一村一月放映一场电影的目标。2011年3月十一届全国人大四次会议通过的《中华人民共和国国民经济和社会发展第十二个五年规划纲要》提出为农村免费提供电影放映公益性文化服务。2012年2月《中共中央办公厅国务院办公厅印发国家"十二五"时期文化改革发展规划纲要》，将农村数字电影放映工程纳入公共文化服务建设工程，明确提出农村流动银幕达到5万块，每个行政村每月放映一场数字电影，每学期农村中小学生观看两场爱国主义教育影片。2012年7月《国务院关于印发〈国家基本公共服务体系"十二五"规划〉的通知》，将"农村电影放映"纳入《"十二五"时期公共文化体育服务国家基本标准》，并明确其服务对象是农村居民；其保障标准是行政村一村一月放映一场电影；其支出责任是中央和地方财政按比例共同负担；其覆盖水平是每年放映780万场公益电影。2015年1月中办、国办印发《关于加快构建现代公共文化服务体系的意见》，将"观赏电影"服务项目纳入《国家基本公共文化服务指导标准（2015—2020年）》，其标准是为农村群众提供数字电影放映服务，其中每年国产新片（院线上映不超过2年）比例不少于1/3；为中小学生每学期提供两部爱国主义教育影片。2017年1月《国务院关于印发〈"十三五"推进基本公共服务均等化规划〉的通知》，将"观赏电影"列入《"十三五"国家基本公共服务清单》"服务项目"，并明确牵头负责单位是新闻出版广电总局、财政部。

5. 读书看报

2005年11月《中共中央办公厅国务院办公厅关于进一步加强农村文化建设的意见》提出推动服务"三农"的出版物出版发行的三方面政

策：一是实施服务"三农"重点出版物出版工程，开展农民书社等农民自助读书组织。二是继续实施送书下乡工程。三是以政府采购形式每年集中招标采购一批适用于农村的图书，直接配送到国家扶贫开发工作重点县的乡村文化站（室）。四是改进报刊订阅发行工作。

2006年9月《中共中央办公厅国务院办公厅印发国家"十一五"时期文化发展规划纲要》提出加强"三农"读物出版工作的三方面政策：一是加强"三农"读物出版工作。二是实施"送书下乡工程"，重点面向西部地区国家扶贫开发工作重点县的图书馆和乡镇文化站、农村文化室配送图书。三是按照"政府资助建设，鼓励社会捐助，农民自我管理，市场运作发展"的要求，支持农民群众开办"农家书屋"。我国从国家层面首次提出"农家书屋"建设的政策议程。

2007年8月《中共中央办公厅国务院办公厅关于加强公共文化服务体系建设的若干意见》，将实施农家书屋建设工程纳入重大公共文化服务工程。明确提出按照政府资助建设、鼓励社会捐助、农民自我管理的要求，与农村基层组织活动场所建设等相结合，稳步推进农家书屋工程建设。每个书屋要拥有一定数量的党报党刊和适合农民阅读的经济、科技、法律、卫生、文化类图书以及期刊和音像制品，做到内容丰富、服务规范、农民满意。到2010年建成农家书屋20万个，2015年基本覆盖每个行政村。《意见》明确了农家书屋建设的形式、功能以及建设目标，这为我国农家书屋的建设提供了政策保障。

2011年3月十一届全国人大四次会议通过《中华人民共和国国民经济和社会发展第十二个五年规划纲要》，提出为农村免费送书送报公益性文化服务。

2011年4月《新闻出版总署关于印发〈新闻出版业"十二五"时期发展规划〉的通知》，提出实施新闻出版公共服务建设工程，主要包括农家书屋工程、城乡阅报栏（屏）工程、新闻出版东风工程、重点民文出版译制工程、盲文出版工程、全民阅读工程等。

2012年2月《中共中央办公厅国务院办公厅印发国家"十二五"时期文化改革发展规划纲要》，将农家书屋工程纳入公共文化服务建设工程，明确提出到2012年实现覆盖全部行政村，建立出版物更新配送系统，提高配送图书的质量。

2012年7月《国务院关于印发〈国家基本公共服务体系"十二五"规划〉的通知》，将"公共阅读服务"纳入《"十二五"时期公共文化体育服务国家基本标准》，并明确其服务对象是城乡居民；其保障标准是农村行政村建立农家书屋，图书不少于1500册，报刊20—30种，电子音像制品不少于100种（张），并及时更新；城市和乡镇主要街道、大专院校、居民小区等人流密集地点设公共阅报栏（屏），及时提供各类新闻和服务信息；其支出责任是中央和地方财政按比例共同负担；其覆盖水平是基本实现行政村村村有农家书屋，新增城乡公共阅报栏（屏）10万个，国民综合阅读率达到80%。

2015年1月《中共中央办公厅国务院办公厅关于加快构建现代公共文化服务体系的意见》，将"读书看报"服务项目纳入《国家基本公共文化服务指导标准（2015—2020年）》，其标准是公共图书馆（室）、文化馆（站）和行政村（社区）综合文化服务中心（含农家书屋）等配备图书、报刊和电子书刊，并免费提供借阅服务。在城镇主要街道、公共场所、居民小区等人流密集地点设置阅报栏或电子阅报屏，提供时政、"三农"、科普、文化、生活等方面的信息服务。

2017年1月《国务院关于印发〈"十三五"推进基本公共服务均等化规划〉的通知》，将"读书看报"列入《"十三五"国家基本公共服务清单》"服务项目"，并明确牵头负责单位是文化部、新闻出版广电总局、财政部。

6. 少数民族文化服务

2000年9月，国家正式启动西藏、新疆等边疆少数民族地区广播电视覆盖工程（简称"西新工程"）。2006年3月十届全国人大第四次会议通过《中华人民共和国国民经济和社会发展第十一个五年规划纲要》，将"西新工程"纳入公共文化建设重点工程。

2006年9月《中共中央办公厅国务院办公厅印发国家"十一五"时期文化发展规划纲要》，将"西藏、新疆、内蒙古少数民族语言文字出版工程"纳入"重要文化工程项目建设"，明确提出支持少数民族语言文字的各种出版物的出版、印刷、复制和发行。

2006年12月《新闻出版总署关于印发〈新闻出版业"十一五"发展规划〉的通知》，提出促进少数民族地区新闻出版业发展的两方面政策：一是加大扶持少数民族地区新闻出版业的力度，对少数民族自治地区出版的各类出版物、少数民族文字出版物的出版印刷复制实行一定的优惠经济政策。二是积极做好新疆、西藏、内蒙古"少数民族语言文字出版工程""雪域东风工程"的立项工作和"东风工程"的实施工作，开展民族文字党报、党刊、图书、音像、电子出版物赠阅活动。

2009年7月《国务院关于进一步繁荣发展少数民族文化事业的若干意见》提出繁荣发展少数民族文化事业的七方面政策：一是加快少数民族和民族地区公共文化基础设施建设；二是繁荣发展少数民族新闻出版事业；三是大力发展少数民族广播影视事业；四是加大对少数民族文艺院团和博物馆建设扶持力度；五是大力开展群众性少数民族文化活动；六是加强对少数民族文化遗产的挖掘和保护；七是尊重、继承和弘扬少数民族优秀传统文化。明确提出到2020年，民族地区文化基础设施相对完备，覆盖少数民族和民族地区的公共文化服务体系基本建立，主要指标接近或达到全国平均水平，少数民族群众读书看报难、收听收看广播影视难、开展文化活动难等问题得到较好解决，少数民族优秀传统文化得到有效保护、传承和弘扬。实施一批重大文化项目和工程，推出一批体现民族特色、反映时代精神、具有很高艺术水准的文化艺术精品，创作生产更多更好适应各族群众需求的优秀文化产品。这是我国对进一步繁荣发展少数民族文化事业较为全面、系统的政策设计。

2011年4月《新闻出版总署关于印发〈新闻出版业"十二五"时期发展规划〉的通知》，将"新闻出版东风工程"和"重点民文出版译制工程"纳入"新闻出版公共服务建设工程"。

2011年10月党的十七届六中全会通过《中共中央关于深化文化体制改革推动社会主义文化大发展大繁荣若干重大问题的决定》，提出繁荣发展少数民族文化事业的三方面政策：一是加大对民族地区文化服务网络建设支持和帮扶力度。二是科学保护各民族语言文字。三是开展少数民族特色文化保护工作，加强少数民族语言文字党报党刊、广播影视节目、出版物等译制播出出版。

2012年2月《中共中央办公厅国务院办公厅印发国家"十二五"时期文化改革发展规划纲要》，提出鼓励扶持少数民族文化产品的创作生产，提高优秀汉语广播影视节目、出版物等的民族语言译制量，开展少数民族文字书报刊赠送活动。

2012年7月《国务院关于印发〈国家基本公共服务体系"十二五"规划〉的通知》以及配套印发的《"十二五"时期公共文化体育服务国家基本标准》,把"少数民族语言的广播影视"和"民文出版译制"纳入服务项目。少数民族语言广播影视服务对象是主要少数民族地区居民;其保障标准是通过有线、无线或卫星等方式能够收听收看到本民族语言的广播影视节目;其支出责任是中央和地方政府共同负责;其覆盖范围是藏、维、蒙、哈、朝、壮、傣等主要少数民族地区。民文出版译制服务对象是有文字的少数民族;其保障标准是可以获得本民族语言文字出版的、价格适宜的常用书刊、电子音像制品,政府给予出版物资助;其支出责任是中央和地方政府共同负责;其覆盖水平是每年选择不少于800种优秀国内外书刊、电子音像制品翻译成少数民族语言文字。

2015年1月《中共中央办公厅国务院办公厅关于加快构建现代公共文化服务体系的意见》,提出推动民族地区公共文化建设实现跨越式发展的两方面政策:一是推动少数民族地区广播电视播出机构在推广国家通用语言文字的同时,开办少数民族语言的频率频道,提高少数民族语言节目译制、制作、播映和传输覆盖能力;二是继续实施少数民族新闻出版"东风工程",加强少数民族文字及双语出版物的出版发行和少数民族语言文艺作品的创作;三是推进少数民族语言文字网站建设。

2016年3月十二届全国人大第四次会议通过《中华人民共和国国民经济和社会发展第十三个五年规划纲要》,提出重点加强边疆少数民族地区广播电视覆盖和译制能力,实施少数民族新闻出版"东风工程"、少数民族电影工程。

2016年4月《国务院办公厅关于加快推进广播电视村村通向户户通升级工作的通知》提出,中央和各地开办的民族语言综合类广播电视节目,应分别纳入相应公共服务保障范围。

2016年12月十二届全国人大常务委员会第二十五次会议通过的《中华人民共和国公共文化服务保障法》第八条规定:国家扶助民族地区的公共文化服务,促进公共文化服务均衡协调发展。

2017年1月《国务院关于印发〈"十三五"推进基本公共服务均等化规划〉的通知》,将"少数民族文化服务"列入《"十三五"国家基本公共服务清单》"服务项目",并明确服务对象是主要少数民族地区居民;其服务指导标准是以有线、无线、卫星等方式提供民族语言广播影视节目,提供民族语言文字出版的、价格适宜的常用书报刊、电子音像制品和数字出版产品,提供少数民族特色的艺术作品,开展少数民族文化活动;其支出责任是地方人民政府负责,中央财政对部分事项予以补助;其牵头负责单位是新闻出版广电总局、文化部、财政部。

2017年5月《中共中央办公厅国务院办公厅印发国家"十三五"时期文化发展改革规划纲要》,提出实施少数民族新闻出版东风工程,加强国家民文出版基地建设,支持民族文字媒体发展,提升译制出版和印刷发行能力,扩大数字出版和出版物赠阅数量。

2017年9月《国家新闻出版广电总局印发新闻出版广播影视"十三五"发展规划的通知》,将少数民族新闻出版"东风工程"纳入"新闻出版广播影视重大公共服务项目",明确提出加强民文出版译制和印刷发行能力建设;继续支持少数民族自治区、自治州改善新闻出版基础设施条件,提升技术装备水平;继续实施民族文化数字出版促进工程,建设民族文化数字出版产品公共传播服务平台和民族语言教育资源库;开展向少数民族地区基层群众赠阅出版物项目。

7. 参观文化遗产

2012年7月《国务院关于印发〈国家基本公共服务体系"十二五"规划〉的通知》配套印发的《"十二五"时期公共文化体育服务国家基本标准》,将"文化遗产展示门票减免"纳入"服务项目",并明确服务对象是未成年人、老年人、现役军人、残疾人和低收入人群;其保障标准是减免参观文物建筑及遗址类博物馆的门票;其支出责任是中央和地方财政分别负担;其覆盖水平是目标人群覆盖率100%。

2015年1月《中共中央办公厅国务院办公厅关于加快构建现代公共文化服务体系的意见》配套印发的《国家基本公共文化服务指导标准(2015—2020年)》,将"未成年人、老年人、现役军人、残疾人和低收入人群参观文物建筑及遗址类博物馆实行门票减免,文化和自然遗产日免费参观"纳入"设施开放"基本服务项目的内容。

2017年1月《国务院关于印发〈"十三五"推进基本公共服务均等化规划〉的通知》,将"参观文化遗产"列入《"十三五"国家基本公共服务清单》"服务项目",并明确服务对象是未成年人、老年人、现役军人、残疾人和低收入人群;其服务指导标准是参观文物建筑及遗址类博物馆实行门票减免,文化和自然遗产日免费参观;其支出责任是中央和地方财政分别负担;其牵头负责单位是国家文物局、财政部。

(三)资金人才保障政策

1. 资金投入

2005年11月《中共中央办公厅国务院办公厅关于进一步加强农村文化建设的意见》提出加大政府投入力度的三方面政策:一是各级财政要统筹规划,加大对农村文化建设的投入,扩大公共财政覆盖农村的范围,不断提高用于乡镇和村的比例。二是保证一定数量的中央转移支付资金用于乡镇和村的文化建设。三是中央和省、市三级设立农村文化建设专项资金,确保农村重点文化建设的资金需求。四是提高财政资金的使用效益。这是我国针对农村文化建设出台的财政资金投入政策。

2006年9月《中共中央办公厅国务院办公厅印发国家"十一五"时期文化发展规划纲要》提出加大和改进政府对文化事业的投入政策:一是加大政府对文化事业投入力度,扩大公共财政覆盖范围,中央和地方财政对文化的投入增幅不低于同级财政经常性收入的增长幅度。二是加强基层文化设施建设,保证一定数量的中央财政转移支付资金和新增文化经费主要用于农村文化建设。三是建立政府对公共文化事业投入的绩效考评机制。四是推行公共文化活动项目公开招标和政府采购,引入市场竞争机制。五是制定相应税收政策,吸引和鼓励社会力量兴办公益性文化事业。六是设立国家文化发展专项资金和基金,重点用于扶持国家公益性文化事业发展、支持文化创新和精品生产;用于国家重要文化遗产的保护和支持地方重大文化工程项目的建设;用于支持国家重大出版项目、少数民族文字和盲文出版物的出版,以及无线广播电视的覆盖。这是我国对加大和改进政府对文化事业投入政策一次较为全面系统的设计,首次提出了中央和地方财政对文化的投入增幅不低于同级财政经常性收入增长幅度的政策。

2006年9月《文化部关于印发〈文化建设"十一五"规划〉的通知》对公益性文化事业投入提出四方面具体政策:一是完善对公益文化事业的投入政策。适应社会主义市场经济的要求,建立规范有效的公益文化事业筹资机制，逐渐形成对公益文化事业多渠道投入的体制。中央和地方财政对文化事业的投入，要随着经济的发展逐年增加，增加幅度不低于财政收入的增长幅度。2010年，争取人均文化事业费达到15.6元，文化事业费占财政总支出的比重达到0.8%，人均公共图书馆购书费达1.0元。制定具体的实施办法，确保《中共中央办公厅国务院办公厅关于加强农村文化建设的意见》明确提出的各项扶持政策落在实处。二是健全文化专项资金。充分发挥现有各类文化专项资金的作用，争取专项资金数额逐年增长。中央设立并增加对基层文化设施建设的补助专项资金，支持基层文化设施建设。建立非物质文化遗产保护专项资金，发展非物质文化遗产保护事业。三是完善公益捐赠和赞助优惠政策。四是完善公益文化事业的税收优惠政策。《规划》进一步细化了我国对公益性文化事业的投入政策。

2007年8月《中共中央办公厅国务院办公厅关于加强公共文化服务体系建设的若干意见》提出完善公共文化服务投入机制的政策：一是中央和省级财政每年对文化建设的投入增幅不低于同级财政经常性收入的增幅。二是切实保障实施重大公共文化工程、购买重要公共文化产品、开展重要公共文化活动所必需的资金。三是明确中央与地方的事权，改进公共文化服务投入方式，中央财政通过转移支付对中西部地区给予适当支持。四是建立健全有关文化发展的各类专项资金和基金，用好公益性福利彩票分成，加大对公益性文化事业的扶持力度，支持少数民族公益性文化事业的发展。五是进一步完善支持公共文化服务的相关经济政策，吸引和鼓励社会力量投资兴办公共文化实体，建设公共文化设施、提供公共文化服务，形成以政府投入为主、社会力量积极参与的稳定的公共文化服务投入机制。《意见》对完善公共文化服务投入机制政策作出顶层设计，特别是提出按照中央与地方的事权，改进公共文化服务投入方式的政策，为合理划分中央与地方在基本公共文化服务提供方面的任务和职责，形成科学合理、职责明确的公共文化服务财政事权和支出责任划分提供了更好保障。

2008年7月《文化部关于进一步深化文化系统文化体制改革的意见》提出建立公共文化服务经费保障机制，保障县乡公共文化机构基本运转。

2011年10月党的十七届六中全会通过《中共中央关于深化文化体制改革推动社会主义文化大发展大繁荣若干重大问题的决定》提出完善政策保障机制的政策：一是保证公共财政对文化建设投入的增长幅度高于财政经常性收入增长幅度，提高文化支出占财政支出比例。扩大公共财政覆盖范围，完善投入方式，加强资金管理，提高资金使用效益，保障公共文化服务体系建设和运行。二是落实和完善文化经济政策，支持社会组织、机构、个人捐赠和兴办公益性文化事业，引导文化非营利机构提供公共文化产品和服务。三是设立国家文化发展基金，扩大有关文化基金和专项资金规模，提高各级彩票公益金用于文化事业的比重。四是中央、省、市三级设立农村文化建设专项资金，保证一定数量的中央转移支付资金用于乡镇和村文化建设。

2012年2月《中共中央办公厅国务院办公厅印发国家"十二五"时期文化改革发展规划纲要》提出政府投入保障政策：一是加大政府投入力度，建立健全同国力相匹配、同人民群众文化需求相适应的政府投入保障机制。保证公共财政对文化建设投入的增长幅度高于财政经常性收入增长幅度，提高文化支出占财政支出的比例。增加公共文化服务体系建设资金和经费保障投入。二是以农村和基层、边疆民族地区、贫困地区为重点，优先安排涉及广大人民群众切身利益的文化项目，重点保障基层公共文化机构正常运转和开展基本公共文化服务活动所需经费，扶持公共文化机构的技术改造和设备投入。三是中央、省、市三级设立农村文化建设专项资金，保证一定数量的中央转移支付资金用于乡镇和村文化建设。四是转变投入方式，通过政府购买服务、项目补贴、以奖代补等方式，鼓励和引导社会力量提供公共文化产品和服务。五是设立国家文化发展基金，扩大有关文化基金和专项资金规模，提高各级彩票公益金用于文化事业的比重。六是增加文化遗产保护经费投入。七是进一步落实鼓励社会组织、机构和个人捐赠以及兴办公益性文化事业的税收优惠政策。八是继续征收文化事业建设费和国家电影发展专项资金。《纲要》提出了重点保障基层公共文化机构正常运转和开展基本公共文化服务活动所需经费的财政投入政策。

2012年5月《文化部关于印发〈文化部"十二五"时期文化改革发展规划〉的通知》提出支持公益性文化事业的文化经济政策：一是对已

有支持文化体制改革、支持文化事业发展的经济政策进行修订或延续。二是进一步落实鼓励社会组织、机构和个人捐赠以及兴办公益性文化事业的税收优惠政策，促进企业及民间对文化的投入明显增加。三是争取加大文化事业建设费支持力度。

2012年6月《文化部关于鼓励和引导民间资本进入文化领域的实施意见》提出鼓励民间资本参与公共文化服务体系建设的三方面政策：一是鼓励民间资本捐建或捐资助建博物馆、图书馆、文化馆、美术馆等公共文化基础设施，引导和鼓励民间资本通过捐助机构、资助项目、赞助活动、提供设施等形式参与公共文化服务。民间资本捐资助建公益性文化设施，可尊重捐赠者的意见，以适当方式予以褒奖；通过公益性社会团体和县级以上人民政府及其部门捐赠捐助的，可按有关法律法规享受税收优惠政策。二是采取政府采购、项目补贴、定向资助、贷款贴息、税收减免等政策措施，引导民间资本投资兴建民间文化馆、图书馆、博物馆、美术馆等文化设施；支持民间资本兴办具有公益性和准公益性特点的读书社、书画社、乡村文艺俱乐部、文化大院、群众文艺团队、社区文化服务组织、民间文艺协会等，直接面向社会公众提供公益文化服务。三是逐步建立公共文化服务政府采购制度，支持民营文化企业的产品和服务进入政府公共文化产品和服务采购目录。鼓励民间资本通过招投标等方式，参与基础文化设施建设、公共文化产品创作生产、公益性文化产品和服务供给、重大文化惠民工程、重大公益性文化活动和其他公共文化服务。这是鼓励和引导民间资本参与公共文化服务体系建设一次全面系统的政策设计。

2013年1月《文化部关于印发〈文化部"十二五"时期公共文化服务体系建设实施纲要〉的通知》提出探索建立公共文化服务经费投入和保障机制的政策：建立稳定增长的公共文化服务财政保障机制，引导和鼓励社会资本进入公共文化服务领域。

2015年1月《中共中央办公厅国务院办公厅关于加快构建现代公共文化服务体系的意见》，提出加大财税支持力度的政策：一是合理划分各级政府基本公共文化服务支出责任，建立健全公共文化服务财政保障机制，按照基本公共文化服务标准，落实提供基本公共文化服务项目所必需的资金，保障公共文化服务体系建设和运行。二是进一步完善转移支付体制，加大中央财政和省级财政转移支付力度，重点向革命老区、民族地区、边疆地区、贫困地区倾斜，着力支持农村和城市社区基层公共文化服务设施建设，保障基层城乡居民公平享有基本公共文化服务。三是进一步拓展资金来源渠道，加大政府性基金与一般公共预算的统筹力度。四是创新公共文化服务投入方式，采取政府购买、项目补贴、定向资助、贷款贴息等政策措施，支持包括文化企业在内的社会各类文化机构参与提供公共文化服务。五是落实现行鼓励社会组织、机构和个人捐赠公益性文化事业所得税税前扣除政策规定。六是加强对公共文化服务资金管理使用情况的监督和审计，开展绩效评价。《意见》首次提出按照基本公共文化服务标准，落实提供基本公共文化服务项目所必需的资金，保障公共文化服务体系建设和运行的政策。

2015年5月《国务院办公厅转发文化部等部门关于做好政府向社会力量购买公共文化服务工作意见的通知》，提出提供资金保障的两方面政策：一是政府向社会力量购买公共文化服务所需资金列入财政预算，从部门预算经费或经批准的专项资金等既有预算中统筹安排。逐步加大现有财政资金向社会力量购买公共文化服务的投入力度。二是对新增的公共文化服务内容，凡适于以购买服务实现的，原则上都要通过政府购买服务方式实施。《意见》明确了要将政府向社会力量购买公共文化服务所需资金列入财政预算的政策。

2016年12月十二届全国人大常务委员会第二十五次会议通过的《中华人民共和国公共文化服务保障法》第四十五条至第五十条对公共文化服务财政保障机制，对支持革命老区、民族地区、边疆地区、贫困地区开展公共文化服务，免费或者优惠开放的公共文化设施享受补助，鼓励社会资本依法投入公共文化服务，通过政府购买服务支持社会力量参与公共文化服务，国家鼓励通过捐赠等方式设立公共文化服务基金等方面作出法律规定。同时第五十五条对公共文化服务资金使用进行监督、统计公告、审计监督作出法律规定。这既为公共文化服务财政投入提供法律依据，也确保依法使用公共文化服务资金。

2017年2月《国家文物局关于印发〈国家文物事业发展"十三五"规划〉的通知》，提出拓宽投入渠道，提高文物保护资金使用效益四方面政策：一是增强文物保护中央财政专项资金的导向性，发布专项资金年度项目申报指南，对革命老区、民族地区、边疆地区、贫困地区予以倾斜，对重大项目、重点工程和重大政策实施予以保障。二是加强文物保护资金规范管理。制定《文物保护项目预算编制规范》《馆藏文物修复计价清单》，进一步完善支出标准体系。三是建设文物保护中央财政专项资金管理平台，健全中央财政和地方财政文物保护投入绩效考评制度，完善第三方评估机制，加大重点文物保护工程项目专项资金使用情况的监督、管理、评估和验收，制定《国家重点文物保护专项补助经费绩效管理暂行办法（试行）》《国家重点文物保护专项补助资金项目财务验收管理办法》。四是落实省级和市县级文物保护单位保护资金投入。《规划》强调了提高文物保护资金使用效益的政策导向。

2017年2月《文化部关于印发〈文化部"十三五"时期文化发展改革规划〉的通知》，提出投入保障政策：一是加强文化财政保障。进一步健全文化财政保障机制，加大政府投入力度。按照基本公共文化服务标准，推动落实基层提供基本公共服务所必需的资金。将购买公共文化服务资金纳入各级政府财政预算。加大政府性基金与一般公共预算的统筹力度，通过政府购买、项目补贴、定向资助、贷款贴息等多种手段引导和激励社会力量参与文化建设，建立政府、社会、市场共同参与的多元文化投入机制。科学划分各级政府文化事权与支出责任，推动各级财政转移支付不断向精准投入转变。推动财政进一步优化完善转移支付机制，重点向贫困地区、革命老区、民族地区、边疆地区倾斜。建立健全财政资金监督管理机制，建立文化财政资金绩效评价结果与预算安排挂钩制度，提高资金使用效益。二是落实文化经济政策。推动将文化用地纳入城乡发展规划、土地利用总体规划，在国家土地政策许可范围内，优先保证重要公益性文化设施和项目用地。进一步完善文化税收政策体系，推动落实关于社会捐赠的税前扣除政策。《规划》突出了科学划分各级政府文化事权与支出责任，推动各级财政转移支付不断向精准投入转变的政策思想。

2017年5月《中共中央办公厅国务院办公厅印发国家"十三五"时期文化发展改革规划纲要》，提出加强财政保障的政策：一是完善公共财政文化投入机制，多渠道筹措资金支持文化发展改革。二是合理划分各级政府在文化领域的财政事权和支出责任，明确地方主体责任。进一步完善转移支付机制,加大中央和省级财政转移支付力度,重点向革命老区、民族地区、边疆地区、贫困地区倾斜,落实对国家在贫困地区安排的公益性文化建设项目取消县以下(含县)以及西部地区集中连片特困地区地市级配套资金的政策。三是加大政府性基金与一般公共预算的统筹力度。四是中央和省级财政继续设立宣传文化发展专项资金,整合设立中央补助地方公共文化服务体系建设专项资金。五是加大政府向社会力量购买公共文化服务的力度。六是建立财政文化预算安排与资金绩效评价结果挂钩制度。七是落实支持社会组织、机构、个人捐赠和兴办公益性文化事业的相关政策。《纲要》明确地方政府在文化领域要承担投入的主体责任和建立财政文化预算安排与资金绩效评价结果挂钩制度。

2. 人才队伍

2005年11月《中共中央办公厅国务院办公厅关于进一步加强农村文化建设的意见》提出加强农村文化队伍建设的五方面政策:一是稳定和发展专兼职结合的农村文化队伍。乡镇综合性文化站要配备专职人员。村文化活动室要明确由一名村干部具体负责。二是根据相关法律法规的规定对农村文化事业单位的人员实行从业资格制度。三是鼓励高校毕业生到农村从事文化工作。四是加强农村文化队伍的教育培训。五是积极培养农民文化骨干,充分发挥民间艺人、文化能人在活跃农村文化生活、传承发展民族民间文化方面的作用。这是我国对农村文化队伍建设政策的初步构建。

2005年12月《中共中央国务院关于深化文化体制改革的若干意见》提出要高度重视人才队伍建设,按照政治强、业务精、作风正的要求,着力培养文化领域的领军人物和专业人才、掌握现代传媒技术的专门人才、懂经营善管理的复合型人才。《意见》提出要建立领军人物、专业人才、专门人才、复合型人才的文化领域人才政策。

2006年9月《中共中央办公厅国务院办公厅印发国家"十一五"时期文化发展规划纲要》,提出人才队伍政策,即加强思想政治素质和能力建设、抓好高层次人才培养、做好培训工作、加强高等学校人才培养和学科建设、完善人才选拔机制、建立国家文化艺术领域授予荣誉称号的制度。

2006年9月《文化部关于印发〈文化建设"十一五"规划〉的通

知》，提出巩固基层文化工作队伍三方面政策：一是建立健全文化馆、图书馆和乡镇（街道）文化机构的工作岗位规范，逐步实行工作人员从业资格制度，采取远程培训、集中培训等多种方式，建立基层文化队伍培训网络，提高基层文化队伍的专业化水平和综合素质。二是加大对西部地区文化人才培养的支持力度，支持和资助优秀文化专业人才支援西部文化建设。三是对边远地区和少数民族地区艺术人才实行定向、定点培训。

2007年8月《中共中央办公厅国务院办公厅关于加强公共文化服务体系建设的若干意见》提出加强公共文化服务队伍建设的四方面政策：一是建立健全以培养、实用、激励、评价为主要内容的政策措施和制度保障，实行职业资格管理制度，加强对从业人员的规范化管理，运用多种方式加大培训、轮训力度，着力提高公共文化服务队伍的思想政治素质和新形势下做好公共文化服务工作的能力。二是采取各种措施吸引各类优秀人才进入公共文化服务领域发展，鼓励高校毕业生到基层从事公共文化服务工作。三是鼓励和支持专业文艺院团改革中的分流人员到社区、乡镇和红色旅游纪念馆工作，担任文艺辅导员、文化指导员和讲解员。四是注意发挥基层文化骨干、文化能人的积极作用，培育和发展农村业余演出队、文化中心户、义务文化管理员等，形成一支扎根基层、服务群众的专兼职公共文化服务队伍。

2010年9月1日《文化部关于开展全国基层文化队伍培训工作的意见》从基层文化队伍培训工作的指导思想、基本原则和主要目标，建立健全基层文化队伍培训工作体制和机制，完善培训内容、创新培训方式，加强培训师资队伍建设，保障措施五个方面提出开展全国基层文化队伍培训工作的政策意见，明确用5年时间，对现有24.27万支县乡专职文化队伍和约366.85万支业余文化队伍（包括业余文艺骨干、村/社区文化活动室工作人员等）进行系统培训，使专兼职结合的基层文化队伍素质显著提高，公共文化服务能力明显增强；县级文化馆、图书馆工作人员参加脱产培训的时间每年不少于15天，乡镇（街道）、村（社区）基层文化专兼职人员参加集中培训时间每年不少于5天。这是我国首次对公共文化服务机构从业人员培训时间提出政策要求。

2011年10月党的十七届六中全会通过的《中共中央关于深化文化

体制改革推动社会主义文化大发展大繁荣若干重大问题的决定》，提出文化人才队伍政策，即造就高层次领军人物和高素质文化人才队伍，加强基层文化人才队伍建设，加强职业道德建设和作风建设。

2011年12月《国家文物局印发博物馆事业中长期发展规划纲要（2011—2020年）》，提出加强博物馆从业人员队伍建设的四方面政策：一是建设高素质博物馆人员队伍。二是建立健全并严格实施博物馆从业人员准入制度。三是提高博物馆从业人员业务水平。四是加强职业道德建设和作风建设。

2012年5月《文化部印发〈文化部"十二五"时期文化改革发展规划〉的通知》，提出加大文化队伍培训力度的三方面政策：一是充分发挥教育培训在文化人才培养中的基础性作用。二是完善在职人员继续教育体系，积极拓展培训空间，创新培训手段，逐步形成抓重点、分层次、多渠道、有特色的培训工作体系。三是将高等院校教育与在职培训、实践锻炼紧密结合，按照分级负责、分类管理、全员培训原则，逐步形成组织调训、干部培训、在职教育、挂职实践和远程教育相结合的工作格局，提高教育培训成效。

2013年1月《文化部关于印发〈文化部"十二五"时期公共文化服务体系建设实施纲要〉的通知》，提出加强公共文化人才队伍建设、提升服务能力的四方面政策：一是重视公共文化人才的选拔、引进。吸引各类优秀人才进入公共文化服务领域，重点培养引进公共文化策划、组织、管理和"一专多能"的复合型人才。设立城乡基层公共文化服务岗位。重视发现和培养扎根基层的乡土文化能人、民族民间文化传承人和文化活动积极分子。二是落实编制，解决待遇，稳定基层文化队伍。适应公共文化设施免费开放要求，制定各级文化馆（站）、博物馆、美术馆、公共图书馆等公益性文化单位编制标准，落实每个乡镇（街道）文化站编制不少于2人的要求。加强基层尤其是农村文化从业人员的岗前培训，逐步实施基层公益性文化单位从业人员职业资格制度。三是加强公共文化队伍的教育培训，提升队伍素质和服务能力。重点实施全国基层文化队伍培训项目、文物博物馆人才队伍能力提升工程、全国美术馆专业人才培训项目，强化公共文化人才职业道德、业务知识、管理能力、文化素质和服务能力等方面的培训。四是支持边远贫困地区、边疆民族地区和革命老区公共文化人才队伍建设。

2015年1月《中共中央办公厅国务院办公厅关于加快构建现代公共文化服务体系的意见》，提出加强基层文化队伍建设的九方面政策：一是进一步完善选人用人机制，着力培养一批具有现代意识、创新意识的公共文化管理者和基层公共文化服务人才队伍。二是按照控制总量、盘活存量、优化结构、有减有增的要求，研究制定公共文化机构人员编制标准，并根据业务发展状况进行动态调整。三是对实行免费开放后工作量大量增加、现有机构编制难以满足工作需要的公益性文化事业单位，要结合实际和财力，合理增加机构编制。四是加强对农村文化队伍的管理和使用，在现有编制总量内，落实每个乡镇综合文化站（中心）编制配备不少于1—2名的要求，规模较大的乡镇适当增加。五是设立城乡基层公共文化服务岗位，配置由公共财政补贴的工作人员。六是将公共文化服务专业人才培养纳入国民教育体系。七是稳步推进基层公共文化服务队伍培训，建立培训上岗制度，全面提高从业人员素质。乡镇综合文化站（中心）从业人员应熟悉广播电视技术，具备组织群众文化活动等多方面的服务能力。八是完善基层公共文化服务人才激励和保障机制。九是加强基层乡土文化人才建设。发展壮大社会体育指导员队伍。

2016年12月十二届全国人大常务委员会第二十五次会议通过《中华人民共和国公共文化服务保障法》第五十一条规定：地方各级人民政府应当按照公共文化设施的功能、任务和服务人口规模，合理设置公共文化服务岗位，配备相应专业人员；第五十二条规定：国家鼓励和支持文化专业人员、高校毕业生和志愿者到基层从事公共文化服务工作；第五十四条规定：国家支持公共文化服务理论研究，加强多层次专业人才教育和培训。这些法条为公共文化服务队伍建设提供了法律依据。

2017年2月《国家文物局关于印发〈国家文物事业发展"十三五"规划〉的通知》，提出提高人才素质，增强文物保护管理能力的七方面政策：一是继续推进文博人才培养"金鼎工程"，实施高层次文博行业人才提升计划。二是加强对急需专业技术人才、技能型人才和复合型管理人才的培养，加大跨行业、跨部门文博人才培养力度。三是加强文博人才培训基地建设，对经济欠发达地区基层文博单位人员培训予以倾斜。四是强化"以修代培"，推动文博人才培养与不可移动文物保护工程、可移动文物修复项目、传统村落保护项目相结合。五是研究制定文博行业职业教育指导意见。六是研究制定文博行业相关职业标准。七是完善全国文博网络学院，实现文物行业网络培训全覆盖。

2017年2月《文化部关于印发〈文化部"十三五"时期文化发展改革规划〉的通知》，提出加强基层文化人才队伍建设的五方面政策：一是继续实施全国基层文化队伍培训计划，以专职文化队伍、业余文化骨干、文化志愿者为重点，完善基层文化队伍培训体系，统筹推进分级分类分层培训。二是加大西部地区基层文化人才培养力度，实施"三区"人才支持计划文化工作者专项，加快边远贫困地区、边疆民族地区和革命老区文化人才队伍建设。三是大力开展网络远程培训。四是加强文化技能人才培养，引导职业院校根据基层需求设置专业和课程。五是加强非公有制领域文化人才工作。

2017年5月《中共中央办公厅国务院办公厅印发国家"十三五"时期文化发展改革规划纲要》提出加强文化人才队伍建设的政策：加强思想政治建设和职业道德建设，培养造就高层次人才，加强基层宣传文化人才队伍建设。

（四）组织支撑政策

1. 加强组织领导

2005年11月《中共中央办公厅国务院办公厅关于进一步加强农村文化建设的意见》提出高度重视农村文化建设的两方面政策：一是把农村文化建设纳入各级党委和政府的重要议事日程，纳入经济和社会发展规划，纳入财政支出预算，纳入扶贫攻坚计划，纳入干部晋升考核指标，确保农村文化建设各项目标任务的实现。二是建立农村文化建设目标责任制，把农村文化工作列入创建文化先进县（市）、乡镇和创建文明城市、文明村镇等相关评价体系。

2005年12月《中共中央国务院关于深化文化体制改革的若干意见》提出切实加强对改革的组织领导，建立健全党委统一领导、政府大力支持、党委宣传部门协调指导、行政主管部门具体实施、有关部门密切配合的文化体制改革领导体制和工作机制。

2006年9月《中共中央办公厅国务院办公厅印发国家"十一五"时期文化发展规划纲要》，提出加强党对文化工作的领导，明确各级党委和政府的职责，动员全社会参与文化建设。

2007年8月《中共中央办公厅国务院办公厅关于加强公共文化服务体系建设的若干意见》提出健全领导和工作机制的两方面政策：一是建立健全党委和政府统一领导，发展改革、财政、文化、广电、新闻出版等部门分工负责，工会、共青团、妇联、文联、作协等人民团体积极参与的工作机制，形成推动公共文化服务体系建设的合力。二是把公共文化服务体系建设纳入各地经济社会发展规划，纳入财政预算、扶贫攻坚计划，作为评价地区发展水平、发展质量和领导干部工作实绩以及创建文明城市、文化先进县（市）的重要内容。

2011年10月党的十七届六中全会通过《中共中央关于深化文化体制改革推动社会主义文化大发展大繁荣若干重大问题的决定》，提出加强和改进党对文化工作领导的四方面政策：一是切实担负起推进文化改革发展的政治责任；二是加强文化领域领导班子和党组织建设；三是健全共同推进文化建设工作机制；四是发挥人民群众文化创造积极性。

2012年2月《中共中央办公厅国务院办公厅印发国家"十二五"时期文化改革发展规划纲要》，提出坚持和完善党委统一领导、党政齐抓共管、宣传部门组织协调、有关部门分工负责、社会力量积极参与的工作体制和工作格局，形成推进文化改革发展强大合力。《纲要》首次提出将文化体制改革工作领导小组调整为文化体制改革和发展工作领导小组，切实发挥统筹领导作用。领导小组的调整凸显了改革和发展"两手抓"的政策导向。

2015年1月《中共中央办公厅国务院办公厅关于加快构建现代公共文化服务体系的意见》，提出加强组织领导的政策：一是地方各级党委和政府要将构建现代公共文化服务体系纳入本地区国民经济和社会发展总体规划，纳入重要议事日程，并结合实际制定实施方案、规划或专项行动计划，明确责任和时间表、路线图。二是做好宣传和舆论引导工作，形成全社会支持和参与现代公共文化服务体系建设的良好氛围。

2017年5月《中共中央办公厅国务院办公厅印发国家"十三五"时期文化发展改革规划纲要》，提出要牢牢把握文化发展改革的正确方向，坚持和完善党委统一领导、党政齐抓共管、宣传部门组织协调、有关部门分工负责、社会力量积极参与的工作体制和工作格局。

2. 文化管理体制

2005年10月党的十六届五中全会通过的《中共中央关于制定国民经济和社会发展第十一个五年规划的建议》，提出深化文化体制改革，建立党委领导、政府管理、行业自律、企事业单位依法运营的文化管理体制和富有活力的文化产品生产经营机制。

2005年12月《中共中央国务院关于深化文化体制改革的若干意见》提出健全宏观管理体制的政策：一是加强和改进文化领域宏观管理，建立党委领导、政府管理、行业自律、企事业单位依法运营的文化管理体制。二是加快转变政府职能，明确文化行政管理部门职责，理顺文化行政管理部门与所属文化企事业单位的关系。三是健全文化法律法规和政策体系，加强文化立法，通过法定程序将党的文化政策逐步上升为法律法规。

2006年9月《文化部关于印发〈文化建设"十一五"规划〉的通知》，提出推进文化管理体制改革的三方面政策：一是转变政府职能，明确文化行政管理部门职责，理顺文化行政管理部门与文化企事业单位的关系，推进政企分开、政事分开、政资分开、政府与市场中介组织分开，强化经济调节、市场监管、社会管理和公共服务职能。二是充分发挥中介机构、文化行业组织在行业管理和市场调节中的作用，加强指导，推动行业自律。三是最终建立起党委领导、政府管理、行业自律、企事业单位依法运营的文化管理体制和职责明确、反应灵敏、运转有序、统一高效的宏观调控体系。

2007年8月《中共中央办公厅国务院办公厅关于加强公共文化服务体系建设的若干意见》提出切实转变政府职能的五方面政策：一是各级政府要认真履行公共文化服务职责，转变职能、强化服务、改进管理、明确责任、提供效能，重点加强公共文化服务体系建设规划和标准的制定，加强对重大公共文化服务工程和项目实施情况的监督检查。二是根据图书馆、博物馆、文化馆、乡镇综合文化站、电台、电视台和广播电视发射转播台等公共文化服务机构的特点，分类制定建设标准和服务标准，加强绩效评估。三是要进一步推进政企分开、政事分开、政资分开、政府与中介组织分开，支持各级各类文化单位开展公共文化服务。四是减少和规范行政审批事项，简化办事程序，提高办事效率，及时发布公共文化信息，为群众参与公共文化生活创造便利条件。五是深入开展文化法制政策宣传教育，增强法制观念，规范执法行为，提高依法行政和维护文化权益的自觉性。

2011年10月党的十七届六中全会通过的《中共中央关于深化文化体制改革推动社会主义文化大发展大繁荣若干重大问题的决定》，提出创新文化管理体制的三方面政策：一是深化文化行政管理体制改革，加快政府职能转变，强化政策调节、市场监管、社会管理、公共服务职能，推动政企分开、政事分开，理顺政府和文化企事业单位关系。二是完善管人管事管资产管导向相结合的国有文化资产管理体制。三是加快文化立法，制定和完善公共文化服务保障法律法规，提高文化建设法制化水平。

2012年2月《中共中央办公厅国务院办公厅印发国家"十二五"时期文化改革发展规划纲要》，提出创新文化管理体制的三方面政策：一是深化文化行政管理体制改革，加快政府职能转变，强化政策调节、市场监管、社会管理、公共服务职能，推动政企分开、政事分开，理顺政府和文化企事业单位关系。二是完善管人管事管资产管导向相结合的国有文化资产管理体制。三是加强文化及相关产业统计工作，完善分类标准和统计指标，规范统计方法，增强统计数据的科学性和可比性。

2013年11月党的十八届三中全会通过的《中共中央关于全面深化改革若干重大问题的决定》，提出完善文化管理体制的两方面政策：一是按照政企分开、政事分开原则，推动政府部门由办文化向管文化转变，推动党政部门与其所属的文化企事业单位进一步理顺关系。二是建立党委和政府监管国有文化资产的管理机构，实行管人管事管资产管导向相统一。

2015年1月《中共中央办公厅国务院办公厅关于加快构建现代公共文化服务体系的意见》，提出创新公共文化管理体制，建立公共文化服务体系建设协调机制的四方面政策：一是立足当前公共文化服务体系建设实际，完善党委领导、政府管理、部门协同、权责明确、统筹推进的公共文化服务体系建设管理制度。二是以国家公共文化服务体系建设协调组为平台，由文化部门牵头，充分发挥各部门职能作用和资源优势，在规划编制、政策衔接、标准制定和实施等方面加强统筹、整体设计、协调推进。三是发挥基层党委和政府的作用，建立统一的基层公共文化服务平台，加强各类重大文化项目的统筹实施，探索整合基层公共文化服务资源的方式和途径，实现共建共享，提升综合效益。四是创新基层公共文化管理机制，发挥城乡基层群众性自治组织的作用，推动开展公共文化服务参与式管理，推广居民、村民评议等行之有效的做法，健全民意表达和监督机制，引导城市社区居民和村民参与公共文化服务项目规划、建设、管理和监督，维护群众的文化选择权、参与权和自主权；调动驻村（社区）单位、企业和社会组织等多方面力量，统筹资源，共同参与基层文化的管理和服务，形成多元联动格局；推进将公共文化服务纳入基层社区服务网格进行管理，培育城乡社区互助文化，营造社区和谐环境。

2017年2月《文化部关于印发〈文化部"十三五"时期文化发展改革规划〉的通知》提出完善文化管理体制的三方面政策：一是深化文化行政部门职能转变，建立健全行政权力和责任清单制度。二是深入推进政府管理与服务创新，综合运用法律、行政、经济、科技等手段提高管理效能。三是按照政企分开、政事分开原则，推动文化行政部门与其所属的文化企事业单位进一步理顺关系，依法赋予企事业单位更多的法人自主权。

2017年5月《中共中央办公厅国务院办公厅印发国家"十三五"时期文化发展改革规划纲要》提出完善文化管理体制的三方面政策：一是加快文化立法进程，强化文化法治保障，全面推进依法行政。二是深化文化行政管理体制改革，推动政府职能转变，赋予文化企事业单位更多的法人自主权。三是健全国有文化资产管理体制机制。

（五）运行评估政策

1. 公益性文化事业单位运行

2005年11月《中共中央办公厅国务院办公厅关于进一步加强农村文化建设的意见》提出加快公益性文化事业单位改革的五方面政策：一是县级文化馆、图书馆的改革主要是增加投入，转换机制，增强活力，提高公共服务水平。深化劳动、人事、分配等方面的内部改革，建立健全竞争、激励、约束机制和岗位目标责任制，全面实行聘用制和劳动合同制。二是文化馆、图书馆、乡镇综合文化站等属于公益性事业单位，不得企业化或变相企业化，不得以拍卖、租赁等任何形式，改变其文化设施的用途；已挪作他用的，要限期收回。三是县、乡文化机构要面向农村，面向基层，制定年度农村公益性文化项目实施计划。四是统筹文化、教育、科技、体育和青少年、老年活动场所的规划建设和综合利用，努力做到相关设施能够共建共享。五是机关、学校内部的文化设施，有条件的要采取多种方式对农民群众开放。

2005年12月《中共中央国务院关于深化文化体制改革的若干意见》提出事业单位改革的政策：一是发展公益性文化事业，要以政府为主导，增加投入、转换机制、增强活力、改善服务，实现和保障广大人民群众的基本文化权益。二是推进文化事业单位改革，要根据现有文化事业单位的性质和功能，区别对待、分类指导，明确不同的改革要求。三是按照政事分开的原则，事业单位和行政机关不得相互混岗。

2006年9月《中共中央办公厅国务院办公厅印发国家"十一五"时期文化发展规划纲要》提出，区别文化事业和文化产业的不同特点，以增加投入、转换机制、增强活力、改善服务为重点，发展公益性文化事业。

2007年8月《中共中央办公厅国务院办公厅关于加强公共文化服务体系建设的若干意见》提出推进公益性文化事业单位改革，要按照增加投入、转换机制、增强活力、改善服务的要求，深化公益性文化事业单位人事和内部收入分配制度改革，全面实行聘用制度和岗位管理制度，加强财务管理和经济核算，建立健全竞争、激励、约束机制，努力提高公共文化服务能力和水平。

2008年7月《文化部关于进一步深化文化系统文化体制改革的意见》提出深化文化事业单位改革的三方面政策：一是公共图书馆、博物馆、文化馆（站）、群众艺术馆、美术馆等单位，要按照增加投入、转换机制、增强活力、改善服务的要求，强化公益属性，完善法人治理结构，明确功能定位、职责任务。二是改革的重点是继续深化人事、分配制度改革，建立健全公益性文化事业单位正常运转的经费保障机制，建立健全公共文化服务绩效考核体系，规范经营行为。三是鼓励各地结合国家事业单位改革的要求，探索建立文化单位职工养老、医疗和失业保险等社会保障制度。

2011年3月《中共中央国务院关于分类推进事业单位改革的指导意见》提出对公益性文化事业单位改革的五方面政策：一是科学划分事业单位类别，对从事公益服务的，继续将其保留在事业单位序列、强化其公益属性；承担公共文化基本公益服务，不能或不宜由市场配置资源的，划入公益一类。二是改革事业单位管理体制，实行政事分开，理顺政府与事业单位的关系。三是建立健全法人治理结构，面向社会提供公益服务的事业单位，探索建立理事会、董事会、管委会等多种形式的治理结构，健全决策、执行和监督机制；不宜建立法人治理结构的事业单位，要继续完善现行管理模式。四是深化人事制度、收入分配制度、社会保险制度改革。五是加强对事业单位的监督，加强审计监督和舆论监督；面向社会提供公益服务的事业单位要建立信息披露制度，重要事项和年度报告要向社会公开，涉及人民群众切身利益的重大公益服务事项要进行社会公示和听证。

2011年10月党的十七届六中全会通过的《中共中央关于深化文化体制改革推动社会主义文化大发展大繁荣若干重大问题的决定》，提出深化公益性文化事业单位改革，着眼于突出公益属性、强化服务功能、增强发展活力，全面推进文化事业单位人事、收入分配、社会保障制度改革，明确服务规范，加强绩效评估考核。创新公共文化服务设施运行机制，吸纳有代表性的社会人士、专业人士、基层群众参与管理。

2013年11月党的十八届三中全会通过的《中共中央关于全面深化改革若干重大问题的决定》，提出明确不同文化事业单位功能定位，建立法人治理结构。推动公共图书馆、博物馆、文化馆、科技馆等组建理事会，吸纳有关方面代表、专业人士、各界群众参与管理。《决定》明确提出要在公共图书馆、博物馆、文化馆、科技馆等建立法人治理结构的政策。

2015年1月《中共中央办公厅国务院办公厅关于加快构建现代公共文化服务体系的意见》，提出加大公益性文化事业单位改革力度的五方面政策：一是按照关于深化文化体制改革和推进事业单位分类改革的要求，理顺政府和公益性文化事业单位之间的关系，探索管办分离的有效形式。二是进一步落实公益性文化事业单位法人自主权，强化公共服务功能，增强发展活力，发挥公共文化服务骨干作用。全面推进人事制度、收入分配制度、社会保障、经费保障制度改革。三是创新运行机制，建立事业单位法人治理结构，推动公共图书馆、博物馆、文化馆、科技馆等组建理事会，吸纳有关方面代表、专业人士、各界群众参与管理，健全决策、执行和监督机制。四是完善年度报告和信息披露、公众监督等基本制度，加强规范管理。五是加强和改进公益性文化事业单位党组织建设，充分发挥基层党组织的战斗堡垒作用和共产党员的先锋模范作用。

2017年2月《文化部关于印发〈文化部"十三五"时期文化发展改革规划〉的通知》提出推进文化事业单位改革的两方面政策：一是深化文化事业单位人事、收入分配、社会保障、经费保障等制度改革，创新管理运行机制，积极探索政事分开、管办分离的有效形式。二是推动公共图书馆、博物馆、文化馆等建立事业单位法人治理结构，吸纳有关方面代表、专业人士、各界群众参与管理，健全决策、执行和监督机制。

2017年5月《中共中央办公厅国务院办公厅印发国家"十三五"时期文化发展改革规划纲要》，提出深化文化事业单位改革的三方面政策：一是分类推进文化事业单位改革，进一步明确不同单位的功能定位。二是深化人事、收入分配、社会保障、经费保障等制度改革，加强绩效评估考核。三是推动公共文化馆、图书馆、博物馆、美术馆等建立事业单位法人治理结构。

2. 公共文化服务评估

2005年11月《中共中央办公厅国务院办公厅关于进一步加强农村文化建设的意见》提出建立健全基层文化单位的评价机制，将服务农村、服务农民情况作为文化单位工作的重要考核内容。

2006年9月《中共中央办公厅国务院办公厅印发国家"十一五"时期文化发展规划纲要》提出建立健全公共文化机构评估系统和绩效考评机制。

2011年3月《中共中央国务院关于分类推进事业单位改革的指导意见》提出建立事业单位绩效考评制度，考评结果作为确定预算、负责人奖惩与收入分配等的重要依据。

2011年10月党的十七届六中全会通过《中共中央关于深化文化体制改革推动社会主义文化大发展大繁荣若干重大问题的决定》，提出对事业单位明确服务规范,加强绩效评估考核。

2013年1月《文化部关于印发〈文化部"十二五"时期公共文化服务体系建设实施纲要〉的通知》,提出探索建立公共文化服务绩效评价的两方面政策:一是完善公共文化服务绩效评价指标体系。建立健全政府、文化行政部门、公益性文化单位、重大文化项目工作考核机制,建立科学合理的绩效评价指标体系。通过开展文化馆(站)、博物馆、公共图书馆、国家重点美术馆评估定级工作,提高行业规范化、标准化水平。推动将公共文化服务指标纳入科学发展考核评价体系,纳入各级党委政府和党政领导干部的绩效考核体系。二是建立和完善社会评价机制。将群众满意度作为公共文化服务考核评价的重要指标,逐步建立"城乡居民公共文化服务满意度指数"。探索实施公共文化服务第三方评价机制,增强公共文化服务评价的客观性和科学性。这是我国对建立公共文化服务绩效评价比较全面系统的政策设计。

2013年11月党的十八届三中全会通过《中共中央关于全面深化改革若干重大问题的决定》提出完善文化事业单位绩效考核机制。

2015年1月《中共中央办公厅国务院办公厅关于加快构建现代公共文化服务体系的意见》,提出完善公共文化服务评价工作机制的五方面政策:一是以效能为导向,制定政府公共文化服务考核指标,作为考核评价领导班子和领导干部政绩的重要内容,纳入科学发展考核体系。二是建立公共文化机构绩效考评制度,考评结果作为确定预算、收入分配与负责人奖惩的重要依据。三是加强对重大文化项目资金使用、实施效果、服务效能等方面的监督和评估。四是完善服务质量监测体系,研究制定公众满意度指标,建立群众评价和反馈机制。五是探索建立公共文化服务第三方评价机制,增强公共文化服务评价的客观性和科学性。这是对公共文化服务评价政策全方位整体性的政策设计。

2016年12月十二届全国人大常务委员会第二十五次会议通过的《中华人民共和国公共文化服务保障法》第五十六条规定:各级人民政府应当加强对公共文化服务工作的监督检查,建立反映公众文化需求的征询反馈制度和有公众参与的公共文化服务考核评价制度,并将考核评价结果作为确定补贴或者奖励的依据。这为公共文化服务实施考核评价制度提供了法律依据。

2017年2月《文化部关于印发〈文化部"十三五"时期文化发展改革规划〉的通知》，提出完善绩效评估考核，结合文化单位特点制定科学的绩效指标体系，适当引入第三方评估，加强评估结果的公开和运用。《规划》更加强调了评估结果的公开和运用的政策指向。

二 公共文化服务体系建设中观政策内容概述

按照公共文化服务"标准化、均等化、社会化、数字化"的重点建设任务，与之相对应的公共文化服务重点建设任务政策体系，主要由公共文化服务标准化、均等化、社会化、数字化政策构成。

（一）标准化政策

标准化是推进公共文化服务均等化的基本手段。通过加强标准化建设，将为各级政府和公共文化机构设定标准规范，有助于明确责任目标，促进资源的有效配置，提高公共文化服务能力。[1]

2006年9月《中共中央办公厅国务院办公厅印发国家"十一五"时期文化发展规划纲要》，提出编制图书馆、博物馆、文化馆（站）等公共文化设施建设的国家标准，修订电台、电视台和广播电视发射转播台建设标准，完成公共文化服务质量标准体系的制定。同时提出，根据发展要求，逐步规范文化领域各行业的职业分类，编制职业标准。这是我国公共文化服务标准化政策的首次提出。

2006年9月《文化部关于印发〈文化建设"十一五"规划〉的通知》，提出编制图书馆、博物馆、文化馆（站）等公共文化设施建设的国家标准。基本完成图书馆、文化馆、博物馆、美术馆等方面的技术标准和服务标准的制定。逐步规范文化领域各行业的职业分类，编制职业标准，探索建立专业技术人员职业资格证书制度，稳步推进职称制度改革。至此，我国公共文化服务标准体系的构成，主要包括设施建设标准、技术标准和服务标准三个部分，公共文化服务标准化政策也主要由这三个方面的政策构成。

2006年10月党的十六届六中全会通过的《中共中央关于构建社会主义和谐社会若干重大问题的决定》，提出建立健全以培养、评价、使

---

[1] 杨志今：《关于加快构建现代公共文化服务体系的意见》，2015年1月21日，http://www.chinanews.com/gn/2015/01-21/6990204.shtml。

用、激励为主要内容的政策措施和制度保障，确定职业规范和从业标准。《决定》明确了职业规范和从业标准的内容。

2007年7月《文化部关于印发〈文化标准化中长期发展规划（2007—2020）〉的通知》，提出加强公共文化服务体系的标准化建设。制定实施以服务为核心，以群众满意度为基本准则的公共文化服务标准，推动全国公共文化服务体系的规范化服务。制（修）订公共文化服务体系的建设标准、建筑设计规范、文化设施价值评价体系等一系列的文化标准。鼓励和扶持区域性公共文化服务体系的规范化、标准化建设，促进基层文化事业发展。《规划》对于推动公共文化服务标准化产生了积极影响。

2007年8月《中共中央办公厅国务院办公厅关于加强公共文化服务体系建设的若干意见》，提出加强社区文化中心、村文化活动室等基层文化阵地建设，根据城乡经济社会发展水平、人口状况和服务要求，确定设施建设标准；各类公共文化设施要进一步明确服务标准；重点加强公共文化服务体系建设标准的制定；要根据图书馆、博物馆、文化馆、乡镇综合文化站、电台、电视台和广播电视发射转播台等公共文化服务机构的特点，分类制定建设标准和服务标准。《意见》明确要求分类制定设施建设标准和服务标准。

2009年7月《国务院关于进一步繁荣发展少数民族文化事业的若干意见》提出加快制定和完善从事少数民族文化工作的机构和团体建设等方面的相关标准。

2009年9月文化部发布《乡镇综合文化站管理办法》第四条规定，文化部会同有关部门组织制定全国文化站建设规划和标准，并对其实施情况进行监督检查。《办法》将制定全国文化站建设标准纳入部门规章。

2010年11月《文化部办公厅关于印发〈公共电子阅览室建设试点工作方案〉的通知》，配套印发了《公共电子阅览室设备配置标准（试行）》，分为乡镇、街道、社区、行政村四个层级和必配项、选配项两个方面，促进了基层公共电子阅览室建设的标准化。

2011年3月《文化部关于加强村级文化建设的指导意见》提出已经建有村文化活动室的，要制定设备配置标准，配备图书、书架、电视、电脑、影碟机、投影仪等设备器材。《意见》第一次明确提出要制定村文化活动室设备配置标准。

2011年3月十一届全国人大四次会议通过的《中华人民共和国国民经济和社会发展第十二个五年规划纲要》，首次提出要明确基本公共服务范围和标准。这为基本公共文化服务标准制度建设提供了政策理据。

2011年3月《中共中央国务院关于分类推进事业单位改革的指导意见》提出改革管理体制。行政主管部门要加快职能转变，创新管理方式，减少对事业单位的微观管理和直接管理，强化制定政策法规、行业规划、标准规范和监督指导等职责，进一步落实事业单位法人自主权。《意见》明确指出制定标准规范是行政主管部门的主要职责。

2011年5月《文化部财政部关于实施"数字图书馆推广工程"的通知》明确提出制定硬件配置标准，在选定的省、市级馆配备数字化设备、存储设备、网络设备等硬件设备，构建数字图书馆功能中心，搭建数字图书馆虚拟网。

2011年6月《国家文物局印发国家文物博物馆事业发展"十二五"规划》提出加快制定文物博物馆公共文化服务机构的服务标准和服务规范。

2011年10月党的十七届六中全会通过《中共中央关于深化文化体制改革推动社会主义文化大发展大繁荣若干重大问题的决定》，提出重视相关技术标准制定。

2011年11月《文化部财政部关于进一步加强公共数字文化建设的指导意见》提出坚持规范建设、科学管理的原则，发挥标准规范在公共数字文化建设中的基础性作用。

2011年12月《国家文物局印发博物馆事业中长期发展规划纲要（2011—2020年）》，对建立健全陈列展览规范、标准等制度体系，深化博物馆评估定级、完善博物馆基本标准、建立博物馆质量综合评价体系、制定博物馆从业人员资格标准、馆长任职资格标准、博物馆编制标准，建立面向应用、重点突出、科学规范、便于操作的博物馆行业技术标准、管理标准、工作标准和基础标准或技术规范体系框架及加强博物馆标准的宣传、实施和推广工作等方面提出明确的政策要求。

2012年2月《中共中央办公厅国务院办公厅印发国家"十二五"时

期文化改革发展规划纲要》，提出明确公共文化服务标准和服务规范。

2012年5月《文化部关于印发〈文化部"十二五"时期文化改革发展规划〉的通知》，提出加快制定公共文化服务机构的服务标准和服务规范，逐步推进公共文化服务的制度化、标准化和规范化。以服务人口为依据，制定和完善设施建设标准和设备配置标准，推进公共文化设施建设的规范化、标准化。

2012年7月《国务院关于印发〈国家基本公共服务体系"十二五"规划〉的通知》，提出加快建立健全公共文化服务国家标准体系。依据国家文化相关法律法规，为保障服务的供给规模和质量，明确工作任务的事权与支出责任，促进城乡均衡发展，制定"十二五"时期公共文化服务国家基本标准。各类公共文化设施布局、场馆建设、设备配置、人员配备、服务规范等具体标准，由文化部、广电总局、新闻出版总署、文物局依法会同有关部门及国家标准化行政管理部门制定实施。各省（区、市）应遵循实施国家基本标准，并可结合本地区实际情况适当提高标准。《通知》配套印发了《"十二五"时期公共文化体育服务国家基本标准》。这为我国建立基本公共文化服务制度奠定了良好基础。

2013年1月《文化部关于印发〈文化部"十二五"时期公共文化服务体系建设实施纲要〉的通知》，提出加快制定和完善公益性文化单位服务标准和服务规范，作为各级政府履行公共文化服务职能的规范、面向公众的服务承诺和监管公共文化服务过程的依据，提高公共文化服务的制度化、标准化和规范化水平。适应公共文化设施免费开放要求，制定各级文化馆（站）、博物馆、美术馆、公共图书馆等公益性文化单位编制标准。通过开展文化馆（站）、博物馆、公共图书馆、国家重点美术馆评估定级工作，提高行业规范化、标准化水平。《纲要》强调了标准对于提高公共文化服务的制度化、标准化和规范化水平的重要作用。

2013年1月《文化部关于印发〈全国公共图书馆事业发展"十二五"规划〉的通知》，提出推动图书馆工作相关业务标准规范的制定出台。

2013年4月《文化部办公厅关于开展第一次全国乡镇综合文化站评

估定级工作的通知》配套印发了《全国乡镇综合文化站评估定级标准指导纲要》。《纲要》是对全国乡镇综合文化站评估定级的基本条件和基本要求，也是社区（街道）文化中心评估定级的参照标准。《纲要》是我国发布的第一个乡镇综合文化站评估定级标准。

2013年11月党的十八届三中全会通过的《中共中央关于全面深化改革若干重大问题的决定》首次提出促进基本公共文化服务标准化、均等化。

2014年8月《国家文物局关于民办博物馆设立的指导意见》提出设立民办博物馆馆舍应符合《博物馆建筑设计规范》等国家和行业颁布的有关标准和规范的要求；同时，要求各省、自治区、直辖市文物行政管理部门或行业协会，要根据本《意见》要求，结合实际制定本辖区民办博物馆设立的标准。

2015年1月《中共中央办公厅国务院办公厅关于加快构建现代公共文化服务体系的意见》，提出建立基本公共文化服务标准体系；健全公共文化设施布局、土地使用、建设规模、设计和施工规范以及技术要求等标准；制定村（社区）综合公共文化服务中心建设标准；健全公共文化设施运行管理和服务标准体系；研究制定公共文化服务领域科技标准规范；按照控制总量、盘活存量、优化结构、有减有增的要求，研究制定公共文化机构人员编制标准，并根据业务发展状况进行动态调整。《意见》配套印发了我国首个《国家基本公共文化服务指导标准（2015—2020年）》。《意见》旨在按照一定标准推动实现基本公共文化服务均等化，切实保障人民群众基本文化权益，促进社会公平。

2015年5月《国务院办公厅转发文化部等部门关于做好政府向社会力量购买公共文化服务工作意见的通知》，提出根据所购买公共文化服务的特点，分类制定内容明确、操作性强、便于考核的公共文化服务标准，方便承接主体掌握，便于购买主体监管。

2015年7月《国务院办公厅印发关于支持戏曲传承发展若干政策的通知》提出县级以上（含县级）的群艺馆、文化馆建设按照国家颁布的用地标准和建设标准，综合设置戏曲排练演出场所。

2015年10月《国务院办公厅关于推进基层综合性文化服务中心建设的指导意见》要求落实《国家基本公共文化服务指导标准（2015—

2020年)》，进一步完善基层综合性文化设施建设标准，加大建设力度。结合基本公共文化服务标准化建设，重点围绕基层综合性文化服务中心的功能定位、运行方式、服务规范、人员管理、经费投入、绩效考核、奖惩措施等重点环节，建立健全标准体系。《意见》对完善基层综合性文化服务中心的标准体系提出了明确要求。

2015年10月29日中国共产党第十八届中央委员会第五次全体会议通过《中共中央关于制定国民经济和社会发展第十三个五年规划的建议》和2016年3月十二届全国人民代表大会第四次会议通过的《中华人民共和国国民经济和社会发展第十三个五年规划纲要》，都强调推动基本公共文化服务标准化、均等化发展。

2015年11月《文化部国家发改委国家民委财政部新闻出版广电总局体育总局国务院扶贫办印发"十三五"时期贫困地区公共文化服务体系建设规划纲要》指出，构建中国特色现代公共文化服务体系、实现基本公共文化服务标准化均等化，最艰巨、最繁重的任务在贫困地区。

2016年4月《国务院办公厅关于加快推进广播电视村村通向户户通升级工作的通知》提出按照国家基本公共文化服务指导标准（2015—2020年），确保通过无线（数字）提供不少于15套电视节目和不少于15套广播节目，通过无线（模拟）提供不少于5套电视节目和不少于6套广播节目；通过直播卫星提供25套电视节目和不少于17套广播节目；按照广播电视工程建设标准和相关技术标准，加快推进县级及以上无线发射台（转播台、监测台、卫星地球站）等基础设施建设，满足广播电视安全播出和监测监管需要。《通知》强调了广播电视村村通公共服务和设施的标准化建设。

2016年5月《国务院办公厅转发文化部等部门关于推动文化文物单位文化创意产品开发若干意见的通知》提出逐步将文化创意产品开发纳入文化文物单位评估定级标准。

2016年12月十二届全国人大常务委员会第二十五次会议通过的《中华人民共和国公共文化服务保障法》把国家建立基本公共文化服务标准制度上升为法律确定的第一个基本制度。

2016年12月《文化部新闻出版广电总局体育总局发展改革委财政

部关于推进县级文化馆图书馆总分馆制建设的指导意见》，提出各地根据实际，综合考虑当地经济社会发展水平、自然条件、人口分布和文化基础等因素，合理确定总分馆的布局、规模和标准。分馆按照总馆的工作安排和服务标准，面向基层群众提供与总馆水平相当的基本服务。《通知》明确提出要合理确定总分馆的建设标准和制定总分馆的服务标准。

2017年2月《文化部关于印发〈文化部"十三五"时期文化发展改革规划〉的通知》，提出全面推进基本公共文化服务标准化均等化。以县为基本单位，全面落实国家基本公共文化服务指导标准和地方实施标准。健全公共文化设施运行管理和服务标准体系，规范各级各类公共文化机构服务项目和流程。以标准化促进均等化，填平补齐公共文化资源，推动区域间、城乡间公共文化服务均衡协调发展。《规划》强调了全面推进基本公共文化服务标准化均等化。

2017年4月《文化部关于印发〈文化部"十三五"时期文化科技创新规划〉的通知》，首次提出制定数字图书馆、文化馆、美术馆的国家标准和行业标准。

2017年5月《中共中央办公厅国务院办公厅印发国家"十三五"时期文化发展改革规划纲要》，提出修改城市用地分类与规划建设用地标准，完善文化设施用地类型，增加建设用地混合使用要求，保障文化事业发展。《纲要》面对现代公共文化服务体系的加快构建，首次推出要完善文化设施用地标准。

2017年5月《中共中央办公厅国务院办公厅关于加强文化领域行业组织建设的指导意见》，提出要加强行业组织自身能力建设，在制定团体标准等方面发挥积极作用。全国性行业组织在对外行业性谈判和交涉中要发挥积极作用，主动参与相关国际规则和技术标准制定。建立健全行业组织评估标准，完善退出机制。《意见》对文化领域行业组织标准化建设提出了要求。

2017年7月《文化部关于印发〈"十三五"时期全国公共图书馆事业发展规划〉的通知》，提出完善标准规范体系。加强图书馆标准化研究，推进图书馆相关标准的制（修）订和宣传贯彻工作。制定出台各级公共图书馆业务规范，建立涵盖图书馆业务、技术、管理和服务等主要领域的较为完善的标准体系，推动一批重点领域国际标准的本土化研究和应用。《规划》提出，建立涵盖图书馆业务、技术、管理和服务等主要领域的较为完善的标准体系。

2017年7月《文化部关于印发〈文化部"十三五"时期公共数字文化建设规划〉的通知》，提出从以下几个方面完善公共数字文化建设标准规范。一是建立和完善资源建设、系统开发、服务提供、数据开放等方面的公共数字文化标准规范体系，促进数据、资源和服务在互联网环境下的开放利用。二是完善包括资源内容、元数据、对象数据的加工规范和长期保存规范，保证各类公共数字文化资源建设的规范性。三是依据"平台化"的原则制定开放接口规范、数据交换规范、新媒体服务类规范，确保异构系统间的数据交换、资源整合和服务调度。四是制定可兼容现有数据结构，同时具备良好可扩展性的数据结构规范和符合开放数据标准的数据格式规范，提高公共数字文化资源的开放共享水平和服务效能。

2018年12月《中共中央办公厅国务院办公厅关于建立健全基本公共服务标准体系的指导意见》，强调要建立健全基本公共服务标准体系，规范中央与地方支出责任分担方式，推进城乡区域基本公共服务制度统一，促进各地区各部门基本公共服务质量水平有效衔接，以标准化手段优化资源配置、规范服务流程、提升服务质量、明确权责关系、创新治理方式，确保基本公共服务覆盖全民、兜住底线、均等享有，使人民获得感、幸福感、安全感更加充实、更有保障、更可持续。力争到2025年，基本公共服务标准化理念融入政府治理，标准化手段得到普及应用，系统完善、层次分明、衔接配套、科学适用的基本公共服务标准体系全面建立。这对于建立健全基本公共文化服务标准体系提供了有力的政策依据。

(二）均等化政策

均等化既是公共文化服务的基本原则之一，也是公共文化服务的目标。公共服务均等化是指全体公民都能公平可及地获得大致均等的公共服务，其核心是促进机会均等，重点是保障人民群众得到公共服务的机会，而不是简单的平均化。

2005年10月党的十六届五中全会通过《中共中央关于制定国民经

济和社会发展第十一个五年规划的建议》，提出健全扶持机制，按照公共服务均等化原则，加大国家对欠发达地区的支持力度，加快革命老区、民族地区、边疆地区和贫困地区经济社会发展。这是我国首次提出均等化的概念，同时促进均等化的重点是地区均等。

2006年9月《中共中央办公厅国务院办公厅印发国家"十一五"时期文化发展规划纲要》，提出要从现阶段经济社会发展水平出发，以实现和保障公民基本文化权益、满足广大人民群众基本文化需求为目标，坚持公共服务普遍均等原则，兼顾城乡之间、地区之间的协调发展，统筹规划，合理安排，形成实用、便捷、高效的公共文化服务网络。《纲要》提出不仅要促进城乡之间的公共文化服务均等，还要促进地区之间的公共文化服务均等。

2006年10月党的十六届六中全会通过《中共中央关于构建社会主义和谐社会若干重大问题的决定》，提出完善公共财政制度，逐步实现基本公共服务均等化。健全公共财政体制，调整财政收支结构，把更多财政资金投向公共服务领域，加大财政在教育、卫生、文化、就业再就业服务、社会保障、生态环境、公共基础设施、社会治安等方面的投入。这是我国首次提出基本公共服务的均等化。同时，提出了促进基本公共服务均等化的相关领域，并把文化纳入其中。

2007年8月《中共中央办公厅国务院办公厅关于加强公共文化服务体系建设的若干意见》提出坚持以政府为主导、鼓励社会力量积极参与，坚持城乡、区域文化协调发展，逐步实现公共文化服务均等化，坚持把建设的重心放在基层和农村，着力改善农村和中西部地区公共文化服务网络，着力提高公共文化产品供给能力，着力解决人民群众最关心、最直接、最现实的基本文化权益问题，推动文化建设与经济建设、政治建设、社会建设协调发展。《意见》站在推动文化建设与经济建设、政治建设、社会建设协调发展的高度，明确提出逐步实现公共文化服务均等化，并提出了均等化的重点和着力点。

2009年7月《国务院关于进一步繁荣发展少数民族文化事业的若干意见》提出，坚持基本公共服务均等化，优先发展少数民族和民族地区文化事业，保障少数民族和民族地区各族群众的基本文化权益。《意见》强调了民族地区基本公共文化服务均等化的问题。

2010年10月党的十七届五中全会通过《中共中央关于制定国民经济和社会发展第十二个五年规划的建议》提出，着力保障和改善民生，必须逐步完善符合国情、比较完整、覆盖城乡、可持续的基本公共服务体系，提高政府保障能力，推进基本公共服务均等化。《意见》把推进基本公共服务均等化纳入保障和改善民生的范畴，且第一次提出了基本公共服务体系的概念。

2011年3月《文化部关于加强村级文化建设的指导意见》提出村级文化建设是农村文化建设的基础，是公共文化服务体系建设的终端和重要环节，是保障农民群众基本文化权益、促进公共文化服务均等化的着力点。以促进城乡公共文化服务均等化为目标，切实保障农村群众读书看报、听广播看电视、进行公共文化鉴赏、参加公共文化活动等基本文化权益，同时鼓励各地根据本地实际，发展各具特色的乡村文化。《意见》强调，村级文化建设是促进公共文化服务均等化的着力点。

2011年3月十一届全国人大四次会议通过《中华人民共和国国民经济和社会发展第十二个五年规划纲要》，提出坚持民生优先，推进基本公共服务均等化，努力使发展成果惠及全体人民。《纲要》将公共文化服务纳入我国建立健全基本公共服务体系的重要内容。

2011年10月党的十七届六中全会通过《中共中央关于深化文化体制改革推动社会主义文化大发展大繁荣若干重大问题的决定》，提出文化事业全面繁荣，覆盖全社会的公共文化服务体系基本建立，努力实现基本公共文化服务均等化。

2012年2月《中共中央办公厅国务院办公厅印发国家"十二五"时期文化改革发展规划纲要》，提出按照公益性、基本性、均等性、便利性的要求，以公共财政为支撑，以公益性文化单位为骨干，以全体人民为服务对象，以保障人民群众看电视、听广播、读书看报、进行公共文化鉴赏、参与公共文化活动等基本文化权益为主要内容，完善覆盖城乡、结构合理、功能健全、实用高效的公共文化服务体系。《纲要》把均等性作为完善覆盖城乡、结构合理、功能健全、实用高效的公共文化服务体系的要求之一。

2012年5月《文化部关于印发〈文化部"十二五"时期文化改革发展规划〉的通知》，提出充分发挥公共文化单位在公共文化产品创作和服务提供方面的重要作用，为群众提供优质高效、普遍均等的公共文化产品和服务。同时，首次提出推进基本公共文化服务均等化。

2012年7月《国务院关于印发〈国家基本公共服务体系"十二五"规划〉的通知》，提出加快建立健全符合国情、比较完整、覆盖城乡、可持续的基本公共服务体系，逐步推进基本公共服务均等化。"十二五"时期，覆盖城乡居民的基本公共服务体系逐步完善，推进基本公共服务均等化取得明显进展；到2020年实现全面建成小康社会奋斗目标时，基本公共服务体系比较健全，城乡区域间基本公共服务差距明显缩小，争取基本实现基本公共服务均等化。就公共文化服务政策而言，"十二五"时期，政府提供如下公共文化服务：一是向全民免费开放基层公共文化设施，逐步扩大公共图书馆、文化馆（站）、博物馆、美术馆、纪念馆、科技馆、工人文化宫、青少年宫等免费开放范围；二是为全民免费提供基本的广播电视服务和突发事件应急广播服务；三是为农村居民免费提供文化信息资源共享、电影放映、送书送报送戏等公益性文化服务；四是加强文化遗产保护和综合利用。这为我国促进基本公共文化服务提供了政策保障。

2012年9月《文化部办公厅关于印发〈文化部"十二五"文化科技发展规划〉的通知》提出重点支持欠发达地区文化科技服务手段创新，实现公共文化服务均等化。

2013年1月《文化部办公厅关于印发〈文化部"十二五"时期公共文化服务体系建设实施纲要〉的通知》，首次明确提出加强特定群体的公共文化服务，促进公共文化服务均等化。至此，促进公共文化服务均等化，主要包括城乡、区域、人群的公共文化服务均等化三个方面。

2013年1月《文化部关于印发〈全国公共图书馆事业发展"十二五"规划〉的通知》，提出建立起相对完善的公共图书馆免费开放经费保障机制，不断提升公共图书馆免费开放的内容与质量，为城乡居民提供优质高效、普惠均等的公共文化服务。在实现均等普惠的公共服务基础上，加强面向农村基层、特殊人群的文化关怀，丰富农村、偏远山区、弱势群体的精神文化生活。《规划》强调，在实现均等普惠的公共服务基础上，加强面向农村基层、特殊人群的公共文化服务。

2013年11月党的十八届三中全会通过《中共中央关于全面深化改

革若干重大问题的决定》，提出建立公共文化服务体系建设协调机制，统筹服务设施网络建设，促进基本公共文化服务标准化、均等化。《决定》将促进基本公共文化服务均等化纳入构建现代公共文化服务体系改革的内容。

2015年1月《中共中央办公厅国务院办公厅关于加快构建现代公共文化服务体系的意见》，提出通过城乡基本公共文化服务均等化，推动革命老区、民族地区、边疆地区、贫困地区公共文化建设实现跨越式发展，将老年人、未成年人、残疾人、农民工、农村留守妇女儿童、生活困难群众作为公共文化服务的重点对象，建立基本公共文化服务标准体系，提升公共文化设施建设、管理和服务水平五个方面的政策举措，统筹推进公共文化服务均衡发展。同时，提出到2020年，基本公共文化服务均等化水平稳步提高。《意见》第一次全面系统地提出了促进城乡、区域、群体公共文化服务均等化的政策。

2015年10月《国务院办公厅关于推进基层综合性文化服务中心建设的指导意》提出基层综合性文化服务中心要重点围绕文艺演出、读书看报、广播电视、电影放映、文体活动、展览展示、教育培训等方面，设置具体服务项目，明确服务种类、数量、规模和质量要求，实现"软件"与"硬件"相适应、服务与设施相配套，为城乡居民提供大致均等的基本公共文化服务，促进基本公共文化服务标准化均等化，使基层公共文化服务得到全面加强和提升。《意见》把为城乡居民提供大致均等的基本公共文化服务明确为基层综合性文化服务中心的功能定位。

2015年10月党的十八届五中全会通过《中共中央关于制定国民经济和社会发展第十三个五年规划的建议》和2016年3月十二届全国人大第四次会议通过《中华人民共和国国民经济和社会发展第十三个五年规划纲要》，都提出推动基本公共文化服务标准化、均等化发展。

2016年12月十二届全国人大常务委员会第二十五次会议通过的《中华人民共和国公共文化服务保障法》第四条规定：县级以上人民政府应当将公共文化服务纳入本级国民经济和社会发展规划，按照公益性、基本性、均等性、便利性的要求，加强公共文化设施建设，完善公共文化服务体系，提高公共文化服务效能。第三十五条规定：国家重点增加农村地区图书、报刊、戏曲、电影、广播电视节目、网络信息内容、节庆活动、体育健身活动等公共文化产品供给，促进城乡公共文化服务均等化。公共文化服务保障法将促进城乡公共文化服务均等化上升为国家法律规定。

2017年1月《国务院关于印发〈"十三五"推进基本公共服务均等化规划〉的通知》，这是我国首次对基本公共服务均等化作出全面系统的顶层制度设计。《规划》明确了指导思想、国家基本公共服务制度，提出到2020年，基本公共服务均等化总体实现。配套印发了《"十三五"国家基本公共服务清单》。《规划》是"十三五"乃至更长一段时期推进基本公共服务体系建设的综合性、基础性、指导性文件。国家把构建现代公共文化服务体系纳入规划，并明确本领域服务项目共8项，具体包括：公共文化设施免费开放、送地方戏、收听广播、观看电视、观赏电影、读书看报、少数民族文化服务、参观文化遗产。同时，明确了服务对象、服务指导标准、支出责任、牵头负责单位等，使基本公共文化服务均等化落到实处。

2017年2月《国家文物局关于印发〈国家文物事业发展"十三五"规划〉的通知》，提出促进博物馆公共文化服务标准化、均等化。

2017年2月《文化部关于印发〈文化部"十三五"时期文化发展改革规划〉的通知》，提出全面推进基本公共文化服务标准化均等化。

2017年5月《中共中央办公厅国务院办公厅印发国家"十三五"时期文化发展改革规划纲要》，提出坚持政府主导、社会参与、重心下移、共建共享，坚持缺什么补什么，注重有用、适用、综合、配套，统筹建设、使用与管理，加快构建普惠性、保基本、均等化、可持续的现代公共文化服务体系。《纲要》进一步强调均等化是现代公共文化服务体系的重要任务。

2017年7月《文化部关于印发〈"十三五"时期全国公共图书馆事业发展规划〉的通知》，强调通过提高服务效能，推进公共图书馆服务均等化建设。

2017年7月《文化部关于印发〈文化部"十三五"时期公共数字文化建设规划〉的通知》，提出按照公益性、基本性、均等性和便利性要求，以现代信息技术为支撑，以重点公共数字文化惠民工程为抓手，以资源建设和服务推广为重点，进一步完善公共数字文化服务网络，丰富服务资源，提升服务效能，全面提高公共文化管理和服务的信息化、网络化水平，促进基本公共文化服务标准化、均等化，更好地满足广大人民群众快速增长的数字文化需求。《规划》强调通过公共数字文化建设，促进基本公共文化服务标准化、均等化。

2018年12月《中共中央办公厅国务院办公厅关于建立健全基本公共服务标准体系的指导意见》，提出以标准化促进基本公共服务均等化，确保基本公共服务覆盖全民、兜住底线、均等享有，使人民获得感、幸福感、安全感更加充实、更有保障、更可持续。到2035年，基本公共服务均等化基本实现，现代化水平不断提升。《意见》将基本公共文化服务纳入其中。

（三）社会化政策

这里所说的社会化，是指公民、法人和其他组织参与公共文化服务，或称推动公共文化服务社会化。与此相对应的社会化政策，就是国家鼓励和支持公民、法人和其他组织参与公共文化服务的政策。

国家鼓励和支持社会力量参与文化事业的政策早在我国提出构建公共文化服务体系之前就已提出，这是与我国建立与发展社会主义市场经济相适应的，只不过国家鼓励和支持社会力量参与公共文化服务的政策调节范围不够宽泛，还不十分系统和全面。

2005年11月《中共中央办公厅国务院办公厅关于进一步加强农村文化建设的意见》，提出积极引导社会力量捐助农村文化事业。重点捐助文化站（室）、图书室等农村文化基础设施建设以及农村公益性文化实体和文化活动。动员城市单位和居民以各种方式捐赠电视机、收音机、计算机和农民群众需要的图书杂志、音像电子出版物等，可由捐助者直接交付农村，也可由民政部门、人民团体和有关民间组织负责组织发送。鼓励权利人许可基层文化单位无偿使用其作品或录音录像制品。社会力量通过依法成立的非营利公益性组织或国家机关向农村文化事业的捐赠，纳入公益性捐赠范围，按税法的有关规定税前扣除。对贡献突出的单位和个人，给予表彰和奖励。《意见》对于引导社会力量捐助农村文化事业的重点领域、产品对象、捐赠方式及享受的优惠政策作出了方向性的规定。

2005年12月《中共中央国务院关于深化文化体制改革的若干意见》

提出进一步完善鼓励捐赠和赞助等各项政策、引导社会资金以多种方式投入文化公益事业。

2006年9月《中共中央办公厅国务院办公厅印发国家"十一五"时期文化发展规划纲要》，提出鼓励社会力量捐助和兴办公益性文化事业。引导和鼓励社会力量捐助和兴办图书馆、博物馆、文化馆等，在用地、税收等方面给予政策优惠。机关、企业、学校的文化设施要尽可能向社会开放，积极开展文化服务。《纲要》首次提出鼓励社会力量兴办的图书馆、博物馆、文化馆等和捐助的博物馆及机关、企业、学校的文化设施要尽可能向社会开放，提供文化服务。

2006年9月《文化部关于印发〈文化建设"十一五"规划〉的通知》，提出鼓励社会力量兴办公益性文化事业的六方面政策：一是引导和鼓励社会力量捐赠和兴办图书馆、博物馆、文化馆等，在用地、税费等方面给予政策优惠。二是依法加强民办文化从业人员的资质考核和业务培训。三是民办图书馆、艺术院团等机构及其从业人员，可以按照国家有关规定，参加行业评估与人员职称评定。四是通过民办公助等方式，鼓励农民自办文化，支持农民群众自筹资金、自负盈亏、自我管理，兴办农民书社、电影放映队、民间剧团等，支持进城务工人员自办艺术团体，开展艺术创作演出活动。五是对业绩突出的民办文化机构，政府予以资助、表彰和奖励。六是对社会力量举办的公益文化项目，在融资、用地、税费等方面给予与国有单位相同的政策优惠。

2006年9月《国务院办公厅关于进一步做好新时期广播电视村村通工作的通知》提出因地制宜，采取各种有效措施，建立完善村村通公共设施设备运行维护机制。已有的县、乡（镇）两级维护中心或维护站要加强管理，配备专门的广播电视管理力量，也可委托社会广播电视维修机构代为维护，带动和促进村村通运行维护机制的建立和完善。《通知》明确提出村村通公共设施设备运行，可委托社会广播电视维修机构代为维护。

2006年10月党的十六届六中全会通过《中共中央关于构建社会主义和谐社会若干重大问题的决定》，提出加强公益性文化设施建设，鼓励社会力量捐助和兴办公益性文化事业，加快建立覆盖全社会的公共文化服务体系。《决定》指出，鼓励社会力量捐助和兴办公益性文化事业，是加快建立覆盖全社会的公共文化服务体系的重要力量。

2007年5月《国务院办公厅转发广电总局等部门关于做好农村电影工作意见的通知》，提出支持各类社会资本参与农村电影工作，通过引进市场竞争机制，培育发展国有、民营、个体等各类农村电影发行放映新主体、农村电影院线公司和多种形式放映队伍，大力推动国有农村电影发行放映单位的股份制、院线制改革和机制创新。《通知》将支持各类社会资本参与农村电影工作纳入推进农村电影体制机制改革的重要内容。

2007年8月《中共中央办公厅国务院办公厅关于加强公共文化服务体系建设的若干意见》提出坚持以政府为主导、鼓励社会力量积极参与，按照政府资助建设、鼓励社会捐助、农民自我管理的要求，与农村基层组织活动场所建设等相结合，稳步推进农家书屋工程建设。广泛动员社会力量，利用各种有效形式，在社区、乡村、企业、校园和军营搭建公益性文化活动平台。引入竞争机制，对重要公共文化产品、重大公共文化服务项目和公益性文化活动，要实行政府采购、项目补贴、定向资助、贷款贴息等，扩大服务范围，提高服务质量，增强服务效益。完善相关管理制度，简化审批登记程序，积极引导社会力量以兴办实体、赞助活动、免费提供设施等多种形式参与公共文化服务。支持境内各类文化基金会和文化投资公司参与公共文化服务。支持民办公益性文化机构的发展，鼓励民间开办博物馆、图书馆等，促进公共文化服务方式的多元化、社会化。进一步完善支持公共文化服务的相关经济政策，吸引和鼓励社会力量投资兴办公共文化实体，建设公共文化设施、提供公共文化服务，形成以政府投入为主、社会力量积极参与的稳定的公共文化服务投入机制。《意见》首次将社会力量参与纳入公共文化服务体系建设的指导思想。《意见》第一次比较全面系统地提出政府鼓励和支持社会力量通过资助建设、社会捐助、兴办实体、赞助活动、提供设施等多种形式参与公共文化服务，同时政府要采取政府采购、项目补贴、定向资助、贷款贴息等方式，引入竞争机制，鼓励和支持社会力量广泛参与公共文化服务，促进公共文化服务方式的多元化、社会化。

2007年9月《国家发改委文化部关于印发〈全国"十一五"乡镇综合文化站建设规划〉的通知》，提出制定优惠政策，鼓励社会力量和农民兴办乡镇文化机构。

2008年1月《中宣部财政部文化部国家文物局关于全国博物馆、纪念馆免费开放的通知》提出鼓励社会力量对博物馆、纪念馆进行捐赠，拓宽博物馆经费来源渠道。

2008年7月《文化部关于进一步深化文化系统文化体制改革的意见》提出坚持政府主导、社会参与的原则，构建结构合理、发展平衡、网络健全、运营有效、惠及全民的公共文化服务体系，保障人人享有基本公共文化服务，是文化体制改革的重要任务。当前工作的重点：一是支持和引导社会力量参与公共文化服务体系建设，探索"民办公助"的有效方式，对各类具有公益性功能的民办非营利文化机构予以扶持。二是正确处理政府和市场、社会的关系，创新公共文化服务方式，在确保政府承担公共文化服务主导责任的同时，注意发挥市场和社会在公共文化服务供给中的作用，积极引入竞争机制，通过政府采购、服务合同外包、志愿服务等多种形式，促进公共文化服务方式的多元化、社会化。

2009年7月《国务院关于进一步繁荣发展少数民族文化事业的若干意见》提出鼓励社会力量兴办各类民族博物馆。推动国家扶持与市场运作相结合，从制度上更好发挥市场在少数民族文化资源配置中的基础性作用，引导社会力量参与少数民族文化建设，形成有利于科学发展的宏观调控体系。《意见》明确鼓励和引导社会力量参与少数民族文化建设。

2009年9月文化部颁布的《乡镇综合文化站管理办法》第十九条规定：鼓励企业、社会团体、个人捐赠或资助文化站。依法向文化站捐赠财产的，捐赠人可按照有关法律规定享受优惠。

2010年1月《国家文物局民政部财政部国土资源部住房和城乡建设部文化部国家税务总局关于促进民办博物馆发展的意见》专门对扶持办馆、依法办馆作出政策规定。

2010年7月《国家文物局关于进一步发挥文化遗产保护志愿者作用的意见》指出志愿者是全社会参与保护文化遗产的生力军。组织、鼓励志愿者开展工作，是文物行政部门的工作职责。同时，对进一步发挥文化遗产保护志愿者作用进行了专门部署。这是"文化行业志愿者"这一概念的首次提出。

2010年9月《文化部关于开展全国基层文化队伍培训工作的意见》

提出鼓励高等院校和具备资质的社会培训机构参与基层文化队伍培训。

2010年11月《文化部办公厅关于印发〈公共电子阅览室建设试点工作方案〉的通知》,提出探索社会力量参与公共电子阅览室建设的机制。制定相关政策,鼓励和支持国有、民营企业开发和推广弘扬民族精神、反映时代特点、有益于未成年人健康成长的数字文化资源、游戏软件产品;鼓励企业以优惠条件为公共电子阅览室提供网络接入等服务。

2010年12月《文化部关于进一步加强少年儿童图书馆建设工作的意见》提出要研究制定鼓励政策,吸纳社会资金,鼓励、支持社会力量参与少年儿童图书馆的建设。

2010年12月《文化部财政部关于开展国家公共文化服务体系示范区(项目)创建工作的通知》提出要引导和动员广大群众和社会力量积极参与,确保创建工作取得实效。

2011年3月《文化部关于加强村级文化建设的指导意见》提出充分调动社会力量参与和支持村级文化建设的四方面政策:一是大力发展"一村一品"特色文化,积极发展农民自办文化,建立城市对农村的援助机制,为社会力量参与村级文化建设搭建平台。二是要结合村级文化建设的特点和实际需求,从农村文化热心人、有文艺特长的农民中发现和任用"村文化能人",从社会各领域有一定专长和服务热情的人员中聘请一批"村文化志愿者",扶持乡村民间文化队伍发展。三是可按照公共财政投入和村民共建相结合的原则,设立村文化设施建设专项资金,动员社会参与,共同投资建设。四是运用减税免税政策、授予荣誉称号等措施,鼓励企业、社会团体和个人对村级文化设施建设和公益文化活动项目进行资助或捐赠。

2011年4月《文化部中央文明办关于组织开展"春雨工程"——全国文化志愿服务边疆行工作的通知》提出以"大舞台""大讲堂""大展台"的形式,推动在全国广泛开展文化志愿者边疆行活动。

2011年5月《国家文物局教育部关于加强高校博物馆建设与发展的通知》就高校博物馆服务社会文化发展提出政策要求。

2011年6月《国家文物局印发国家文物博物馆事业发展"十二五"规划》,提出积极引导社会力量参与文物博物馆公共文化服务,实现公共文化服务多元化、社会化。实施民办博物馆公共文化服务扶持工程,探索建立民办博物馆公共文化服务补偿制度。《规划》首次提出探索建立民办博物馆公共文化服务补偿制度。

2011年9月《文化部人社部全国总工会关于进一步加强农民工文化工作的意见》提出引导社会力量参与农民工文化工作的四方面政策。一是制定相关政策，鼓励、引导和调动各种社会力量参与农民工文化工作，使之成为政府公共文化服务的有益补充。二是采取有效措施，激励和引导文化经营单位和文艺工作者深入农民工生活，组织创作和生产农民工喜闻乐见的文艺作品，为农民工提供免费或优惠的文化产品和服务。三是鼓励和引导各种民间公益性组织以各种形式参与到农民工文化工作中来。四是鼓励发展面向农民工的"文化志愿者"队伍，深入企业和社区为农民工提供志愿服务。

2011年10月党的十七届六中全会通过《中共中央关于深化文化体制改革推动社会主义文化大发展大繁荣若干重大问题的决定》，提出采取政府采购、项目补贴、定向资助、贷款贴息、税收减免等政策措施鼓励各类文化企业参与公共文化服务。引导和鼓励社会力量通过兴办实体、资助项目、赞助活动、提供设施等形式参与公共文化服务。落实和完善文化经济政策，支持社会组织、机构、个人捐赠和兴办公益性文化事业，引导文化非营利机构提供公共文化产品和服务。

2011年11月《文化部财政部关于进一步加强公共数字文化建设的指导意见》提出坚持共建共享、开放共赢的原则，加强合作共建，鼓励、引导社会力量参与公共数字文化建设，开创互利共赢的局面。

2011年12月《国家文物局印发博物馆事业中长期发展规划纲要（2011—2020年）》，提出壮大博物馆志愿者队伍，拓展社会力量参与博物馆事业发展的领域和范围。完善财政、税收、金融和土地等优惠政策，鼓励和引导行业、企业及其他社会力量捐资、出资办馆。完善捐赠博物馆激励机制，落实个人博物馆公益性捐赠支出在所得税税前扣除规定。扩大社会力量参与民办博物馆的管理与监督。《纲要》首次提出社会力量参与民办博物馆的管理与监督。

2012年2月《文化部财政部关于印发〈"公共电子阅览室建设计划"实施方案〉的通知》，提出积极探索社会力量参与公共电子阅览室建设的新路，在保障公共电子阅览室公益性的前提下，争取社会力量的支持。

2012年9月《文化部中央文明办关于广泛开展基层文化志愿服务活动的意见》提出依托公益性文化设施、重点文化惠民工程、重要节日纪念日、内地对边疆民族地区对口支援工作，广泛开展文化志愿者边疆行活动。

2012年2月《中共中央办公厅国务院办公厅印发国家"十二五"时期文化改革发展规划纲要》，提出转变投入方式，通过政府购买服务、项目补贴、以奖代补等方式，鼓励和引导社会力量提供公共文化产品和服务，促进文化产业发展。进一步落实鼓励社会组织、机构和个人捐赠以及兴办公益性文化事业的税收优惠政策，促进企业及民间对文化的投入明显增加。《纲要》强调要转变政府对公共文化服务投入的方式，同时指出要落实税收优惠政策，激发社会力量参与的积极性。

2012年5月《文化部关于印发〈文化部"十二五"时期文化改革发展规划〉的通知》，提出引导社会力量有序参与公共文化服务，支持各种民办博物馆、图书馆等公益性文化机构发展，努力形成良性竞争、多元互补的公共文化服务供给体系。转变投入方式，通过政府购买服务、项目补贴、以奖代补等方式，鼓励和引导社会力量提供公共文化产品和服务。进一步落实鼓励社会组织、机构和个人捐赠以及兴办公益性文化事业的税收优惠政策，促进企业及民间对文化的投入明显增加。《规划》强调引导社会力量有序参与公共文化服务。

2012年6月《文化部关于鼓励和引导民间资本进入文化领域的实施意见》提出，鼓励民间资本参与公共文化服务体系建设三方面的政策：一是鼓励民间资本捐建或捐资助建博物馆、图书馆、文化馆、美术馆等公共文化基础设施，引导和鼓励民间资本通过捐助机构、资助项目、赞助活动、提供设施等形式参与公共文化服务。民间资本捐资助建公益性文化设施，可尊重捐赠者的意见，以适当方式予以褒奖；通过公益性社会团体和县级以上人民政府及其部门捐赠捐助的，可按有关法律法规享受税收优惠政策。二是采取政府采购、项目补贴、定向资助、贷款贴息、税收减免等政策措施，引导民间资本投资兴建民间文化馆、图书馆、博物馆、美术馆等文化设施；支持民间资本兴办具有公益性和准公益性特点的读书社、书画社、乡村文艺俱乐部、文化大院、群众文艺团队、社区文化服务组织、民间文艺协会等，直接面向社会公众提供公益文化服务。三是逐步建立公共文化服务政府采购制度，支持民营文化企业的产品和服务进入政府公共文化产品和服务采购目录。鼓励民间资本通过招投标等方式，参与基础文化设施建设、公共文化产品创作生产、公益性文化产品和服务供给、重大文化惠民工程、重大公益性文化活动和其他公共文化服务。《意见》全面系统地提出鼓励民间资本参与公共文化服务体系建设的政策，对于民间资本进入的方式、方向和扶持政策等提出明确意见。

2012年7月《国务院关于印发〈国家基本公共服务体系"十二五"规划〉的通知》，提出鼓励社会力量参与基本公共服务四方面政策：一是强化社会公众对基本公共服务供给决策及运营的知情权、参与权和监督权；二是发挥各类社会组织在基本公共服务需求表达、服务供给与监督评价等方面的作用；三是大力发展志愿服务；四是积极发展慈善事业。《规划》进一步丰富了社会力量参与公共服务的内容。

2013年1月《文化部关于印发〈文化部"十二五"时期公共文化服务体系建设实施纲要〉的通知》，强调引导和鼓励社会资本进入公共文化服务领域。

2013年1月《文化部关于印发〈全国公共图书馆事业发展"十二五"规划〉的通知》，提出探索建立公共文化多元化投入机制，拓宽经费来源渠道，大力吸引社会资金以多种方式投入图书馆建设，逐步形成以政府投入为主、社会力量积极参与的多元化经费保障体系。

2013年5月《文化部中央文明办关于开展"文化志愿者基层服务年"系列活动的通知》将2013年确定为"文化志愿者基层服务年"，并提出"文化志愿者基层服务年"系列活动由两项示范活动和9个主题活动组成。其中，文化部、中央文明办指导实施两项示范活动：一是"大地情深"——国家艺术院团（馆）志愿服务走基层活动；二是"春雨工程"——全国文化志愿者边疆行活动。各省（区、市）文化厅（局）、文明办指导本地组织实施文化志愿服务系列9个主题活动："传递书香　见证成长"公共图书馆志愿服务活动、"精彩生活　幸福使者"文化馆（站）志愿服务活动、"共享历史　感受快乐"博物馆志愿服务活动、"感受艺术　美丽心灵"美术馆志愿服务活动、"文化惠民　为您服务"文化惠民工程志愿服务活动、"文化暖心　点亮生活"关爱特殊群体文化志愿服务活动、"欢乐节日 爱我中华"节日纪念日文化志愿服务活动、"文化公益 社会责任"企业文化志愿服务活动、"关爱成长 快乐生活"乡村学校少年宫志愿服务活动。

2013年9月《国务院办公厅关于政府向社会力量购买服务的指导意见》明确要求在公共服务领域更多利用社会力量，加大政府购买服务力度。同时，《意见》就正确把握政府向社会力量购买服务的总体方向、规范有序开展政府向社会力量购买服务工作、扎实推进政府向社会力量购买服务工作等方面作出全面部署。这是未来一个时期指导政府向社会力量购买服务的纲领性文件，为后来我国制定政府向社会力量购买公共文化服务工作的意见提供了政策遵循。

2013年11月党的十八届三中全会通过《中共中央关于全面深化改革若干重大问题的决定》，提出引入竞争机制，推动公共文化服务社会化发展。鼓励社会力量、社会资本参与公共文化服务体系建设，培育文化非营利组织。《决定》将推动公共文化服务社会化发展纳入构建现代公共文化服务体系的重要内容，并与全面深化改革同部署同落实。

2014年8月《国家文物局关于民办博物馆设立的指导意见》对设立民办博物馆应当具备的条件以及设立的程序等提出明确要求。

2015年1月《中共中央办公厅国务院办公厅关于加快构建现代公共文化服务体系的意见》专门针对鼓励和引导社会力量参与公共文化服务提出系列政策举措：一是进一步简政放权，减少行政审批项目，吸引社会资本投入公共文化领域。二是建立健全政府向社会力量购买公共文化服务机制。三是出台政府购买公共文化服务指导性意见和目录，将政府购买公共文化服务资金纳入财政预算。四是推广运用政府和社会资本合作等模式，促进公共文化服务提供主体和提供方式多元化。五是鼓励和支持社会力量通过投资或捐助设施设备、兴办实体、资助项目、赞助活动、提供产品和服务等方式参与公共文化服务体系建设。六是推动建立健全公开透明的社会捐赠管理制度。七是鼓励党政机关、国有企事业单位和学校的各类文体设施向社会免费或优惠开放。八是创新公共文化设施管理模式，有条件的地方可探索开展公共文化设施社会化运营试点，通过委托或招投标等方式吸引有实力的社会组织和企业参与公共文化设施的运营。《意见》全面系统地对社会力量参与公共文化服务作出顶层设计,对未来一个时期社会力量参与公共文化服务具有指导性作用。

2015年5月《国务院办公厅转发文化部等部门关于做好政府向社会力量购买公共文化服务工作意见的通知》,并配套印发了我国首个《政府向社会力量购买公共文化服务指导性目录》。《意见》就指导思想、基本原则和目标任务,明确购买主体、科学选定承接主体、明确购买内容、制定指导性目录、完善购买机制、提供资金保障、健全监管机制、加强绩效评价,加强组织领导、强化沟通协调、注重宣传引导、严格监督管理等方面作出明确的政策规定。

2015年7月《国务院办公厅印发关于支持戏曲传承发展若干政策的通知》提出鼓励和引导企业、社会团体或个人通过兴办实体、资助项目、赞助活动、提供设施、建立专项基金等形式参与扶持地方戏曲的传承发展,营造有利于社会力量支持戏曲艺术表演团体的良好环境,发挥好政府引导和社会参与的综合效益。《通知》明确鼓励和引导社会力量参与扶持地方戏曲的传承发展。

2015年10月《国务院办公厅关于推进基层综合性文化服务中心建设的指导意见》提出鼓励和支持社会力量参与基层综合性文化服务中心建设三个方面的政策举措:第一,鼓励社会参与和群众自我服务,提高综合服务效益。第二,鼓励支持企业、社会组织和其他社会力量,通过直接投资、赞助活动、捐助设备、资助项目、提供产品和服务,以及采取公益创投、公益众筹等方式,参与基层综合性文化服务中心建设管理。率先在城市探索开展社会化运营试点,通过委托或招投标等方式吸引有实力的社会组织和企业参与基层文化设施的运营。第三,发挥政府投入的带动作用,落实对社会力量参与公共文化服务的各项优惠政策,鼓励和引导社会资金支持基层综合性文化服务中心建设。

2015年11月《文化部国家发展改革委国家民委财政部新闻出版广电总局体育总局国务院扶贫办印发"十三五"时期贫困地区公共文化服务体系建设规划纲要》,提出鼓励支持群众自主参与、推进政府购买服务、鼓励社会力量参与等多种形式激发基层公共文化发展活力。

2016年3月《文化部国务院农民工工作领导小组办公室全国总工会关于进一步做好为农民工文化服务工作的意见》提出鼓励社会力量参与为农民工文化服务的三方面政策举措:一是把为农民工文化服务纳入政

府向社会力量购买公共文化服务的指导性目录或具体购买目录，明确购买内容，加大购买力度。二是鼓励和支持社会力量通过投资或捐助设施设备、兴办实体、资助项目、赞助活动、提供产品和服务等方式参与为农民工文化服务工作。三是鼓励和引导用工企业积极创造条件为农民工提供"两看一上"（看报纸、看电视、有条件的能上网）服务。《意见》对鼓励社会力量参与为农民工文化服务提出了具体的政策举措。

2016年5月《国务院办公厅转发文化部等部门关于推动文化文物单位文化创意产品开发若干意见的通知》，提出社会力量参与文化文物单位文化创意产品开发的三方面意见：一是鼓励和引导社会力量参与，促进优秀文化资源实现传承、传播和共享；二是鼓励文化文物单位与社会力量深度合作，建立优势互补、互利共赢的合作机制；三是鼓励和引导社会资本投入文化创意产品开发，努力形成多渠道投入机制。

2016年7月《文化部关于印发〈文化志愿服务管理办法〉的通知》。《办法》对文化志愿者、文化志愿服务组织单位、文化志愿服务、激励和保障四个方面作出了规定，旨在鼓励和引导文化志愿服务活动广泛深入开展，推动文化志愿服务常态化、规范化、制度化。

2016年12月十二届全国人大常务委员会第二十五次会议通过的《中华人民共和国公共文化服务保障法》第二条规定，将社会力量参与公共文化服务上升为法律规定。同时，第二十五条、第二十九条、第三十二条、第三十七条、第四十二条、第四十三条、第四十八条、第五十条、第五十三条对社会力量参与公共文化服务的方式、内容和鼓励社会组织发展、享受优惠政策等作出了规定。

2016年12月《文化部新闻出版广电总局体育总局发展改革委财政部关于推进县级文化馆图书馆总分馆制建设的指导意见》，提出引导社会力量参与总分馆制建设的五方面政策举措：一是鼓励具备条件的学校、科研机构、企业等的图书馆（室）、职工书屋、文化室等根据自身职能特点，在自愿原则下成为县级文化馆或图书馆的分馆。二是鼓励符合条件、具有资质的上网服务场所成为总分馆的基层服务点。三是鼓励企业、社会组织和其他社会力量，通过直接投资、赞助活动、提供产品和服务，以及采取公益创投、公益众筹等方式，依法依规有序参与总分馆制建设。四是有条件的地方可探索引入社会专业机构，采取委托管理或连锁运营的方式，通过专业化服务、科学化管理，做好总分馆日常管理运行。五是大力推进文化志愿服务，动员社会专业人士参与总分馆制管理运行。《意见》对引导社会力量参与总分馆制建设提出一系列具体政策举措。

2017年1月《国务院关于印发〈"十三五"推进基本公共服务均等化规划〉的通知》，提出积极引导社会力量参与，推进政府购买服务，推广政府和社会资本合作（PPP）模式。

2017年1月《中共中央办公厅国务院办公厅关于实施中华优秀传统文化传承发展工程的意见》，提出加强党的领导，充分发挥政府主导作用和市场积极作用，鼓励和引导社会力量广泛参与，推动形成有利于传承发展中华优秀传统文化的体制机制和社会环境。完善相关奖励、补贴政策，落实税收优惠政策，引导和鼓励企业、社会组织及个人捐赠或共建相关文化项目。《意见》明确鼓励和引导社会力量广泛参与中华优秀传统文化传承发展。

2017年2月《文化部关于印发〈文化部"十三五"时期文化发展改革规划〉的通知》，提出推动公共文化服务社会化发展的政策举措：一是促进公共文化服务项目化管理、市场化运作、社会化参与。二是建立健全政府购买公共文化服务工作机制。三是培育文化类社会组织。四是运用政府与社会资本合作、公益创投等多种模式，支持企业、社会组织和个人提供公共文化设施、产品和服务，推动有条件的公共文化设施社会化运营。五是鼓励和引导社会力量在符合条件的情况下结合历史街区和传统村落建设等兴办公共文化项目。六是推进文化志愿服务，建立和完善文化志愿者注册招募、服务记录、管理评价和激励保障机制，提高文化志愿服务规范化、专业化和社会化水平。七是加大政府性基金与一般公共预算的统筹力度，通过政府购买、项目补贴、定向资助、贷款贴息等多种手段引导和激励社会力量参与文化建设，建立政府、社会、市场共同参与的多元文化投入机制。八是进一步完善文化税收政策体系，推动落实关于社会捐赠的税前扣除政策。

2017年3月《国务院办公厅关于转发〈文化部等部门中国传统工艺振兴计划〉的通知》，提出鼓励社会力量兴办传统工艺企业，建设传统工艺展示、传习场所和公共服务平台，开展传统工艺的宣传、培训、研讨和交流合作等。

2017年4月《文化部中央文明办关于开展2017年文化志愿服务工作的通知》提出建立健全文化志愿服务长效工作机制,完善各级文化志愿服务组织网络,推动文化志愿服务制度化、标准化、规范化,推动文化志愿服务事业持续健康发展。

2017年5月《文化部关于印发〈"十三五"时期繁荣群众文艺发展规划〉的通知》,提出鼓励和引导各类业余文艺社团、民营剧团、文化类社会组织等社会力量积极参与群众文艺工作。

2017年5月《中共中央办公厅国务院办公厅印发国家"十三五"时期文化发展改革规划纲要》,提出鼓励社会力量投资或捐助公共文化设施设备,加大政府向社会力量购买公共文化服务的力度;落实支持社会组织、机构、个人捐赠和兴办公益性文化事业的相关政策。

2017年5月《中共中央办公厅国务院办公厅关于加强文化领域行业组织建设的指导意见》,这是我国首个由中办、国办印发的关于加强文化领域行业组织建设的文件。《意见》对加强文化领域行业组织建设的总体要求、明确职能定位、做好培育发展工作、加强自身建设、强化规范管理等方面提出政策要求。

2017年7月《文化部关于印发〈文化部"十三五"时期公共数字文化建设规划〉的通知》,提出鼓励和支持社会力量参与公共数字文化建设的政策举措:一是完善社会力量参与机制。建立和完善社会力量参与公共数字文化平台开发、资源建设、服务推广、运营管理的工作机制,推动具备资质、符合条件的文化企业、社会机构与公共文化机构开展公平竞争。推动落实社会力量参与公共文化服务的优惠政策,鼓励和支持社会力量通过委托管理、捐赠设备、提供资源、赞助活动、合作研发等方式参与公共数字文化建设,形成以政府为主导、社会力量广泛参与的公共数字文化建设格局。二是加大政府和社会力量合作力度。落实政府向社会力量购买公共文化服务工作的意见,把公共数字文化服务作为政府向社会力量购买公共文化服务的重要内容,将政府负责提供且适宜由社会力量承担的文化服务事项纳入购买范围,加大政府购买力度。探索公共数字文化设施的委托运营和管理,科学选定社会承接主体,加强绩效评价,提高运营管理的规范化水平。鼓励公共文化单位、高等院校与高科技文化企业合作,根据公共数字文化服务建设的实际需要,共同开展关键技术攻关，研发公共数字文化产品。三是鼓励社会力量参与提供公共数字文化服务。积极鼓励各类社会文化机构、文化企业和个人依托公共数字文化服务平台提供公共文化服务，开展健康有益的文化活动。鼓励社会机构、文化企业开发和推广具有民族精神、反映时代特点的数字文化资源和产品，免费或以优惠条件提供公共数字文化服务。《规划》第一次全面系统地提出鼓励和支持社会力量参与公共数字文化建设的政策举措。

2017年7月《文化部关于印发〈"十三五"时期全国公共图书馆事业发展规划〉的通知》，提出支持社会力量参与公共图书馆建设的政策举措：一是鼓励和支持公民、企事业单位、社会团体以及其他组织兴建、捐建或与政府部门合作建设公共图书馆，或者通过捐资、捐赠、捐建等方式参与公共图书馆建设、管理和服务。二是健全政府向社会力量购买公共文化服务的工作机制，将公益性图书服务纳入政府购买的指导性目录。三是有条件的公共图书馆可探索引入社会专业机构，进行委托经营，或将公共图书馆的信息采集、书刊编目等业务外包，推动公共图书馆专业化、社会化发展。《规划》第一次全面系统地提出支持社会力量参与公共图书馆建设的政策举措。

2017年8月《中宣部文化部等7部门联合印发〈关于深入推进公共文化机构法人治理结构改革的实施方案〉》，提出在公共文化机构法人治理结构改革中要加强社会参与：一是完善吸引社会力量参与公共文化机构法人治理结构建设的相关政策，鼓励有关方面代表、专业人士、各界群众按章程规定进入理事会，参与决策、管理、运营和监督；二是以捐资、捐赠等形式支持公共文化机构建设的企业、社会组织和其他社会力量，符合条件的可以选派代表参加理事会；三是通过荣誉激励、评价考核等办法，充分调动理事履职的积极性；四是畅通监督渠道，发挥社会公众、媒体等力量的监督作用。

2017年11月十二届全国人大常务委员会第三十次会议通过的《中华人民共和国公共图书馆法》第四条规定，国家鼓励公民、法人和其他组织自筹资金设立公共图书馆；县级以上人民政府应当积极调动社会力量参与公共图书馆建设，并按照国家有关规定给予政策扶持；公共图书馆法明确鼓励社会力量参与公共图书馆的建设。

2018年5月《文化和旅游部中央文明办关于开展2018年文化志愿服务工作的通知》提出开展"春雨工程"——全国文化志愿者边疆行活动、"阳光工程"——中西部农村文化志愿服务行动计划、公共图书馆志愿服务活动、文化馆（站）志愿服务活动、博物馆志愿服务活动、美术馆志愿服务活动、关爱重点群体文化志愿服务活动、节日纪念日文化志愿服务活动、企业文化志愿服务活动、乡镇与村学校文化志愿服务活动。

2018年11月《文化和旅游部财政部关于在文化领域推广政府和社会资本合作模式的指导意见》将公共文化服务纳入其中，并提出规范项目运作、突出运营核心、优化回报机制、加强全生命周期监管、强化信息公开的规范项目实施举措，以及加强组织领导、优化资金投入方式、丰富金融支持手段、发挥典型带动作用的政策保障。这是我国在文化领域推广政府和社会资本合作模式的首次顶层设计。

2018年12月《中共中央办公厅国务院办公厅关于建立健全基本公共服务标准体系的指导意见》，提出政府主导，多元参与，突出政府在基本公共服务供给保障中的主体地位，同时充分发挥市场机制作用，推动基本公共服务提供主体多元化、提供方式多样化。

（四）数字化政策

本研究的公共数字文化建设，主要包括：从2002年以来启动实施的全国文化信息资源共享工程，从2010年试点到2012年全面实施的"公共电子阅览室建设计划"，从2011年正式实施的数字图书馆推广工程。2011年11月《文化部财政部关于进一步加强公共数字文化建设的指导意见》，把上述三大工程作为重点公共数字文化惠民工程。2019年4月，《文化和旅游部办公厅关于印发〈公共数字文化工程融合创新发展实施方案〉的通知》，从国家层面正式提出统一称谓，将原来的全国文化信息资源共享工程、数字图书馆推广工程、公共电子阅览室建设计划，统称为公共数字文化工程。从此之后，将不再出现上述三大工程的具体表述。随着文化与科技的深度融合，公共数字文化建设已延伸到文化馆、博物馆等公共文化机构。与此相对应，国家出台了一系列公共数字文化建设的政策，保障了公共数字文化的建设。

2005年11月《中共中央办公厅国务院办公厅关于进一步加强农村

文化建设的意见》，提出开展农村数字化文化信息服务。文化信息资源共享工程要与农村文化设施建设统筹规划，综合利用，使县文化馆、图书馆和乡综合文化站、村文化活动室逐步具备提供数字化文化信息服务的能力。要依托农村党员干部现代远程教育和农村中小学现代远程教育网络，以共建方式发展基层服务点。图书馆要加强数字化建设。《意见》将开展农村数字化文化信息服务纳入进一步加强农村文化建设的主要内容。

2006年9月《中共中央办公厅国务院办公厅印发国家"十一五"时期文化发展规划纲要》，提出促进数字和网络技术在公共文化服务领域的应用，建设网上图书馆、网上博物馆、网上剧场和群众文化活动远程指导网络。

2006年10月党的十六届六中全会通过《中共中央关于构建社会主义和谐社会若干重大问题的决定》强调，突出抓好全国文化信息资源共享工程。

2007年8月《中共中央办公厅国务院办公厅关于加强公共文化服务体系建设的若干意见》把全国文化信息资源共享工程纳入五个重大公共文化服务工程，要求在试点工作的基础上，加快推进建设，到2010年基本建成覆盖城乡的文化信息资源共享工程服务网络。同时，提出以国家数字图书馆建设为龙头，加快国家图书馆、省级图书馆与各地公共图书馆的联网步伐。加强市（地）、县图书馆镜像站建设，增强文化信息资源的传输、存储和供给能力，为基层提供方便快捷的文化服务。

2009年7月《国务院关于进一步繁荣发展少数民族文化事业的若干意见》提出大力推进数字和网络技术等现代科技手段的应用和普及，形成实用、便捷、高效的公共文化服务体系。加大现代科技手段运用力度，加快少数民族文化资源数字化建设进程。《意见》强调要加快少数民族文化资源数字化建设。

2010年11月《文化部办公厅关于印发〈公共电子阅览室建设试点工作方案〉的通知》，提出依托图书馆、文化馆、全国文化信息资源共享工程基层服务点等公共文化服务网络，以及文化共享工程和国家数字图书馆的资源，建设内容健康、服务规范、环境良好的公共电子阅览室，重点解决未成年人上网问题，为广大人民群众提供健康、便捷的网络文化服务，使其成为网络环境下公共文化服务的新平台、新渠道。

2010年12月《文化部财政部关于开展国家公共文化服务体系示范区（项目）创建工作的通知》配套印发的首个《国家公共文化服务体系示范区创建标准》中，将全国文化信息资源共享工程和国家数字图书馆工程纳入创建标准，后来在第二批、第三批、第四批的创建标准中将公共数字文化服务纳入其中。

2011年1月《文化部财政部关于推进全国美术馆、公共图书馆、文化馆（站）免费开放工作的意见》中明确将数字文化信息服务纳入免费开放的基本服务项目。

2011年3月《文化部关于加强村级文化建设的指导意见》提出面向乡村开展数字文化信息资源服务的政策：一是与全国农村党员现代远程教育工程、农村中小学远程教育工程、广播电视村村通工程建设相结合，加大全国文化信息资源共享工程村级服务点建设力度，推进文化信息资源和服务的"进村入户"。二是加强村级公共电子阅览室建设，争取到2015年基本实现50%的村建有公共电子阅览室，提供电子图书阅读、信息查询、网页浏览、影音视听、远程教育、自助培训等"一站式"服务，努力形成资源丰富、技术先进、服务便捷、覆盖农村的数字化信息服务体系，确保农民群众享受到优质、便捷的数字文化服务。《意见》首次提出文化信息资源和服务的"进村入户"。

2011年5月《国家文物局教育部关于加强高校博物馆建设与发展的通知》提出探索博物馆数字化，通过现代信息技术增强博物馆文化传播、辐射影响力。

2011年5月《文化部财政部关于实施"数字图书馆推广工程"的通知》决定于"十二五"期间在全国实施"数字图书馆推广工程"，提出"数字图书馆推广工程"将构建以国家数字图书馆为中心、以各级数字图书馆为节点、覆盖全国的数字图书馆虚拟网，建设分级分布式数字图书馆资源库群，在全国范围内形成有效的数字资源保障体系，以互联网、移动通信网、广电网为通道，借助各级公共图书馆和手机、数字电视、移动电视等新兴媒体，向公众提供多层次、多样化、专业化的数字图书馆服务，从整体上提升全国公共图书馆服务能力。

2011年10月党的十七届六中全会通过的《中共中央关于深化文化

体制改革推动社会主义文化大发展大繁荣若干重大问题的决定》强调完善国家数字图书馆建设。

2011年11月《文化部财政部关于进一步加强公共数字文化建设的指导意见》明确了公共数字文化建设的指导思想、建设原则和目标任务及实施的重点公共数字文化惠民工程,要求创新公共数字文化服务机制,提出完善投入和保障机制。《意见》促进了公共数字文化建设的发展。

2011年12月《国家文物局印发博物馆事业中长期发展规划纲要(2011—2020年)》,提出推进数字化博物馆建设,为公众提供丰富多彩的公共文化信息服务。同时,提出研究制定中国数字博物馆项目发展规划,集成和开发以国家一二三级博物馆、珍贵馆藏等为核心的科研、教育、科普及全社会的数字博物馆资源,搭建基于互联网的博物馆资源共建共享服务平台。《纲要》首次提出建设数字博物馆工程。

2012年2月《文化部财政部关于印发〈"公共电子阅览室建设计划"实施方案〉的通知》决定于"十二五"期间在全国实施"公共电子阅览室建设计划",提出"公共电子阅览室建设计划"以科学发展观为指导,以保障人民群众基本文化权益为宗旨,以未成年人、老年人、进城务工人员等群体为重点服务对象,依托全国文化信息资源共享工程(以下简称"文化共享工程")的服务网络、文化共享工程及国家图书馆的数字资源,与文化共享工程建设、乡镇文化站建设、街道(社区)文化中心(文化活动室)建设以及中央文明办组织实施的"绿色电脑进西部"工程相结合,在城乡基层大力推进公共电子阅览室建设,努力构建内容安全、服务规范、环境良好、覆盖广泛的公益性互联网服务体系。《通知》配套印发的《"公共电子阅览室建设计划"实施方案》对"公共电子阅览室建设计划"进行了全面系统部署。

2012年2月《中共中央办公厅国务院办公厅印发国家"十二五"时期文化改革发展规划纲要》,提出加快现代科技应用步伐,提高公共文化服务的数字化、网络化水平。

2012年5月《文化部关于印发〈文化部"十二五"时期文化改革发展规划〉的通知》,提出大力推动数字文化建设的政策:一是大力推进全国文化信息资源共享工程建设,充分发挥其在公共文化服务中的战略性、基础性作用,建立公共文化资源提供平台,推动数字服务进入家庭。

二是建立内容丰富的数字文化资源库群，加强少数民族语言数字资源译制工作。三是实施公共电子阅览室建设计划，利用文化信息资源共享工程工作网络，依托公益性文化单位，建立公共电子阅览室，为基层群众特别是广大青少年提供内容健康、服务规范、环境良好的公益性互联网服务。四是加强数字图书馆建设，借助"三网融合"工程，实现全国图书馆资源的无障碍共享。实施数字图书馆推广工程，以技术手段整合国家数字图书馆与全国各级公共图书馆数字资源，形成覆盖全国的数字图书馆服务网络。搭建满足不同需求的全媒体数字图书馆服务平台。五是推进数字博物馆建设工程，建立博物馆信息资源共享平台。

2012年7月《国务院关于印发〈国家基本公共服务体系"十二五"规划〉的通知》，提出继续推进文化信息资源共享、国家数字图书馆推广工程、公共电子阅览室建设计划。

2012年9月《文化部关于印发〈文化部"十二五"文化科技发展纲要〉的通知》，提出统筹推进公共数字文化建设与服务，推进数字文化信息资源共享。

2012年9月《文化部关于加快实施数字图书馆推广工程的意见》提出加快实施数字图书馆推广工程的四方面政策：一是各级文化行政部门要加强组织领导，积极推进各项工作顺利实施；二是各级图书馆要明确工作职责，完善建设机制；三是注重服务效果，不断扩大推广工程影响力；四是开展示范馆（项目）创建工作，促进工程良性发展。

2013年1月《文化部关于印发〈文化部"十二五"时期公共文化服务体系建设实施纲要〉的通知》，提出统筹实施文化共享工程、数字图书馆推广工程和公共电子阅览室建设计划等公共数字文化工程，努力形成内容丰富、技术先进、覆盖城乡、传播快捷的公共数字文化服务网络。

2013年1月《文化部关于印发〈全国公共图书馆事业发展"十二五"规划〉的通知》，提出依托文化共享工程、公共电子阅览室建设计划、数字图书馆推广工程等，建立公共数字文化设施网络，加强公共数字文化资源生产，大力提高网络环境下公共图书馆的数字文化产品供给与服务能力，努力建设资源丰富、技术先进、服务便捷、覆盖全媒体的数字文化服务网络，培育基于新媒体的新型图书馆服务业态。

2015年1月《中共中央办公厅国务院办公厅关于加快构建现代公共

文化服务体系的意见》，提出重点从六个方面加快推进公共文化服务数字化建设：一是结合"宽带中国""智慧城市"等国家重大信息工程建设，加快推进公共文化机构数字化建设。二是统筹实施全国文化信息资源共享、数字图书馆博物馆建设、直播卫星广播电视公共服务、农村数字电影放映、数字农家书屋、城乡电子阅报屏建设等项目，构建标准统一、互联互通的公共数字文化服务网络，在基层实现共建共享。三是提高资源供给能力，科学规划公共数字文化资源建设，建设分布式资源库群，鼓励各地整合中华优秀文化资源，开发特色数字文化产品。四是支持数字版权公共服务平台建设，实现公共数字文化资源有效保护。五是加强公共文化大数据采集、存储和分析处理。六是加快推进数字文化资源在智能社区中的应用，实现"一站式"服务。《意见》全面部署了加快推进公共文化服务数字化建设工作。

2015年5月《国务院办公厅转发文化部等部门关于做好政府向社会力量购买公共文化服务工作意见的通知》，在配套印发的《政府向社会力量购买公共文化服务指导性目录》中，将公益性数字文化产品的制作与传播和公共电子阅览室、数字农家书屋等公共数字文化设施的运营和管理纳入指导性目录，鼓励和支持社会力量参与公共文化服务建设。

2015年10月《国务院办公厅关于推进基层综合性文化服务中心建设的指导意见》提出以基层综合性文化服务中心为依托，推动文化信息资源共建共享，提供数字图书馆、数字文化馆和数字博物馆等公共数字文化服务；充分发挥互联网等现代信息技术优势，利用公共数字文化项目和资源，为基层群众提供数字阅读、文化娱乐、公共信息和技能培训等服务。《意见》首次提出建设数字文化馆。同时，强调要发挥数字文化工程的作用，提供公共数字文化服务。

2015年10月党的十八届五中全会通过《中共中央关于制定国民经济和社会发展第十三个五年规划的建议》，提出实施重大文化工程，文化信息资源共享工程纳入其中。

2015年11月《文化部国家发展改革委国家民委财政部新闻出版广电总局体育总局国务院扶贫办印发"十三五"时期贫困地区公共文化服务体系建设规划纲要》把推进数字文化建设纳入其中。

2016年3月十二届全国人大第四次会议通过《中华人民共和国国民

经济和社会发展第十三个五年规划纲要》，提出加快公共数字文化建设。

2016年3月《文化部国务院农民工工作领导小组办公室全国总工会关于进一步做好为农民工文化服务工作的意见》提出加大公共数字文化资源对农民工的供给和推送。依托现有公共数字文化项目，征集制作一批符合农民工实际文化需求的数字资源，通过网络传输、硬盘固化、光盘录制、手机下载等多种方式进行推送，探索开展定制化推送服务。《意见》把开展数字文化服务纳入对农民工文化服务工作的内容。

2016年5月《国务院办公厅转发文化部等部门关于推动文化文物单位文化创意产品开发若干意见的通知》，提出将公共数字文化建设纳入文化文物单位文化创意产品开发的内容。

2016年12月十二届全国人大常务委员会第二十五次会议通过《中华人民共和国公共文化服务保障法》，第十四条规定，将公共数字文化服务点纳入公共文化设施；第三十三条规定，国家统筹规划公共数字文化建设，构建标准统一、互联互通的公共数字文化服务网络，建设公共文化信息资源库，实现基层网络服务共建共享。国家支持开发数字文化产品，推动利用宽带互联网、移动互联网、广播电视网和卫星网络提供公共文化服务。地方各级人民政府应当加强基层公共文化设施的数字化和网络建设，提高数字化和网络服务能力。公共数字文化服务上升为国家法律规定。

2016年12月《文化部新闻出版广电总局体育总局发展改革委财政部关于推进县级文化馆图书馆总分馆制建设的指导意见》，提出充分发挥互联网等现代信息技术优势，利用国家公共数字文化工程和资源，打造县域公共数字文化服务平台。《通知》将公共数字文化服务平台建设纳入总分馆制建设的主要内容。

2017年1月《国务院关于印发〈"十三五"推进基本公共服务均等化规划〉的通知》，提出充分利用现有设施，统筹建设社区阅读中心、数字农家书屋、公共数字阅读终端等设施。推动全国文化信息资源共享、数字图书馆博物馆建设等公共数字文化工程建设。提高公共文化大数据采集、存储和分析处理能力。科学规划公共数字文化资源，建设分布式资源库群，实施"互联网＋中华文明"行动计划，鼓励各地区挖掘整合中华优秀文化资源，开发特色数字文化产品。《通知》进一步强调要统筹数字文化服务平台的建设，避免重复建设。

2017年2月《国家文物局关于印发〈国家文物事业发展"十三五"规划〉的通知》，提出智慧博物馆建设工程，运用物联网、大数据、云计算、移动互联等现代信息技术，研发智慧博物馆技术支撑体系、知识组织和"五觉"虚拟体验技术，建设智慧博物馆云数据中心、公共服务支撑平台和业务管理支撑平台，形成智慧博物馆标准、安全和技术支撑体系。《规划》首次提出建设智慧博物馆工程。

2017年2月《文化部关于印发〈文化部"十三五"时期文化发展改革规划〉的通知》，提出推动公共数字文化建设，加快数字图书馆、文化馆、博物馆、美术馆建设，统筹实施重大公共数字文化建设工程，加强数字产品和服务的开发，提高优质资源供给能力。《规划》首次提出建设数字美术馆。

2017年4月《文化部关于印发〈文化部"十三五"时期文化科技创新规划〉的通知》，提出以图书馆、博物馆、文化馆、美术馆、艺术院团和艺术科研院所等机构的数据资源为主要内容展开调查，掌握基础数据存量和增量情况。加强文化大数据采集、清洗、分析、共享、可视化的研发，提升大数据技术服务能力和应用开发水平，集中力量支持大数据核心技术集成攻关、产业链构建、应用示范和公共平台建设。《规划》把公共数字文化资源纳入文化大数据工程的建设内容。

2017年5月《文化部关于印发〈"十三五"时期繁荣群众文艺发展规划〉的通知》，提出依托国家数字文化网和中国文化网络电视平台，借助微博、微信、移动客户端等载体，推动优秀群众文艺作品广泛有效传播。加强数字文化馆建设，搭建群众文艺创作和培训的数字化平台。《规划》把公共数字文化建设作为繁荣群众文艺发展的重要载体和平台。

2017年5月《中共中央办公厅国务院办公厅印发国家"十三五"时期文化发展改革规划纲要》，提出推进数字图书馆、文化馆、博物馆建设；加强文化资源的数字化采集、保存和应用；提高数字文化产品的国际市场竞争力。《纲要》进一步丰富了公共数字文化建设的政策举措。

2017年5月《文化部关于印发〈"十三五"时期文化扶贫工作实施方案〉的通知》，提出加强公共数字文化建设。继续实施文化共享工程，启动"中西部贫困地区公共数字文化服务提档升级"建设项目，在中西部 22 个省份的 839 个贫困县，对乡镇文化站提升配置。深入开展边疆万里数字文化长廊建设与服务。继续开展"数字图书馆推广工程"。进一步开展基层图书馆网络互联互通工作，保障扶贫试点优先联通网络。《方案》首次提出启动"中西部贫困地区公共数字文化服务提档升级"建设项目，对乡镇文化站提升配置。

2017 年 7 月《文化部关于印发〈"十三五"时期全国公共图书馆事业发展规划〉的通知》，提出从三个方面加强新技术应用，提升数字化服务能力：一是加强图书馆数字化建设。二是加强新技术研发和应用。三是推进基层公共数字文化综合服务平台建设。

2017 年 7 月《文化部关于印发〈文化部"十三五"时期公共数字文化建设规划〉的通知》，提出推进公共数字文化建设的四方面政策：一是加强组织领导。二是完善经费保障。中央财政通过现有资金渠道，统筹支持地方公共数字文化建设，重点向革命老区、民族地区、边疆地区和贫困地区倾斜。各地文化行政部门要积极争取本地党委政府的重视和支持，将公共数字文化建设纳入财政预算，加强经费保障、管理和使用，提高财政资金使用效率。三是注重队伍建设。采取专兼职结合等方式，建立一支总量均衡、相对稳定、技术过硬、业务精湛的公共数字文化人才队伍。完善选人用人机制，采取聘用制、劳务派遣、委托管理、服务外包、联建共享等方式，加强公共数字文化人才配备。建立分级培训机制，采取网络远程培训和集中培训等方式，加强队伍培训，提升队伍整体素质。结合"阳光工程"，吸纳文化志愿者参与公共数字文化工作。加强与公共文化服务机构、科研院所、高等院校、文化企业等合作，搭建专业技术人才交流平台。四是强化督查落实。这是我国首次对公共数字文化建设作出全面系统规划，是指导"十三五"时期我国公共数字文化建设的纲领性文件。

2017 年 11 月十二届全国人大常务委员会第三十次会议通过《中华人民共和国公共图书馆法》第二条规定，将数字资源纳入文献信息的主要内容。第四十条规定，国家构建标准统一、互联互通的公共图书馆数字服务网络，支持数字阅读产品开发和数字资源保存技术研究，推动公共图书馆利用数字化、网络化技术向社会公众提供便捷服务。政府设立的公共图书馆应当加强数字资源建设、配备相应的设施设备，建立线上线下相结合的文献信息共享平台，为社会公众提供优质服务。该法将公共图书馆数字服务纳入法律规定。

2019年4月《文化和旅游部办公厅关于印发〈公共数字文化工程融合创新发展实施方案〉的通知》，提出在保持现有机构稳定的基础上，将原来的全国文化信息资源共享工程、数字图书馆推广工程、公共电子阅览室建设计划，统称为公共数字文化工程。同时，要求加强工程的顶层设计，建立健全管理机制，统筹工程的规划、建设、管理与服务，制定统一的标准规范体系。到2019年底，实现工程的统筹管理，建立统一的标准规范框架，推出统一的基层服务界面，初步形成公共数字文化资源服务总目录，统筹开展基层数字文化资源配送，做好工程平台、资源、服务的融合创新发展试点工作。到2020年底，基本建成统一的工程标准规范体系，实现工程平台有效整合、资源共建共享、管理统筹规范、服务便捷高效，社会力量参与机制更加健全，服务效能显著提升。《方案》首次提出全国文化信息资源共享工程、数字图书馆推广工程、公共电子阅览室建设计划深度融合。

第四章

文化惠民工程政策体系定性研究

2007年8月《中共中央办公厅国务院办公厅关于加强公共文化服务体系建设的若干意见》首次从国家层面提出实施文化惠民工程以来，我国的文化惠民工程从最初的广播电视村村通工程、文化信息资源共享工程、乡镇综合文化站和基层文化阵地建设工程（简称"基层文化阵地建设工程"）、农村电影放映工程、农家书屋建设工程，到2011年10月党的十七届六中全会通过《中共中央关于深化文化体制改革推动社会主义文化大发展大繁荣若干重大问题的决定》提出的实施广播电视村村通、文化信息资源共享、农村电影放映、农家书屋等重点文化惠民工程，再到2016年3月十二届全国人大第四次会议通过《中华人民共和国国民经济和社会发展第十三个五年规划纲要》提出的深入开展惠民演出等，我国的文化惠民工程逐步调整演变为广播电视村村通工程、文化信息资源共享工程、农村电影放映工程、农家书屋建设工程、送戏下乡演出工程（戏曲进乡村）。文化惠民工程实施以来，基层广大人民群众得到了实惠，人民群众的文化获得感、幸福感逐步增强。本课题研究仅涉及国家组织实施的文化惠民工程中的广播电视村村通工程、文化信息资源共享工程、农村电影放映工程、农家书屋建设工程等重点文化惠民工程。

第一节 文化惠民工程概念、组成、分类及特征

一 文化惠民工程概念

目前，几乎没有人对文化惠民工程进行定义。我们认为，文化惠民

工程，是指以解决文化民生问题为重点，优化公共资源配置，注重向农村、基层倾斜，与人民群众切身利益相关的重大公共文化服务项目。

二 文化惠民工程组成

目前，我国的文化惠民工程主要是逐步解决农民群众收听收看广播电视难、享用优秀文化信息资源难、看电影难、看书难、看戏难的问题，所以，文化惠民工程主要包括广播电视村村通工程、文化信息资源共享工程、基层文化阵地建设工程、农村电影放映工程、农家书屋建设工程和戏曲进乡村工程。

三 文化惠民工程分类

目前，几乎没有人对文化惠民工程进行分类。我们认为文化惠民工程根据不同的划分标准，有不同的分类。按照工程建设内容，可以将文化惠民工程划分为广播电视村村通工程、文化信息资源共享工程、基层文化阵地建设工程、农村电影放映工程、农家书屋建设工程和戏曲进乡村工程等；按照工程建设的行政层级，可以将文化惠民工程划分为国家组织实施的文化惠民工程、省级组织实施的文化惠民工程、地市级组织实施的文化惠民工程、县级组织实施的文化惠民工程等；按照工程建设的程度，可以将文化惠民工程划分为重点文化惠民工程、一般性文化惠民工程；按照工程建设的时间阶段，可以将文化惠民工程划分为常态化的文化惠民工程、临时性的文化惠民工程。

四 文化惠民工程特征

（一）人民性

始终坚持以人民为中心的发展思想，一切为了人民，一切依靠人民，文化成果由人民群众共享。中国共产党来自人民、扎根人民、造福人民，文化惠民工程充分体现了党的全心全意为人民服务的根本宗旨。

（二）基层性

推进城乡公共文化服务均等化发展的重点难点在农村、基层，文化惠民工程要始终面向农村、基层，以乡村两级为重点，以需求为导向，促进公共文化资源向基层特别是农村倾斜，增加基层公共文化资源总量，满足群众就近便捷享受公共文化服务的需求。

（三）基本性

尽管中国特色社会主义事业进入了新时代，我国社会主要矛盾发生了变化，新时代我国社会主要矛盾是人民日益增长的美好生活需要和不平衡不充分的发展之间的矛盾，但是我国仍将并将长期处于社会主义初级阶段。文化惠民工程要与我国的国情相适应、与财政承受能力相匹配，要始终坚持公共文化服务的基本性，保障城乡群众普遍均等地享有基本公共文化服务。

（四）可行性

文化惠民工程要抓住人民最关心最直接最现实的利益问题，既尽力而为，又量力而行，一件事情接着一件事情办，一年接着一年干。坚持人人尽责、人人享有，坚守底线、突出重点、完善制度、引导预期，完善公共文化服务体系，提供丰富的精神食粮，满足人民过上美好生活的新期待。

（五）动态性

文化惠民工程要紧紧围绕人民群众的文化需求，与加快构建现代公共文化服务体系相适应，实行服务标准、内容、方式、手段的动态调整，使人民群众的文化获得感、幸福感更加充实、更有保障、更可持续。

第二节　文化惠民工程政策体系的发展历程

一　文化惠民工程政策体系开始阶段

2007年8月《中共中央办公厅国务院办公厅关于加强公共文化服务体系建设的若干意见》至2013年11月党的十八届三中全会前，为文化惠民工程政策体系开始阶段。这阶段文化惠民工程政策体系的显著特点，是紧紧围绕加强工程建设、扩大覆盖、消除盲点，进行政策制度设计并提供有力支撑。

（一）出台背景

文化惠民工程是贯彻以人为本的具体回应。2003年10月，党的十六届三中全会通过《中共中央关于完善社会主义市场经济体制若干问题的决定》正式提出树立和落实科学发展观的战略思想和部署，提出"坚持以人为本，树立全面、协调、可持续的发展观，促进经济社会和人的全面发展"。以人为本是科学发展观的第一要义。

2006年10月党的十六届六中全会通过《中共中央关于构建社会主义和谐社会若干重大问题的决定》，提出以发展社会事业和解决民生问题为重点，优化公共资源配置，注重向农村、基层、欠发达地区倾斜，逐步形成惠及全民的基本公共服务体系。公共文化服务是社会事业和民生问题。

2007年8月《中共中央办公厅国务院办公厅关于加强公共文化服务体系建设的若干意见》，提出要大力发展公益性文化事业，实施文化惠民工程，优先安排关系人民群众切身利益的重大公共文化服务项目，逐步解决农民群众收听收看广播难、看书难、看电影难的问题，基本满足城镇居民就近便捷享受公共文化服务的需求。可以说，农民群众收听收看广播难、看书难、看电影难等问题，已经成为人民群众的重点民生问题，亟须解决。

文化惠民工程必须坚持以人为本，做到发展为了人民、发展依靠人民、发展成果由人民共享；文化惠民工程是关系人民群众切身利益的重大公共文化服务项目，是贯彻以人为本的具体回应。

（二）历程概述

这一阶段，党中央、全国人大、国务院和文化部先后出台了8个政策文件（见表4-1），安排和部署了文化惠民工程。通过对政策文件的分析，可以梳理出文化惠民工程政策体系的开始阶段。

表4-1　　　　　文化惠民工程政策体系开始阶段的政策

序号	政策名称	出台年份	出台部门
1	《中共中央办公厅国务院办公厅关于加强公共文化服务体系建设的若干意见》	2007年	中共中央办公厅、国务院办公厅
2	《中共中央关于制定国民经济和社会发展第十二个五年规划的建议》	2010年	党的十七届五中全会
3	《中华人民共和国国民经济和社会发展第十二个五年规划纲要》	2011年	十一届全国人大四次会议

续表

序号	政策名称	出台年份	出台部门
4	《中共中央关于深化文化体制改革推动社会主义文化大发展大繁荣若干重大问题的决定》	2011 年	党的十七届六中全会
5	《中共中央办公厅国务院办公厅印发国家"十二五"时期文化改革发展规划纲要》	2012 年	中共中央办公厅、国务院办公厅
6	《国务院关于印发〈国家基本公共服务体系"十二五"规划〉的通知》	2012 年	国务院
7	《文化部关于印发〈文化部"十二五"时期公共文化服务体系建设实施纲要〉的通知》	2013 年	文化部
8	《文化部关于印发〈文化部"十三五"时期文化发展改革规划〉的通知》	2017 年	文化部

2007年8月《中共中央办公厅国务院办公厅关于加强公共文化服务体系建设的若干意见》首次提出实施文化惠民工程,并明确广播电视村村通工程、全国文化信息资源共享工程、乡镇综合文化站和基层文化阵地建设工程、农村电影放映工程、农家书屋建设工程为文化惠民工程。2010年10月党的十七届五中全会通过《中共中央关于制定国民经济和社会发展第十二个五年规划的建议》和2011年3月十一届全国人大四次会议通过《中华人民共和国国民经济和社会发展第十二个五年规划纲要》,都提出以农村基层和中西部地区为重点,继续实施文化惠民工程。2011年10月党的十七届六中全会通过的《中共中央关于深化文化体制改革推动社会主义文化大发展大繁荣若干重大问题的决定》和2012年2月《中共中央办公厅国务院办公厅印发国家"十二五"时期文化改革发展规划纲要》,都强调要以农村和中西部地区为重点,深入实施广播电视村村通、文化信息资源共享、农村电影放映、农家书屋等重点文化惠民工程,扩大覆盖、消除盲点、提高标准、完善服务、改进管理。2012年7月《国务院关于印发〈国家基本公共服务体系"十二五"规划〉的通知》,提出继续实施文化惠民工程。2012年11月党的十八大报告强调,坚持面向基层、服务群众,加快推进重点文化惠民工程。2013年1月《文化部关于印发〈文化部"十二五"时期公共文化服务体系建设实

施纲要〉的通知》，提出深入实施文化惠民工程，加大对重大文化惠民工程建设情况的监督检查。2017年2月《文化部关于印发〈文化部"十三五"时期文化发展改革规划〉的通知》，提出盘活贫困地区文化资源，大力推动文化惠民。

二 文化惠民工程政策体系发展阶段

2013年11月党的十八届三中全会以来，为文化惠民工程政策体系发展阶段。这阶段文化惠民工程政策体系的显著特点，是紧紧围绕惠民服务与群众文化需求对接及统筹重点文化惠民工程，进行政策制度设计并提供有力支撑。

（一）出台背景

1. 文化惠民工程是贯彻全面深化改革的具体回应

2013年11月党的十八届三中全会通过《中共中央关于全面深化改革若干重大问题的决定》，把构建现代公共文化服务体系纳入推进文化体制机制创新的重要内容，并作为全面深化改革的重大战略任务。在构建现代公共文化服务体系的重大改革任务中，把"建立群众评价和反馈机制，推动文化惠民项目与群众文化需求有效对接"纳入其中，文化惠民工程成为改革任务。

2. 文化惠民工程是贯彻新发展理念的具体举措

2015年10月党的十八届五中全会通过《中共中央关于制定国民经济和社会发展第十三个五年规划的建议》，提出实现"十三五"时期发展目标，破解发展难题，厚植发展优势，必须牢固树立创新、协调、绿色、开放、共享的发展理念。《建议》强调，共享是中国特色社会主义的本质要求。要按照人人参与、人人尽力、人人享有的要求，坚守底线、突出重点、完善制度、引导预期，注重机会公平，保障基本民生，实现全体人民共同迈入全面小康社会。要坚持普惠性、保基本、均等化、可持续方向，从解决人民最关心最直接最现实的利益问题入手，增强政府职责，提高公共服务共建能力和共享水平。《建议》提出，加强公共文化基本公共服务，努力实现全覆盖。文化惠民工程是实现基本公共文化服务机会均等和文化民生的重要举措，保障了共享发展理念在公共文化服务领域的落地。

3. 文化惠民工程是满足人民对美好生活新期待的必然要求

2017年10月党的十九大报告强调，满足人民过上美好生活的新期待，必须提供丰富的精神食粮。同时，提出深入实施文化惠民工程，并把其作为满足人民过上美好生活新期待的重要实现途径。

(二) 历程概述

这一阶段，党中央、全国人大、国务院先后出台了5个政策文件（见表4-2），安排和部署了文化惠民工程。通过对政策文件的分析，可以梳理出文化惠民工程政策体系的发展阶段。

表4-2　　　　文化惠民工程政策体系发展阶段的政策

序号	政策名称	出台年份	出台部门
1	《中共中央关于全面深化改革若干重大问题的决定》	2013年	党的十八届三中全会
2	《中共中央办公厅国务院办公厅关于加快构建现代公共文化服务体系的意见》	2015年	中共中央办公厅、国务院办公厅
3	《中华人民共和国国民经济和社会发展第十三个五年规划纲要》	2016年	十二届全国人大四次会议
4	《中共中央办公厅国务院办公厅印发国家"十三五"时期文化发展改革规划纲要》	2017年	中共中央办公厅、国务院办公厅
5	《中共中央国务院关于实施乡村振兴战略的意见》	2018年	中共中央、国务院

2013年11月党的十八届三中全会通过的《中共中央关于全面深化改革若干重大问题的决定》，首次提出建立群众评价和反馈机制，推动文化惠民项目与群众文化需求有效对接。2015年1月《中共中央办公厅国务院办公厅关于加快构建现代公共文化服务体系的意见》，提出拓展重大文化惠民项目服务"三农"的内容。2016年3月十二届全国人大第四次会议通过《中华人民共和国国民经济和社会发展第十三个五年规划纲要》，提出深入开展惠民演出等活动，加强惠民服务与群众文化需求对接。2017年5月《中共中央办公厅国务院办公厅印发国家"十三五"时期文化发展改革规划纲要》，提出统筹重点文化惠民工程，避免重复建设。2018年1月《中共中央国务院关于实施乡村振兴战略的意见》，提出深入推进文化惠民，公共文化资源要重点向乡村倾斜，提供更多更

好的农村公共文化产品和服务。

第三节 文化惠民工程政策体系内容概述

重点文化惠民工程包括广播电视村村通工程、文化信息资源共享工程、农村电影放映工程、农家书屋建设工程，与之相对应的文化惠民工程政策体系，主要由广播电视村村通工程、文化信息资源共享工程、农村电影放映工程、农家书屋建设工程四方面政策构成。

一 广播电视村村通工程政策内容概述

广播电视村村通工程的主要建设内容：一是采用无线、有线、卫星三种技术覆盖方式，扩大对农村广播电视的有效覆盖；二是加快对现有无线台站设备的更新改造，加强日常维护，确保有效运行。广播电视村村通工程的覆盖，最初从1998年开始的50户以上已通电自然村全部通广播电视村村通工程建设，到2005年启动的20户以上已通电自然村全部通广播电视村村通工程建设，再到2015年启动的广播电视村村通向户户通升级工作，逐步升级、逐步建设，其政策与之相适应。

为解决广大农民群众听广播、看电视难的问题，1998年党中央、国务院启动了广播电视村村通工程，1999年4月《国家计委国家广播电视总局关于进一步加强农村广播电视覆盖工作的通知》提出确保2000年基本实现村村通广播电视，使每一个盲点能够收看到两套电视节目（中央一套、省一套）和收听到一套中央广播节目。要求明确职责、加大投入、打好覆盖工程攻坚战，加强领导、科学规划、建立健全农村广播电视网络建设的管理维护机制。

2004年7月《国务院办公厅转发广电总局等部门关于巩固和推进村村通广播电视工作意见的通知》，提出在巩固行政村村村通成果的同时，自2004年7月下旬起，正式启动自然村村村通工程。2004年和2005年，重点解决新通电行政村和50户以上已通电自然村收听不到广播、收看不到电视的问题。发展改革委、广电总局要继续安排专项建设资金，对中部地区国家扶贫开发工作重点县和西部地区给予必要支持。

在完成 50 户以上已通电自然村广播电视村村通工程的基础上，进入"十一五"后，2005 年 10 月党的十六届五中全会通过的《中共中央关于制定国民经济和社会发展第十一个五年规划的建议》，提出发展广播电视村村通。

2005 年 11 月《中共中央办公厅国务院办公厅关于进一步加强农村文化建设的意见》，提出大力推进广播电视进村入户，以提高中央台和省台广播电视节目入户率为重点，采取多种技术手段，加大实施广播电视村村通工程的力度，争取到 2010 年基本实现 20 户以上的已通电自然村全部通广播电视。其政策举措：一是重视完善和发挥现有无线转播台站的作用，利用无线、有线和卫星等多种技术手段，力争使农民群众收听收看到套数更多、质量更好的广播电视节目。二是中央财政对中部地区国家扶贫开发工作重点县和西部地区村村通的建设给予适当的基建投资支持，对新疆、西藏、内蒙古、宁夏和青海、甘肃、云南、四川藏区的村村通工程运行维护给予适当的经费补助。三是西新工程要继续重点解决好新疆、西藏等老少边穷地区广播电视覆盖和少数民族语言译制等问题。四是完善农村广播电视公共服务覆盖体系，做好农村接收广播电视的服务工作，积极探索适合当地实际的运行服务机制，确保村村通长期有效运行。《意见》对到"十一五"末，广播电视村村通工程的实现目标及实现这一目标的政策举措提出了总体要求。这个文件标志着 20 户以上已通电自然村全部通广播电视工程建设正式开始。

2005 年 12 月《中共中央国务院关于推进社会主义新农村建设的若干意见》提出继续实施广播电视村村通工程，强化面向农村的广播电视服务。

2006 年 9 月《中共中央办公厅国务院办公厅印发国家"十一五"时期文化发展规划纲要》，把广播电视村村通工程纳入农村文化建设重点工程，提出推进广播电视进村入户，充分利用无线、卫星、有线、微波等多种手段，为广大农村地区提供套数更多、质量更好的广播电视节目，全面实现 20 户以上已通电自然村通广播电视。同时，提出政府要保证广播电视发射转播台正常运转必需的经费、广播电视村村通运行维护补助经费。《纲要》明确提出到 2010 年全面实现 20 户以上已通电自然村通广播电视的目标任务。

2006年9月《国务院办公厅关于进一步做好新时期广播电视村村通工作的通知》提出进一步做好新时期广播电视村村通工作政策：一是要切实明确新时期村村通工作的目标任务。到2010年底，全面实现20户以上已通电自然村通广播电视的目标。要按照"技术先进，安全可靠，经济可行，保证长效"的原则，因地制宜地采取适合本地特点的技术手段实现村村通。鼓励距离城镇较近、有条件的农村采取有线光缆联网方式进行建设，边远、居住分散地区采取共用卫星接收（俗称"村锅"）方式进行建设，使"盲村"的农民能够收听收看到包括中央和本省的4套以上的广播节目和8套以上的电视节目。同时，加强管理，保证村村通工程按规定接收广播电视信号，防止违规接收境外节目。二是大力推进新时期村村通工程建设。要求继续加大对村村通工程建设的资金投入，继续加大对村村通工程建设的政策支持，在国家广播电视机构控股51%以上的前提下，鼓励其他国有、非公有资本投资参股县级以下新建有线电视分配网和有线电视接收端数字化改造。三是努力建立健全推进村村通工作的长效机制。四是进一步加强做好村村通工作的组织领导。《通知》对做好新时期广播电视村村通工作作出了全面系统的顶层制度设计，是新时期做好广播电视村村通工作的纲领性文件。

2006年10月党的十六届六中全会通过的《中共中央关于构建社会主义和谐社会若干重大问题的决定》强调，优先安排关系群众切身利益的文化建设项目，突出抓好广播电视村村通工程。《决定》突出广播电视村村通工程在构建社会主义和谐社会中，满足人民群众文化需求的重要性。

2007年8月《中共中央办公厅国务院办公厅关于加强公共文化服务体系建设的若干意见》把广播电视村村通工程作为我国实施重大公共文化服务工程的第一项工程，习惯称为文化惠民工程"一号工程"。《意见》提出，到2010年底全面实现20户以上已通电自然村广播电视村村通，到2020年基本实现农村广播电视户户通。同时，提出实现其目标任务的四方面政策举措：一是在巩固已有成果的基础上，按照《国家"十一五"时期文化发展规划纲要》要求，进一步明确责任，加大力度，因地制宜，讲求实效，以消灭覆盖盲区和增强覆盖效果为重点，采用地面无线、直播卫星和有线网络等方式，扩大对农村广播电视的有效覆盖。

二是加快对现有无线台站设备的更新改造,加强日常维护,确保有效运行。三是完善农村广播电视基础设施建设,积极创造条件,推进县对乡镇广播电视的垂直管理运营体制建设。四是建立以县为中心、乡镇为依托、服务农户的农村广播电视公共服务覆盖网络。《意见》立足长远,提出到2020年基本实现农村广播电视户户通和推进县对乡镇广播电视的垂直管理运营体制建设。

2007年11月,《国家发展改革委财政部国家广电总局印发"十一五"全国广播电视村村通工程建设规划》,提出"十一五"期间广播电视村村通工程建设目标是,全面实现20户以上已通电自然村村村通广播电视,力争使现有20户以上自然村广播电视盲点的农民群众能够收看到包括中央第一套、第七套和本省第一套在内的8套以上电视节目,收听到包括中央第一套和本省第一套在内的4套广播节目(即"8+4"标准);同时通过加强无线覆盖,使80%以上的农村人口能够用电视机、收音机直接收看收听到包括中央电视台第一套节目、第七套节目和中央人民广播电台第一套节目在内的4套以上无线电视节目和4套以上无线广播节目,广大农村群众收听收看中央和省级广播电视节目的效果得到显著改善。规划在2007—2010年期间,将投资107.5亿元,其中西部地区73.2亿元、中部地区28.9亿元、东部地区5.4亿元,全面实现20户以上已通电自然村广播电视村村通。

2008年5月《国家发展改革委办公厅广电总局办公厅关于扎实做好"十一五"广播电视村村通工程建设有关工作的通知》就做好"十一五"广播电视村村通工程建设有关工作提出具体政策举措。

2009年7月《国务院关于进一步繁荣发展少数民族文化事业的若干意见》提出大力推进民族地区广播电视村村通工程,巩固广播电视村村通工程建设成果,扩大民族地区广播影视覆盖面,对设施维护进行适当补助,确保长期通、安全通。《意见》强调民族地区广播电视村村通的安全通问题。

2011年8月《国家发展改革委广电总局印发全国"十二五"广播电视村村通工程建设规划》,明确"十二五"期间村村通工程建设目标任务是,到2015年底,基本完成广播电视村村通工程建设任务,逐步改善服务农村的高山骨干无线发射台站基础设施条件,基本实现广播电视户户通。其主要政策保障：一是加强组织领导和协调配合。二是确保落实配套资金。三是扎实推进工程建设。四是加强工程建设管理和监督。五是建立完善长效机制。

2011年9月《广电总局关于在有线网络未通达农村地区开展直播卫星公共服务的通知》明确直播卫星公共服务的方式是：在服务区域内设立直播卫星接收设施专营服务网点，用户自行购买直播卫星接收设施后，由专业服务队伍上门安装开通，即可免费接收25套卫星电视和17套卫星广播节目，包括中央电视台1—16套、中国教育电视台第1套、本省1套卫视和7套少数民族语言卫视节目及中央人民广播电台1—13套节目、中国国际广播电台3套节目和本省1套广播节目。要求各级广电部门要积极向党委政府汇报直播卫星公共服务工作计划，力争将此项工作纳入社会主义新农村建设、农村文化建设和精神文明建设总体规划，纳入"十二五"扶贫攻坚规划，积极争取财政补贴，落实具体政策和配套措施。

2011年10月党的十七届六中全会通过的《中共中央关于深化文化体制改革推动社会主义文化大发展大繁荣若干重大问题的决定》和2012年2月《中共中央办公厅国务院办公厅印发国家"十二五"时期文化改革发展规划纲要》强调，要以农村和中西部地区为重点，深入实施广播电视村村通等文化惠民工程，扩大覆盖、消除盲点、提高标准、完善服务、改进管理。

2012年7月《国务院关于印发〈国家基本公共服务体系"十二五"规划〉的通知》，提出加强农村基层广播电视和无线发射台站建设，全面解决20户以下已通电自然村"盲村"广播电视覆盖。加强直播卫星平台建设，在有线网络未通达、无线网络不能覆盖的农村地区开展直播卫星公共服务。

2012年9月《广电总局国家发展改革委关于做好广播电视高山无线发射台站基础设施建设管理工作的通知》指出，加强广播电视高山无线发射台站基础设施建设是"十二五"广播电视村村通工程的一项重要任务。要求准确把握广播电视高山无线发射台站基础设施建设的基本原则和目标任务，坚持统筹规划、分级负责、注重实效、保障基本，确保纳入"十二五"实施的1229座高山台站建设数量不突破、实施条件完全具备、建设项目不超范围。《通知》对加强工程建设管理提出严格要求，进一步明确各省区广电部门是本地区建设项目的责任主体，对本地区工程项目的选择、建设内容的确定、建设资金的使用等负有主要责任，对工程项目建设的质量、安全、进度、效益负总体责任。要切实加强工程建设管理，严格依照基本建设程序，坚持建设管理制度，并加强工程监督，确保工程建设任务高标准高质量完成。

2015年1月《中共中央办公厅国务院办公厅关于加快构建现代公共文化服务体系的意见》，提出加强广播电视台、发射台（站）、监测台（站）建设，继续实施广播电视高山无线发射台站建设工程。积极推进有线电视网络建设和数字化双向化改造，加快推进直播卫星和地面数字电视覆盖建设，努力实现广播电视户户通。这标志着广播电视村村通向户户通升级工作正式开始。

2015年5月《国务院办公厅转发文化部等部门关于做好政府向社会力量购买公共文化服务工作意见的通知》把广播电视村村通、户户通等接收设备的维修维护纳入政府购买公共文化体育设施的运营和管理的内容。

2015年10月《国务院办公厅关于推进基层综合性文化服务中心建设的指导意见》把推进广播电视户户通明确为基层综合性文化服务中心功能定位。

2016年4月《国务院办公厅关于加快推进广播电视村村通向户户通升级工作的通知》提出统筹无线、有线、卫星三种技术覆盖方式，到2020年，基本实现数字广播电视户户通，形成覆盖城乡、便捷高效、功能完备、服务到户的新型广播电视覆盖服务体系。其政策保障：一是加大资金投入。按照分级负责原则，中央和地方各级人民政府分别负责本级无线发射台（站）、转播台（站）、监测台（站）等广播电视公共设施和机构的建设改造和运行维护资金，中央财政通过现有渠道安排转移支付资金，对地方按有关规定转播中央广播电视节目予以适当补助，支持地方统筹推进包括广播电视户户通在内的公共文化服务体系建设。二是完善支持政策。稳妥开展直播卫星除基本公共服务节目外其他增值服务的市场化运营试点，在满足用户基本收视需求的基础上提供更丰富的节目选择，并处理好基本公共服务与增值服务的关系。在国家广播电视机构控股51%以上的前提下，鼓励其他国有、集体、非公有资本投资参股县级以下新建有线电视分配网和有线电视接收端数字化改造。鼓励广电、电信企业参与农村宽带建设和运行维护，鼓励建设农村信息化综合服务平台。城乡规划建设要为广播电视网预留所需的管廊通道及场地、机房、电力设施等，网络入廊收费标准可适当给予优惠。加大政府向社会购买服务力度，鼓励社会机构参与公益性广播电视节目制作、公益性广播电视专用设施设备维修维护等，有条件的地方可根据实际情况，向特殊群体提供有线电视免费或低收费服务。《通知》对于加快推进广播电视村村通向户户通升级工作作出了全面系统的顶层制度设计，是未来一个时期推进广播电视村村通向户户通升级工作的纲领性文件。

2017年9月《国家新闻出版广电总局关于印发〈新闻出版广播影视"十三五"发展规划〉的通知》，提出在全面实现村村通的基础上，由各地科学统筹无线、有线、卫星三种技术方式，因地制宜、因户制宜选择适合本地特点和用户需求的方式，推进数字广播电视入户接收，实现数字广播电视户户通。

2018年1月《中共中央国务院关于实施乡村振兴战略的意见》提出继续把基础设施建设重点放在农村，加快广播电视等基础设施建设。《意见》进一步强调了广播电视村村通工程建设的着力点在农村。

2019年2月《国家发展改革委等部门关于印发〈加大力度推动社会领域公共服务补短板强弱项提质量促进形成强大国内市场的行动方案〉的通知》，提出在补齐基本服务短板方面，要加强广播电视传输覆盖等基础设施建设，推进数字广播电视户户通。

二 全国文化信息资源共享工程政策内容概述

全国文化信息资源共享工程（以下简称"文化共享工程"），是指采用现代信息技术手段，对中华优秀文化信息资源进行数字化加工和整合，利用覆盖全国的网络化管理和服务体系，实现文化信息资源在全国范围内的共建共享，它是新形势下构建我国公共文化服务体系、惠及千家万户的一项重要文化基础工程，在公共文化服务中具有战略性、基础性作用。

文化共享工程的建设内容，是以数字资源建设为核心，以基层服务网点建设为重点，以共建共享为基本途径，运用多种传播方式进行建设。文化共享工程从2002年启动实施，经历了2011年公共数字文化建设的统筹，到 2019 年最后纳入公共数字文化工程融合创新发展的过程，先统筹，后融合，其政策与之相呼应。

2002 年 4 月《文化部和财政部关于实施全国文化信息资源共享工程的通知》提出"共享工程"的建设目标是把文化信息资源传送到城乡基层文化网点和群众身边，坚持以公益性为主，充分发挥各级文化、财政部门的积极性。中央财政投入重点支持"共享工程"公共项目和国家中心的建设，对地方补助资金要体现向西部地区倾斜的政策。省级分中心、基层中心的建设主要依靠地方财政的支持。"共享工程"的实施涉及各级各类文化单位，覆盖地域广，要充分体现统一规划、统一标准、资源共享的原则。同时，要求把实施"共享工程"与加强基层文化建设、促进图书馆事业发展紧密结合起来。这标志着文化共享工程的正式启动。

2005 年 2 月《中共中央办公厅国务院办公厅转发文化部财政部关于进一步加强全国文化信息资源共享工程建设意见的通知》，这表明全国文化信息资源共享工程上升为党和国家的行动。

2005 年 11 月《中共中央办公厅国务院办公厅关于进一步加强农村文化建设的意见》提出文化信息资源共享工程要与农村文化设施建设统筹规划，综合利用，使县文化馆、图书馆和乡综合文化站、村文化活动室逐步具备提供数字化文化信息服务的能力。要依托农村党员干部现代远程教育和农村中小学现代远程教育网络，以共建方式发展基层服务点。

2005 年 12 月《中共中央国务院关于推进社会主义新农村建设的若干意见》提出发展文化信息资源共享工程农村基层服务点。

2006 年 5 月《中共中央办公厅国务院办公厅印发 2006—2020 年国家信息化发展战略》，提出依托文化共享工程，积极开展国民信息技能教育和培训。

2006 年 6 月《文化部关于印发〈全国文化信息资源共享工程"十一五"规划〉的通知》，提出全国文化信息资源共享工程的三方面政策：一是加大投入。各级政府要按照规划任务，加大对数字资源和基层服务网点建设的投入力度，确保文化共享工程建设所需的设施设备经费、资源建设经费、网络维护经费、日常运行经费等。中央财政资金主要用于支持数字资源建设，并对中西部地区的基层服务点建设给予适当补助。各省文化、财政主管部门也要制定相应的投入办法和激励机制。二是完善机制。各级政府有关部门要在职责范围内，积极支持文化共享工程建设。广电部门要在广播电视村村通工程和有线数字电视整体转换，新闻出版（版权）部门在媒体宣传、出版物资源，科技部、农业部在有关方面对文化共享工程建设给予支持。文化共享工程要与农村党员干部现代远程教育、农村中小学现代远程教育工程在基层网点建设、资源建设等方面进行合作，实现共建共享。各级文化主管部门要统筹规划本地区、本行业的文化资源建设，采用行政手段与市场机制相结合的办法，加强对文化系统文化艺术资源的整合力度。三是加强领导。各级政府要把文化共享工程建设纳入重要议事日程，纳入当地经济社会发展规划，纳入当地信息化建设规划及创建文明城市、文明村镇、社区的工作要求。各级文化主管部门要将文化共享工程纳入创建文化先进县（市）、乡镇等相关评比标准，将文化共享工程的实施情况作为衡量各地文化事业发展的重要指标。《规划》是"十一五"期间文化共享工程的工作指南，是实施部门、单位履行各自职责的重要依据。

2006年8月《文化部办公厅关于贯彻落实〈国务院关于解决农民工问题的若干意见〉的通知》提出，要充分利用全国文化信息资源共享工程等文化项目为农民工提供方便快捷的文化服务。

2006年9月《文化部关于印发〈文化建设"十一五"规划〉的通知》，提出全国文化信息资源共享工程要以农村为重点，建设电子图书、舞台艺术、知识讲座和影视节目等数字资源库，基本完成全国市、县和乡镇分中心建设，推进文化资源数字化，促进文化信息资源共享。

2006年9月《中共中央办公厅国务院办公厅印发国家"十一五"时期文化发展规划纲要》，这是我国第一个专门部署文化建设的中长期规划。《规划》提出，大力推进文化信息资源共享工程等重大文化工程建设。

2006年9月《文化部办公厅关于印发〈全国文化信息资源共享工程试点工作方案〉的通知》，配套印发了《全国文化信息资源共享工程试点工作方案》《全国文化信息资源共享工程试点工作资源建设经费管理办法》和《全国文化信息资源共享工程试点工作验收标准》。这些文件就文化共享工程试点工作提出了明确的政策举措。

2006年10月党的十六届六中全会通过的《中共中央关于构建社会

主义和谐社会若干重大问题的决定》，提出突出抓好全国文化信息资源共享工程。

2006年12月《全国远程办公室全国文化共享办公室关于做好农村党员干部现代远程教育工程与全国文化信息资源共享工程资源整合工作的通知》就农村党员干部现代远程教育工程与全国文化信息资源共享工程资源整合进行了全面部署，提出相关资源整合的政策。

2007年2月文化部等部门联合下发《关于进一步加强网吧及网络游戏管理工作的通知》，提出在加强公益性上网场所的建设与管理方面，要求发挥好学校、文化馆（站）、图书馆、青少年宫、青年中心和中小学远程教育、全国文化信息资源共享工程在满足未成年人网络文化需求方面的作用。通过安排专业人员、招募志愿者、教师家长参与等方式建立专兼结合的辅导员队伍，为未成年人提供安全、健康的上网环境。公益性上网场所的建设要向中小城市和农村倾斜。

2007年4月《文化部财政部关于进一步推进全国文化信息资源共享工程的实施意见》提出保障文化共享工程建设的三方面政策举措：一是加强领导，建立行之有效的工作机制。各地要将文化共享工程作为推进社会主义新农村建设的一件大事，纳入各级党委、政府的议事日程，纳入经济社会发展总体规划，纳入财政预算，纳入目标考核体系，纳入扶贫攻坚计划。各级文化行政部门要将文化共享工程作为公共文化服务体系建设的重要内容列入议事日程，列为衡量地方文化事业发展的重要指标。要将文化共享工程的实施情况纳入创建文化先进县（市）、文化先进乡镇等相关评比标准。二是建立长效机制，加大投入力度，为文化共享工程建设提供有力保障。中西部地区的县级支中心、村级基层服务点建设经费由中央财政和地方财政共担，中部地区按五五开比例分担，西部地区按八二开比例分担，中央财政对省级分中心资源建设将予以一定补助。对东部工作成效突出的省份中央财政将给予适当奖励。地方财政部门要按照规划任务，加大对数字资源和基层服务网点的投入力度，并确保文化共享工程建设所需的网络维护经费、日常运行经费等。三是加大宣传力度。

2007年7月《文化部办公厅国家信息中心关于利用国家电子政务外网平台推广全国文化信息资源共享工程的通知》提出依托国家电子政务

外网开展文化共享工程的信息资源传输工作，要求文化共享工程各省级分中心以不低于10M带宽接入省政务外网。

2007年8月《中共中央办公厅国务院办公厅关于加强公共文化服务体系建设的若干意见》把全国文化信息资源共享工程纳入五个重大公共文化服务工程，提出加强全国文化信息资源共享工程的五方面政策：一是以数字资源建设为核心，以基层服务网点建设为重点，运用多种传播方式，在试点工作的基础上，加快推进全国文化信息资源共享工程建设。二是各级图书馆和乡镇综合文化站、社区文化中心要发挥自身优势，充实完善设备配置，成为文化信息资源共享工程的各级分中心、支中心和基层服务点。三是加强数字资源库内容建设，不断丰富电子图书、舞台艺术、知识讲座和影视节目等数字资源。四是农村文化信息资源共享工程的建设要与广播电视村村通工程、农村党员干部现代远程教育、农村中小学现代远程教育和村村通电话工程相结合，实现共建共享。五是文化信息资源共享工程要不断提高信息化、网络化水平，做到资源互联互通。

2007年9月《文化部信息产业部关于全国文化信息资源共享工程与农村信息化综合信息服务工程开展合作共建的通知》就文化共享工程与农村信息化综合信息服务工程开展合作共建提出具体政策。

2009年7月《国务院关于进一步繁荣发展少数民族文化事业的若干意见》提出大力推进民族地区文化信息资源共享工程建设。

2009年9月文化部颁布《乡镇综合文化站管理办法》第七条规定，文化站基本功能空间应包括文化信息资源共享工程基层点和管理用房。第十一条规定，文化站通过建成全国文化信息资源共享工程基层服务点，开展数字文化信息服务。

2010年9月《文化部关于开展全国基层文化队伍培训工作的意见》提出建立开放、兼容、共享的网络远程培训服务平台，依托全国文化信息资源共享工程服务网络，面向基层专兼职文化工作者提供随时随地的在线学习、在线考试等服务，鼓励基层文化工作者利用业余时间自主学习。依托现有全国文化信息资源共享工程各级中心，建立一支业务能力强、爱岗敬业的专职教师队伍。《方案》拓展了文化共享工程的建设思路。

2010年11月《文化部办公厅关于印发〈公共电子阅览室建设试点工作方案〉的通知》，提出依托全国文化信息资源共享工程基层服务点等公共文化服务网络及文化共享工程等资源，建设内容健康、服务规范、环境良好的公共电子阅览室，重点解决未成年人上网问题，为广大人民群众提供健康、便捷的网络文化服务，使其成为网络环境下公共文化服务的新平台、新渠道。《方案》进一步拓展文化共享工程的建设思路。

2010年12月《文化部财政部关于开展国家公共文化服务体系示范区（项目）创建工作的通知》配套印发的《第一批国家公共文化服务体系示范区创建标准》，将全国文化信息资源共享工程纳入创建标准，后来在第二批、第三批、第四批的创建标准中纳入公共数字文化服务建设内容。

2011年1月《文化部财政部关于推进全国美术馆、公共图书馆、文化馆（站）免费开放工作的意见》将数字文化信息服务纳入免费开放的基本服务项目。

2011年3月《文化部关于加强村级文化建设的指导意见》提出面向乡村开展数字文化信息资源服务。与全国农村党员现代远程教育工程、农村中小学远程教育工程、广播电视村村通工程建设相结合，加大全国文化信息资源共享工程村级服务点建设力度，推进文化信息资源和服务的"进村入户"。《意见》首次提出文化信息资源和服务的"进村入户"。

2011年10月党的十七届六中全会通过的《中共中央关于深化文化体制改革推动社会主义文化大发展大繁荣若干重大问题的决定》和2012年2月《中共中央办公厅国务院办公厅印发国家"十二五"时期文化改革发展规划纲要》，都提出深入实施文化信息资源共享文化惠民工程，扩大覆盖、消除盲点、提高标准、完善服务、改进管理。

2011年11月《文化部财政部关于进一步加强公共数字文化建设的指导意见》首次将文化共享工程、数字图书馆推广工程、公共电子阅览室建设计划三大公共数字文化惠民工程纳入公共数字文化建设的主要内容。同时，提出"十二五"时期，文化共享工程将进一步加大整合力度，建设"公共文化数字资源基础库群"，资源总量达到530TB；在城市社区、文化馆新建基层服务点，加强已建基层点的管理，发展完善覆盖城乡的服务网络，到"十二五"末达到基层服务点100万个，入户覆盖全国50%以上的家庭；利用"云计算"和"三网融合"技术，提升整个网络的服务能力与管理能力；大力推进进村入户，广泛开展惠民服务，实施以"农村实用技术人才培养计划"为重点的网络培训；与公共电子阅览室建设计划相结合，加快建设以公共图书馆、学校电子阅览室、社区文化活动中心为载体的未成年人公益性上网场所，更好地满足人民群众特别是广大青少年的精神文化需求。

2012年5月《文化部关于印发〈文化部"十二五"时期文化改革发展规划〉的通知》，提出大力推进全国文化信息资源共享工程，充分发挥其在公共文化服务中的战略性、基础性作用，建立公共文化资源提供平台，推进数字服务进入家庭。

2012年7月《国务院关于印发国家基本公共服务体系"十二五"规划的通知》，提出继续推进文化信息资源共享。

2013年1月《文化部关于印发〈文化部"十二五"时期公共文化服务体系建设实施纲要〉的通知》，提出深入实施全国文化信息资源共享工程的四方面政策：一是在各级文化馆、城市社区新建基层服务点，加强管理，发展完善服务网络。二是进一步加大整合力度，丰富公共数字文化资源。三是利用"云计算"和"三网融合"技术，提升整个网络的管理水平和服务能力。四是大力推进工程资源进村入户，广泛开展惠民服务，实施以"农村实用技术人才培养计划"为重点的网络培训。

2013年1月《文化部关于印发〈全国文化信息资源共享工程"十二五"规划纲要〉的通知》，提出推进全国文化信息资源共享工程的五方面政策：一是加强组织领导和管理机制创新。各级政府作为公共文化服务体系建设的领导者和组织者，要把文化共享工程纳入当地经济和信息化发展规划及创建文明城市、文明乡村的重要内容。各级文化主管部门要将文化共享工程纳入创建文化先进县（市）和乡镇的评比标准，并作为衡量当地文化事业发展的重要指标。加强文化共享工程建设的制度设计，建立绩效评估体系，提高工程管理的科学化水平。二是争取财政持续加大投入。应积极争取中央财政投入，对文化共享工程运行保障、六级网络体系建设、资源建设、技术平台建设等给予经费支持，保障工程各项工作的顺利实施。通过补贴机制和奖励机制，对开展文化共享工程公益性服务和工作突出的地区和单位予以补贴和奖励，调动各地工作的积极性。各级地方财政要按照规划任务，确保配套资金的落实，同时结合本地实际，进一步加大对文化共享工程的投入力度。三是广泛开展共建共享。加大文化系统内的资源整合力度，争取由国家财政投入生产的文化产品向文化共享工程无偿提供。与教育、广电、信息产业、农业、科技、新闻出版等部门广泛合作，努力以免费或优惠的价格获取各系统的相关资源。建立捐赠人激励机制，对捐赠著作、资金、设备的个人、集体颁发荣誉证书，并协调相关部门，综合采取多项激励政策，鼓励和保护对公益性文化事业的捐助。四是健全人才队伍。加强文化共享工程各级中心的机构建设，建立文化共享工程人力资源支持保障体系，培养一支既具备较高技术素质和专业知识，掌握数字文化服务的基本理念，又能熟练运用数字文化服务技能的人才队伍。国家中心组织力量编制教材，面向省级分中心、地市（县）级支中心开办骨干培训班。各地组织本地区的培训工作，重点建设一批爱岗敬业、善于管理服务设施和组织基层文化服务项目的专业队伍。评选、表彰一批"文化共享之星"。把社会工作者、志愿者作为人才队伍建设的有机组成部分，切实做好人才配置工作。五是扩大宣传推广。提升高度、把握角度，下基层、接地气，找准切入点，突出宣传文化共享工程文化惠民的本质、特色和实效，以形成宣传推广品牌。积极发挥网站窗口作用，同时通过广播电视、平面媒体同步推送，参与组织举办主题晚会、制播公益广告及专题节目、开展知识竞赛等，进一步扩大文化共享工程的社会影响力。《规划》是"十二五"期间文化共享工程的工作指南。

2013年4月《文化部办公厅关于开展第一次全国乡镇综合文化站评估定级工作的通知》把文化信息资源共享工程服务室和提供的数字化服务分别纳入上等级必备条件和评估定级参考标准。

2013年9月《文化部关于印发〈文化部信息化发展纲要〉的通知》，提出全面开展文化信息资源库建设，推动文化信息资源的共建共享和开发利用。

2015年1月《中共中央办公厅国务院办公厅关于加快构建现代公共文化服务体系的意见》，提出统筹实施全国文化信息资源共享、数字图书馆博物馆建设、直播卫星广播电视公共服务、农村数字电影放映、数字农家书屋、城乡电子阅报屏建设等项目，构建标准统一、互联互通的公共数字文化服务网络,在基层实现共建共享。

2015年10月《国务院办公厅关于推进基层综合性文化服务中心建设的指导意见》提出以基层综合性文化服务中心为依托,推动文化信息资源共建共享,提供数字图书馆、数字文化馆和数字博物馆等公共数字文化服务;发挥文化信息资源共享工程基层服务点的作用,广泛开展政策宣讲、理论研讨、学习交流等党员教育活动。

2015年10月党的十八届五中全会通过《中共中央关于制定国民经济和社会发展第十三个五年规划的建议》,提出实施重大文化工程,文化信息资源共享工程纳入其中。

2016年3月十二届全国人大第四次会议通过《中华人民共和国国民经济和社会发展第十三个五年规划纲要》,提出加快公共数字文化建设。

2016年3月《文化部国务院农民工工作领导小组办公室全国总工会关于进一步做好为农民工文化服务工作的意见》提出加大公共数字文化资源对农民工的供给和推送。依托现有公共数字文化项目,征集制作一批符合农民工实际文化需求的数字资源,通过网络传输、硬盘固化、光盘录制、手机下载等多种方式进行推送,探索开展定制化推送服务。《意见》把开展数字文化服务纳入对农民工文化服务工作的内容。

2016年12月十二届全国人大常务委员会第二十五次会议通过的《中华人民共和国公共文化服务保障法》第十四条规定,将公共数字文化服务点纳入公共文化设施。第三十三条规定,国家统筹规划公共数字文化建设,构建标准统一、互联互通的公共数字文化服务网络,建设公共文化信息资源库,实现基层网络服务共建共享。公共数字文化服务上升为国家法律规定。

2016年12月《文化部新闻出版广电总局体育总局发展改革委财政部关于推进县级文化馆图书馆总分馆制建设的指导意见》,提出充分发挥互联网等现代信息技术优势,利用国家公共数字文化工程和资源,打造县域公共数字文化服务平台。《通知》将公共数字文化服务平台建设纳入总分馆建设的主要内容。

2017年1月《国务院关于印发〈"十三五"推进基本公共服务均等化规划〉的通知》,提出推动全国文化信息资源共享工程建设,并纳入数字文化服务平台建设的内容。

2017年2月《文化部关于印发〈"十三五"时期文化发展改革规划〉的通知》，提出建设公共数字文化建设项目。统筹实施全国文化信息资源共享工程、数字图书馆推广工程和公共电子阅览室建设计划，完善国家公共文化数字支撑平台，建设国家基本公共数字文化资源库。

2017年5月《文化部关于印发〈"十三五"时期文化扶贫工作实施方案〉的通知》，提出继续实施文化共享工程，启动"中西部贫困地区公共数字文化服务提档升级"建设项目，在中西部22个省份的839个贫困县，对乡镇文化站提升配置。

2017年7月《文化部关于印发〈文化部"十三五"时期公共数字文化建设规划〉的通知》，提出推进全国文化信息资源共享工程建设的两方面政策：一是推进文化资源信息共享工程国家中心及各级分中心、支中心和基层服务点软硬件系统升级换代，提高服务终端配置标准，实现数字存储空间、网络带宽扩容增能。二是将各级文化共享工程分中心、支中心和服务点纳入国家公共文化数字支撑平台，形成公共文化特色应用集成，进一步拓展各级文化共享工程设施的服务功能，促进用户、数据、资源、服务的整合，实现公共数字文化资源按需推送、一站式服务。

2019年4月《文化和旅游部办公厅关于印发〈公共数字文化工程融合创新发展实施方案〉的通知》，提出在保持现有机构稳定的基础上，将原来的全国文化信息资源共享工程、数字图书馆推广工程、公共电子阅览室建设计划，统称为"公共数字文化工程"。《方案》首次提出全国文化信息资源共享工程深度融合到公共数字文化工程中，文化共享工程的单独提法从此不再出现。

三　农村电影放映工程政策内容概述

为了丰富农村文化生活，繁荣农村电影事业，解决新时期广大农民看电影难的问题，1998年文化部、国家广播电影电视总局提出农村电影放映"2131目标"，即在21世纪初，在广大农村实现一村一月放映一场电影的目标。农村电影放映"2131工程"，是加强农村文化建设、发展农村电影事业，满足广大农村人民群众日益增长的精神文化需求的一项重点文化工程。

农村电影放映工程从1998年确立发展目标启动实施，经历2000年提出到"十五"期末基本实现农村电影放映"2131目标",再到2012年提出到"十二五"末每个行政村每月放映一场数字电影,最后到2017年提出探索农村电影放映长效机制的发展过程,其政策与之相呼应。

2000年12月《国家计委广电总局文化部关于进一步实施农村电影放映"2131工程"的通知》要求各地要切实采取有效措施,力争"十五"期间基本实现农村电影放映"2131目标"。为保证目标实现,提出以下政策举措:一是明确职责,加大投入、广泛动员社会力量参与建设,从2000年到2004年,国家设立"2131工程"专项资金,帮助解决贫困地区的农村电影放映问题。中西部地区要筹集相应的配套资金,其他地区该工程建设所需资金由地方自行解决。二是加强领导,科学规划,建立健全农村电影放映管理体制。三是坚决反对乱收费、乱集资行为,把好事办好。

2002年1月《国务院办公厅转发文化部国家计委财政部关于进一步加强基层文化建设指导意见的通知》,提出努力搞好农村电影发行放映工作,力争实现每村每月放映一场电影的目标。

2002年4月《广电总局文化部国家计委财政部关于加快实施"2131工程"加强农村电影市场发行放映工作的通知》,提出做好农村电影发行放映工作的政策:一是根据各地的实际情况,按照"建养并蓄、工效挂钩"的建设方针,努力建设起一支专兼职结合,国有、集体、个体、股份制放映联合体等多元结构的农村电影放映队伍。二是按照"国家专项资金补贴、社会多种渠道筹措"的思路,建立健全农村电影经费保障机制。三是深化农村电影流通机制,建立多种形式的发行放映模式。四是加大对西部和欠发达地区,尤其是少数民族地区的扶持。五是加强对国家专项资金资助放映设备和拷贝的管理。

2002年8月《国家广电总局印发〈数字电影管理暂行规定〉的通知》,这标志着我国由传统的胶片电影放映开始向数字电影放映转变。

2005年11月《中共中央办公厅国务院办公厅关于进一步加强农村文化建设的意见》,提出积极发展农村电影放映的政策:一是继续实施农村电影数字化放映"2131工程",加大专项资金投入,重点做好配送电影流动放映车和电影拷贝工作,丰富农村电影片源。二是加强农村中小学爱国主义教育影片和农村科教影片的放映。三是采取定点、流动、录像放映等多种形式，积极探索农村电影放映的新方法新模式，到2010年基本实现全国农村一村一月放映一场电影的目标。四是加强农村影院的更新改造，增加农村电影固定放映点。五是推广电影数字放映技术，在农村逐步实现由胶片放映向数字放映的转变。

2005年12月《中共中央国务院关于推进社会主义新农村建设的若干意见》，强调继续实施农村电影放映工程。

2006年9月《中共中央办公厅国务院办公厅印发国家"十一五"时期文化发展规划纲要》，提出政府要保证农村电影放映补助经费。

2007年5月《国务院办公厅转发广电总局等部门关于做好农村电影工作意见的通知》，提出做好农村电影工作的五方面政策措施：一是扶持农村题材影片的创作生产；二是推进农村电影体制机制改革；三是推广农村电影数字化放映；四是扶持农村电影公益性放映；五是建立农村电影公共服务工作长效机制。《通知》明确要求推广农村电影数字化放映。

2007年8月《中共中央办公厅国务院办公厅关于加强公共文化服务体系建设的若干意见》把农村电影放映工程作为重大公共文化服务工程，提出农村电影放映工程的四方面政策：一是按照企业经营、市场运作、政府购买、农民受惠的原则，推进农村公益性电影放映服务体制的改革。二是重塑农村电影放映市场主体，推动国有电影放映单位转企改制和院线制、股份制改造，支持民营电影放映企业发展。三是继续配备流动电影放映车和数字电影放映设备，建立公益放映补贴的新机制，扶持中西部地区电影放映企业，推广农村电影数字化放映服务。四是鼓励电影放映企业和个人在完成政府购买的放映服务的前提下，努力开拓市场、搞活经营。

2009年7月《国务院关于进一步繁荣发展少数民族文化事业的若干意见》提出巩固农村电影放映工程建设成果，扩大民族地区覆盖面。

2011年10月党的十七届六中全会通过的《中共中央关于深化文化体制改革推动社会主义文化大发展大繁荣若干重大问题的决定》，提出深入实施农村电影放映文化惠民工程，扩大覆盖、消除盲点、提高标准、完善服务、改进管理。

2012年2月《中共中央办公厅国务院办公厅印发国家"十二五"时

期文化改革发展规划纲要》首次提出把每学期农村中小学生观看两场爱国主义教育影片纳入农村数字电影放映工程的范围。

2012年7月《国务院关于印发〈国家基本公共服务体系"十二五"规划〉的通知》，提出继续推进农村数字电影放映工作，明确规定行政村一村一月放映一场电影，每场财政补贴200元，由中央和地方财政按比例共同负担，每年放映780万场公益电影。《通知》进一步细化了农村数字电影放映工程的目标任务和财政保障政策。

2015年1月《中共中央办公厅国务院办公厅关于加快构建现代公共文化服务体系的意见》，提出统筹实施全国文化信息资源共享、数字图书馆博物馆建设、直播卫星广播电视公共服务、农村数字电影放映、数字农家书屋、城乡电子阅报屏建设等项目，构建标准统一、互联互通的公共数字文化服务网络，在基层实现共建共享。《意见》配套印发的《国家基本公共文化服务指导标准（2015—2020年）》把观赏电影纳入指导标准。

2015年5月《国务院办公厅转发文化部等部门关于做好政府向社会力量购买公共文化服务工作意见的通知》配套印发的《政府向社会力量购买公共文化服务指导性目录》，将公益性电影放映活动的组织与承办纳入购买目录。

2015年10月《国务院办公厅关于推进基层综合性文化服务中心建设的指导意见》提出制定本地基层综合性文化服务中心基本服务项目目录，要求重点围绕电影放映等方面，设置具体服务项目，明确服务种类、数量、规模和质量要求，实现"软件"与"硬件"相适应、服务与设施相配套，为城乡居民提供大致均等的基本公共文化服务。

2016年12月十二届全国人大常务委员会第二十五次会议通过的《中华人民共和国公共文化服务保障法》第三十五条规定，国家重点增加农村地区电影等公共文化产品供给，促进城乡公共文化服务均等化。第一次把为农村地区提供电影服务纳入保障法。

2017年1月《国务院关于印发〈"十三五"推进基本公共服务均等化规划〉的通知》，提出进一步改善农村电影放映条件。实施农村电影放映工程，继续巩固"一行政村一月放映一场电影"的成果。

2017年5月《中共中央办公厅国务院办公厅印发国家"十三五"时

期文化发展改革规划纲要》，提出探索农村电影放映长效机制。

2019年2月《国家发展改革委等部门关于印发〈加大力度推动社会领域公共服务补短板强弱项提质量促进形成强大国内市场的行动方案〉的通知》，提出加强对农村电影放映工程的统筹管理。

四 农家书屋工程政策内容概述

"农家书屋"是为满足农民文化需要，建在行政村且具有一定数量的图书、报刊、电子音像制品和相应阅读、播放条件，由农民自主管理，自我服务的公益性文化场所。"农家书屋"工程坚持政府扶持、社会捐助、统一规划、分头实施的方针，多渠道吸收资金，整合各种资源进行建设。

"农家书屋"工程2006年开始试点，2007年在全国全面展开。

2010年加大建设与发挥作用并重，2011年开展数字农家书屋试点，2012年全面完成行政村农家书屋覆盖，2015年提出加强对农家书屋的统筹管理，2017年提出着眼建立健全长效机制，其政策与之相呼应。

2006年9月《中共中央办公厅国务院办公厅印发国家"十一五"时期文化发展规划纲要》，提出按照"政府资助建设，鼓励社会捐助，农民自我管理，市场运作发展"的要求，支持农民群众开办"农家书屋"。这是中办、国办文件首次提出支持农民群众开办"农家书屋"。

2006年12月《新闻出版总署关于印发〈新闻出版业"十一五"发展规划〉的通知》，提出积极组织实施"农家书屋"工程，充分发挥政府、社会等各方面的力量，统一规划，分头实施，力争到2010年在全国建设20万个"农家书屋"，建立农村公共出版发行服务体系，用社会主义先进文化占领农村文化阵地。新华书店要依托"农家书屋""文化大户"、农村广播站、学校、农技站以及个体工商户，在全国40%以上的乡镇建立各种形式的出版物发行网点或代销点、租赁点，壮大农村出版物发行主渠道，进一步拓展农村出版物消费市场空间。

2007年3月《国家新闻出版总署等部门关于印发〈"农家书屋"工程实施意见〉的通知》，提出坚持整合各种资源、不搞重复建设的原则，按照"政府组织建设，鼓励社会捐助，农民自主管理，创新机制发展"的思路组织实施。《意见》全面安排了"农家书屋"工程建设，同时提出了系列政策举措,这标志着农家书屋工程在全国全面展开。

2007年8月《中共中央办公厅国务院办公厅关于加强公共文化服务体系建设的若干意见》把农家书屋建设工程纳入重大公共文化服务工程,提出按照政府资助建设、鼓励社会捐助、农民自我管理的要求,与农村基层组织活动场所建设等相结合,稳步推进农家书屋工程建设。每个书屋要拥有一定数量的党报党刊和适合农民阅读的经济、科技、法律、卫生、文化类图书、期刊和音像制品,做到内容丰富、服务规范、农民满意。《意见》明确提出,到2010年建成农家书屋20万个,2015年基本覆盖每个行政村。

2008年5月《国家新闻出版总署农业部关于加强农家书屋工程建设和新型农民科技培训工作的通知》提出在项目安排上互相协调,密切配合,将农民科技书屋纳入农家书屋管理范畴,充分利用农家书屋开展新型农民科技培训。

2008年7月《新闻出版总署关于印发〈农家书屋工程建设管理暂行办法〉的通知》,旨在进一步加强农村公共文化服务体系建设,规范农家书屋工程建设和管理,切实保障广大农民群众的基本文化权益。《办法》对农家书屋工程建设管理的实施部门及职责、建设标准与要求、实施计划申报与制定、社会捐赠管理、出版物选配、农家书屋管理、验收与检查等方面作出规定。《办法》促进了农家书屋工程建设管理规范化、制度化。

2009年7月《国务院关于进一步繁荣发展少数民族文化事业的若干意见》强调大力推进民族地区农家书屋工程等建设。

2010年8月《新闻出版总署农家书屋工程建设领导小组办公室关于切实提高农家书屋使用率的通知》提出切实提高农家书屋使用率的政策举措:一是各级农家书屋工程建设部门要加强对书屋使用的监督检查。二是保证农家书屋的正常开放。三是禁止用捐赠的出版物作为政府组织统一采购配备的农家书屋的出版物。四是千方百计落实农家书屋管理员。五是以农家书屋为平台开展多种形式的读书活动。

2011年4月《新闻出版总署关于印发〈新闻出版业"十二五"时期发展规划〉的通知》把农家书屋工程纳入新闻出版公共服务建设工程,提出农家书屋工程建设的四方面政策:一是逐步扩大农家书屋工程实施范围，建设社区书屋、职工书屋、农林牧场书屋、寺庙书屋、部队书屋等，并逐步向自然村和家庭延伸。二是建立出版物更新机制，通过多种渠道、多种方式，争取每年为已建成书屋更新一定数量的出版物，逐步提高农家书屋音像制品和电子出版物供应比例。三是完善配送系统，开展数字农家书屋试点。四是提出加大政府投入，争取国家财政加大对农家书屋工程可持续发展资金等的支持力度。《规划》首次提出开展数字农家书屋试点。

2011年10月党的十七届六中全会通过的《中共中央关于深化文化体制改革推动社会主义文化大发展大繁荣若干重大问题的决定》，强调深入实施农家书屋等文化惠民工程，扩大覆盖、消除盲点、提高标准、完善服务、改进管理。

2012年2月《中共中央办公厅国务院办公厅印发国家"十二五"时期文化改革发展规划纲要》把农家书屋工程纳入重点文化惠民工程，明确到2012年实现覆盖全部行政村，建立出版物配送更新系统，提高配送图书的质量。《纲要》提出提前完成农家书屋工程行政村全覆盖的目标任务，同时要求建立出版物配送更新系统。

2012年7月《国务院关于印发〈国家基本公共服务体系"十二五"规划〉的通知》，提出继续推进农家书屋工作。《通知》配套印发的《"十二五"时期公共文化体育服务国家基本标准》把农家书屋纳入公共阅读服务项目，同时明确其保障标准为农村行政村建立农家书屋，图书不少于1500册，报刊20—30种，电子音像制品不少于100种（张），并及时更新。

2015年1月《中共中央办公厅国务院办公厅关于加快构建现代公共文化服务体系的意见》提出推进农家书屋工程的三方面政策举措：一是完善农家书屋出版物补充更新工作。二是以县级文化馆、图书馆为中心推进总分馆制建设，加强对农家书屋的统筹管理，实现农村、城市社区公共文化服务资源整合和互联互通。三是统筹实施全国文化信息资源共享、数字图书馆博物馆建设、直播卫星广播电视公共服务、农村数字电影放映、数字农家书屋、城乡电子阅报屏建设等项目，构建标准统一、互联互通的公共数字文化服务网络，在基层实现共建共享。《意见》配套印发的《国家基本公共文化服务指导标准（2015—2020年）》把农家书屋配备图书、报刊和电子书刊,并免费提供借阅服务纳入读书看报的内容,并作为基本服务项目。《意见》提出要加强对农家书屋的统筹管理。

2015年5月《国务院办公厅转发文化部等部门关于做好政府向社会力量购买公共文化服务工作意见的通知》配套印发的《政府向社会力量购买公共文化服务指导性目录》,把农家书屋、数字农家书屋纳入公共文化设施的运营和管理内容。《意见》明确支持农家书屋、数字农家书屋的社会化运营和管理。

2015年10月《国务院办公厅关于推进基层综合性文化服务中心建设的指导意见》提出加强村(社区)及薄弱区域的公共图书借阅服务,整合农家书屋资源,设立公共图书馆服务体系基层服务点,纳入基层综合性文化服务中心管理和使用。《意见》强调对农家书屋资源管理使用的整合。

2017年1月《国务院关于印发〈"十三五"推进基本公共服务均等化规划〉的通知》,提出完善农家书屋出版物补充更新工作,强调充分利用现有设施,统筹建设社区阅读中心、数字农家书屋、公共数字阅读终端等设施。

2017年6月《国家新闻出版广电总局办公厅关于深化农家书屋延伸服务的通知》要求研究推广书屋"下蛋"模式,提出深化农家书屋延伸服务的四方面政策举措:一是优化网点布局。要坚持因地制宜、发挥作用和资源共享的原则,推动农家书屋图书由行政村向农民居住密集、活动集中的地方,向村(社区)综合性文化服务中心、村务大厅、养老院、电影固定放映场所、广播台站等便民服务场所,向自然村、新农村小区、祠堂、文化热心户等行政村以下居住地延伸,向中小学校及校园周边、留守儿童之家等青少年聚集的地方,向书店、商店、村邮代办站、农家乐、电商服务点等商业设施延伸。通过延伸式、网格化布局,逐步形成以行政村书屋为核心、示范书屋为引领、基层图书馆为补充、文化中心户书屋和各类阅读网点等为延伸的便民阅读服务网络。二是创新服务模式。要按照"按需制单、百姓点单"的模式,更加突出对农村青少年的精准服务。要加强农家书屋数字化平台建设、资源整合和服务推广。要强化"互联网+书屋"思维,充分运用卫星、有线、网络等技术手段，利用"两微一端"拓宽农家书屋传播渠道，推动农家书屋向家庭、向个人需求延伸。要推动农家书屋和全民阅读有机结合，在"4·23"世界读书日、"六一"国际儿童节、国庆节、寒暑假等重要节假日，组织开展形式丰富、群众乐于参与的文化活动，培育一批有特色的农家书屋阅读活动品牌。三是加强管理员队伍建设。通过制度建设和政策引导，培育一支农家书屋管理员、文化协管人员、阅读指导员、志愿服务人员和文化能人共同参与的管理员队伍，全面提升农家书屋管理服务质量和水平。四是加大支持力度。建立健全财政保障机制，确保完成每个农家书屋年更新图书不少于60种的标准，开展延伸服务的农家书屋要适当增加出版物补充数量。落实好农家书屋出版物财产管理和借阅登记等制度。支持社会组织和企业通过捐助出版物和阅读设施设备、开展活动、提供服务等方式助推农家书屋开展延伸服务。《通知》对深化农家书屋延伸服务提出明确的政策举措。

2017年9月《国家新闻出版广电总局关于印发〈新闻出版广播影视"十三五"发展规划〉的通知》，提出着眼建立健全长效机制，加强对农家书屋工程资源的统筹管理和互联互通，完善出版物补充更新机制。

2019年2月《国家发展改革委等部门关于印发〈加大力度推动社会领域公共服务补短板强弱项提质量促进形成强大国内市场的行动方案〉的通知》，提出以县级文化馆、图书馆为中心推进总分馆制建设，加强对农家书屋的统筹管理，实现城乡社区公共文化服务资源整合和互联互通。

第 五 章

公共文化服务政策体系定量研究

第一节 政策描述性统计分析

以我国公共文化服务政策体系为研究对象，按照本课题划分的公共文化服务政策类型为基点，以政策文本作为政策研究的样本，采用内容分析法对政策发布数量、发布时间、发布部门进行分析。本部分重点对公共文化改革发展总体政策、图书馆业政策、群众文化业政策、博物（纪念）馆政策、广播影视公共服务政策、新闻出版公共服务政策、公共数字文化服务政策、公共文化经济政策八类公共文化服务政策类型进行分析。

政策文本的搜集围绕公共文化服务政策体系中所涉上述8类政策的主要内容，以中国人大网、中国政府网、中国政府法制信息网、文化和旅游部官网、国家广播电视总局官网、中国农家书屋网为政策文本搜集的主渠道，重点收集中共中央、全国人大、国务院及国家文化和旅游部（含原文化部）、国家文物局、国家广播电视总局（含原国家广播影视总局、国家新闻出版广电总局、国家新闻出版总署）等中央层级的单独或联合发布的法律、条例、办法、规划、纲要、意见、决定、方案、计划、标准、规范、通知等公开性的政策文本。同时，对其他政府网站及相关部门网站进行补充检索，力求政策文本的全面完整。选取政策文本的发文时间段为2005年10月11日党的十六届五中全会正式提出公共文化服务体系到2019年4月16日《文化和旅游部办公厅关于印发〈公共数字文化工程融合创新发展实施方案〉的通知》。同时，对于国家新闻出版广电总局发布的政策文本尽管涉及广播影视和新闻出版公共服务两个行业的政策，但只计算 1 份，还有建设标准尽管不是文化部发布，但由文化部编制，故计算为文化部与国家相关部门联合发文数量。这样对选取的所有政策文本进行整理和筛选，最后保留 132 份政策文本作为研究样本（见附录一）。

一　政策总量分布概况

在 132 份政策文本中，公共文化服务政策体系各类政策数量及占比情况见表 5-1、图 5-1。

表 5-1　公共文化服务政策体系各类政策数量及占比情况

政策类型	数量（份）	占比（%）
公共文化改革发展总体政策	70	53.03
图书馆业政策	8	6.06
群众文化业政策	10	7.58
博物（纪念）馆政策	13	9.85
广播影视公共服务政策	10	7.58
新闻出版公共服务政策	8	6.06
公共数字文化服务政策	11	8.33
公共文化经济政策	2	1.52
合计	132	100.00

从 132 份政策文本中，可以发现公共文化改革发展总体政策占比最大为 70 份，达到 53.03%；其次，博物（纪念）馆政策为 13 份，达到 9.85%；再次，公共数字文化服务政策、广播影视公共服务政策、群众文化业政策分别为 11 份、10 份、10 份，分别达到 8.33%、7.58%、7.58%，占比接近；再次，图书馆业政策、新闻出版公共服务政策都为 8 份，占 6.06%；最后，公共文化经济政策占比最少，仅为 2 份，占 1.52%。

从各类公共文化服务政策数量分布情况来看，呈现如下特点：一是党和国家非常重视公共文化服务改革发展宏观政策的引领，其出台的政

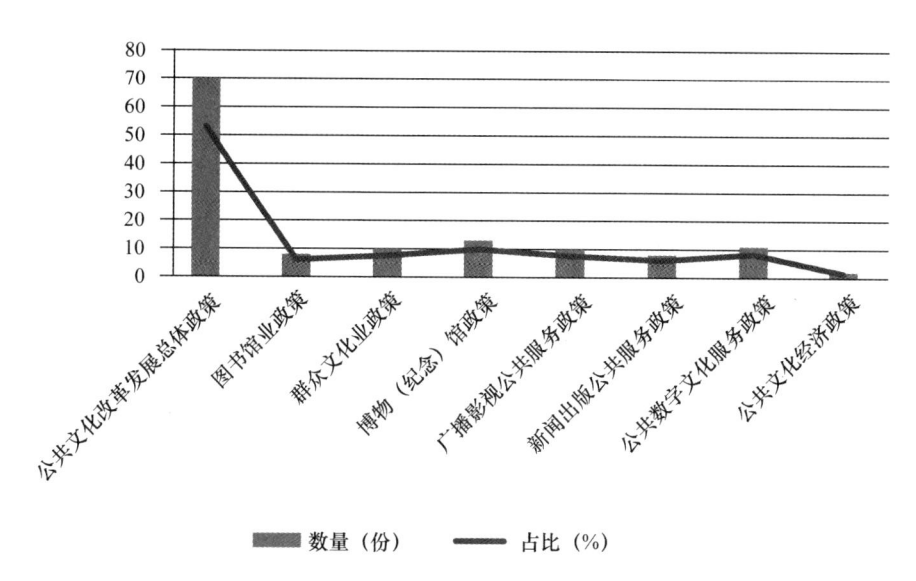

图 5-1　各类公共文化服务政策数量及占比情况

策占总体政策的一半以上，这些顶层政策制度设计为我国地方政府和部门出台政策提供了根本遵循。二是总体来看，微观的博物（纪念）馆政策、公共数字文化服务政策、广播影视公共服务政策、群众文化业政策、图书馆业政策、新闻出版公共服务政策，随着我国公共文化服务体系的不断建构，政策总量不断增加、政策体系日渐完善。三是为了充分发挥博物馆、纪念馆宣传和传播先进文化的重要作用，加强公共文化服务体系建设和公民思想道德建设，2008 年 1 月国家率先对全国博物馆、纪念馆实施免费开放后，极大地提高了公共文化设施的效能，受到了社会的广泛欢迎。随后，国家先后出台了一系列政策，鼓励和扶持国办和民办博物馆的建设和发展。四是 2007 年 8 月《中共中央办公厅国务院办公厅关于加强公共文化服务体系建设的若干意见》，首次从国家层面提出实施文化惠民工程以来，我国出台了一系列支持广播电视村村通工程、文化信息资源共享工程、乡镇综合文化站和基层文化阵地建设工程、农村电影放映工程、农家书屋建设工程的政策文件，促进了文化惠民工程的持续发展。

二 政策发布时间概况

(一) 从单独年份来看

在2005年10月至2019年4月期间共发布的政策文本132份中,公共文化服务各类型政策各年份的数量分布情况见表5-2、图5-2。

1. 总体发文数量

按照发文数量的多少,依次是发文最多的2017年19份,2011年17份,2010年14份,2006年、2012年、2013年、2016年都是10份,2008年9份,2015年8份,2007年7份,2009年6份,2005年、2018年都是4份,2019年3份,2014年1份。

2. 各类型发文数量

公共文化改革发展总体政策文本70份,按照发文数量的多少,依次是发文最多的2017年12份,2011年、2013年都是7份,2010年、2012年、2015年、2016年都是6份,2006年5份,2005年4份,2009年、2018年都是3份,2007年、2019年都是2份,2008年1份,2014年没有。

图书馆业政策文本8份,按照发文数量的多少,依次是发文最多的2008年3份,2017年2份,2010年、2013年、2016年都是1份,其余年份没有。

群众文化业政策文本10份,按照发文数量的多少,依次是发文最多的2010年3份,2009年2份,2007年、2008年、2011年、2015年、2017年都是1份,其余年份没有。

博物(纪念)馆政策文本13份,按照发文数量的多少,依次是发文最多的2011年3份,2010年、2016年都是2份,2008年、2009年、2013年、2014年、2015年、2017年都是1份,其余年份没有。

广播影视公共服务政策文本10份,按照发文数量的多少,依次是发文最多的2006年、2007年、2011年都是2份,2008年、2012年、2016年、2017年都是1份,其余年份没有。

新闻出版公共服务政策文本8份,按照发文数量的多少,依次是发文最多的2006年、2008年都是2份,2007年、2010年、2011年、2017年都是1份,其余年份没有。

表 5-2　公共文化服务各类型政策各年份的数量分布情况

（单位：份）

时间阶段	公共文化改革发展总体政策	图书馆业政策	群众文化业政策	博物（纪念）馆政策	广播影视公共服务政策	新闻出版公共服务政策	公共数字文化服务政策	公共文化经济政策	合计
2005	4	/	/	/	/	/	/	/	4
2006	5	/	/	/	2	2	1	/	10
2007	2	/	1	/	2	1	1	/	7
2008	1	3	1	1	1	2	/	/	9
2009	3	/	2	1	/	/	/	/	6
2010	6	1	3	2	/	1	1	/	14
2011	7	/	1	3	2	1	3	/	17
2012	6	/	/	/	1	/	2	/	10
2013	7	1	/	1	/	/	1	/	10
2014	/	/	/	1	/	/	/	/	1
2015	6	/	1	1	1	/	/	/	8
2016	6	1	/	2	/	1	/	/	10
2017	12	2	1	1	1	1	1	1	19
2018	3	/	/	/	/	/	/	1	4
2019	2	/	/	/	/	/	1	2	3
合计	70	8	10	13	10	8	11	2	132

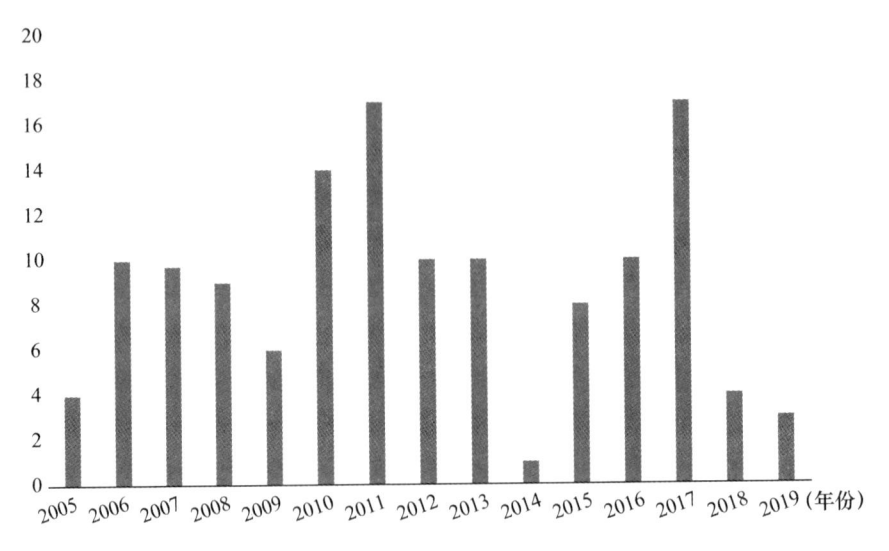

图 5-2　公共文化服务政策各年份的数量分布情况

公共数字文化服务政策文本 11 份,按照发文数量的多少,依次是发文最多的 2011 年 3 份,2012 年 2 份,2006 年、2007 年、2010 年、2013 年、2017 年、2019 年都是 1 份,其余年份没有。

公共文化经济政策文本 2 份,2012 年、2018 年都是 1 份,其余年份没有。

3. 政策发布的特征

从公共文化服务政策总体和同类型政策发文数量来看,呈现如下特点:一是总体政策与同类型政策发布数量比较一致,这说明微观政策是跟随宏观政策运行的,落实宏观政策,最终还是服务于微观的公共文化服务运行。二是密集出台政策的年份大多与中央层面作出的重大改革、发展规划、重点任务、法规建设、标准规范等紧密相连,出台政策的目的是从中央层面作出顶层制度设计,及时回应党和国家的重大关切,以更好地推动改革发展任务落到实处。同时,也便于地方党委和政府结合实际,创造性地贯彻落实。据统计,2017 年总体发布的 19 份政策文本,其中涉及重大改革 2 份、发展规划 9 份、重点任务 7 份、法规建设 1 份;2011 年总体发布的 17 份政策文本,其中涉及重大改革 3 份、发展规划 5 份、重点任务 9 份。博物(纪念)馆 2005 年至 2019 年总体发布的 13 份政策文本,其中涉及规划 3 份、法规建设 2 份、重点任务 8 份;公共数字文化服务2005年至2019年总体发布的11份政策文本，其中涉及规划3份、重点任务8份；广播影视公共服务2005年至2019年总体发布的10份政策文本，其中涉及规划4份、重点任务6份；群众文化业2005年至2019年总体发布的10份政策文本，其中涉及重大改革1份、发展规划2份、重点任务4份、法规建设1份、标准规范建设2份。

（二）从时间段来看

在2005年10月至2019年4月间发布的132份政策文本中，公共文化服务各类型政策不同时间段的数量分布及占比情况见表5-3、图5-3。

1. 总体发文数量

2005年10月至2019年4月期间共发布政策文本132份，按照每3年一个时间段共划分为5个时间段；观察每个时间段，其数量与特征如下：

一是2011—2013年这个时间段，3年密集出台政策文本共37份，出台政策最多，占整个文本的28.03%；这期间有3件大事，直接导致文件出台密集。一是2011年10月党的十七届六中全会胜利召开，通过了《中共中央关于深化文化体制改革推动社会主义文化大发展大繁荣若干重大问题的决定》。二是这个时期是我国"十二五"发展规划的时期。三是2013年11月党的十八届三中全会胜利召开，通过的《中共中央关于全面深化改革若干重大问题的决定》把加快构建现代公共文化服务体系纳入全面深化改革的重要内容。

二是2008—2010年这个时间段，3年密集出台政策文本共29份，出台政策较多，占整个文本的21.97%。这期间主要是贯彻落实2007年8月《中共中央办公厅国务院办公厅关于加强公共文化服务体系建设的若干意见》而密集出台文件。

三是2017—2019年这个时间段，3年密集出台政策文本共26份，出台政策较多，占整个文本的19.70%。这期间主要是国家要求编制"十三五"规划，继续完善全面深化文化体制改革的政策。同时，实施中华优秀传统文化传承发展提上议事日程。

四是2005—2007年这个时间段，3年密集出台政策文本共21份，占整个文本的15.91%。这期间首次提出建设覆盖城乡的基本公共文化服务体系重大战略部署。同时，恰逢"十一五"发展规划编制。

五是2014—2016年这个时间段，3年出台政策文本共19份，占整个

表5-3　公共文化服务各类型政策不同时间段的数量分布及占比情况

（单位：份、%）

时间阶段	公共文化改革发展总体政策 数量	公共文化改革发展总体政策 占比	图书馆业政策 数量	图书馆业政策 占比	群众文化业政策 数量	群众文化业政策 占比	博物（纪念）馆政策 数量	博物（纪念）馆政策 占比	广播影视公共服务政策 数量	广播影视公共服务政策 占比	新闻出版公共服务政策 数量	新闻出版公共服务政策 占比	公共数字文化服务政策 数量	公共数字文化服务政策 占比	公共文化经济政策 数量	公共文化经济政策 占比	合计 数量	合计 占比
2005—2007	11	8.33	0	0.00	1	0.76	0	0.00	4	3.03	3	2.27	2	1.51	0	0.00	21	15.91
2008—2010	10	7.58	4	3.03	6	4.54	4	3.03	1	0.76	3	2.27	1	0.76	0	0.00	29	21.97
2011—2013	20	15.15	1	0.76	1	0.76	4	3.03	3	2.27	1	0.76	6	4.54	1	0.76	37	28.03
2014—2016	12	9.09	1	0.76	1	0.76	4	3.03	1	0.76	0	0.00	0	0.00	0	0.00	19	14.39
2017—2019	17	12.88	2	1.51	1	0.76	1	0.76	1	0.76	1	0.76	2	1.51	1	0.76	26	19.70
合计	70	53.03	8	6.06	10	7.58	13	9.85	10	7.58	8	6.06	11	8.32	2	1.52	132	100

注：表中小数点后两位中的最后一位加总时少了0.01，是为了占比不超过100%。

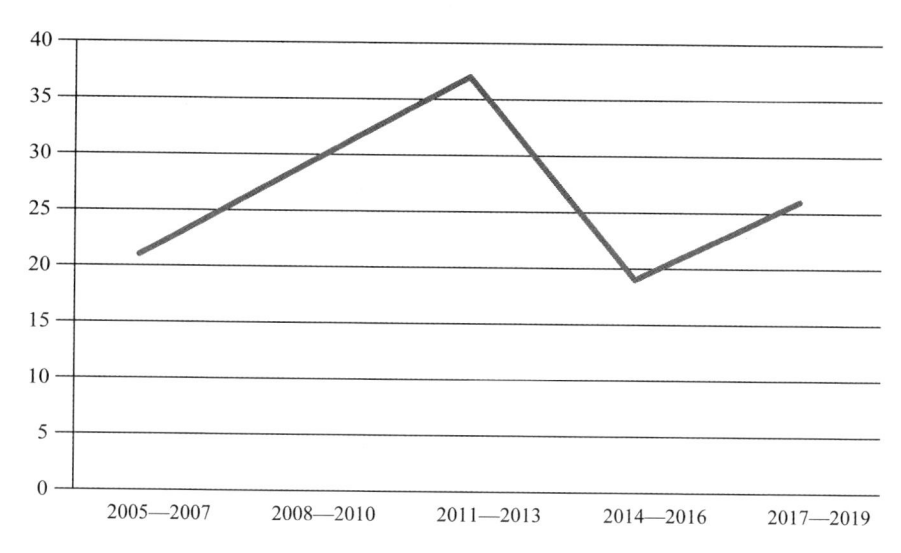

图 5-3 公共文化服务政策不同时间段的数量分布情况

文本的 14.39%。这期间主要是贯彻落实 2013 年 11 月党的十八届三中全会作出的加快构建现代公共文化服务体系的重大决定以及 2015 年 1 月《中共中央办公厅国务院办公厅关于加快构建现代公共文化服务体系的意见》而密集出台文件。

2. 各类型发文数量

2005 年 10 月至 2019 年 4 月期间共发布政策文本 132 份,按照公共文化服务政策类型,观察每个时间段,其数量与特征如下:

公共文化改革发展总体政策文本 70 份,按照发文数量的多少,2011—2013 年发布 20 份,2017—2019 年发布 17 份,2014—2016 年、2005—2007 年、2008—2010 年发布政策文本基本相当,分别为 12 件、11 件、10 件。发布政策文本最多的 2011—2013 年,主要涉及发展规划 6 份、改革任务 5 份、重点任务 9 份,这个时间段主要任务包括"十二五"规划编制及全面深化改革、免费开放、文化志愿者基层服务等工作任务安排部署;发布文件较多的 2017—2019 年,主要涉及发展规划 4 份、改革任务 2 份、法律 1 份、重点任务 10 份,这个时间段主要任务包括"十二五"规划编制及全面深化改革、中华优秀传统文化传承等工作任务安排部署。

图书馆业政策文本 8 份,按照发文数量的多少,2008—2010 年发布文本 4 份,2017—2019 年发布 2 份,2011—2013 年和 2014—2016 年都是发布 1 份，2005—2007 年没有。发布政策文本最多的 2008—2010 年，主要涉及标准建设。

群众文化业政策文本 10 份，按照发文数量的多少，2008—2010 年发布文本 6 份，其余四个时间段都是 1 份。发布政策文本最多的 2008—2010 年，主要涉及标准建设、管理规范建设。这期间涉及乡镇综合文化站的文本 4 份。

博物（纪念）馆政策文本 13 份，按照发文数量的多少，2008—2010 年、2011—2013 年和 2014—2016 年都是发布 4 份，2017—2019 年发布 1 份，2005—2007 年没有。发布政策文本最多的 3 个时间段，主要涉及发展规划、民办博物馆建设、中央和地方共建国家级博物馆、免费开放等工作。

广播影视公共服务政策文本 10 份，按照发文数量的多少，2005—2007 年发布文本 4 份，2011—2013 年发布 3 份，其余三个时间段都是 1 份。发布政策文本多的 2005—2007 年和 2011—2013 年两个时段主要涉及广播电视村村通的安排部署。

新闻出版公共服务政策文本 8 份，按照发文数量的多少，2005—2007 年和 2008—2010 年都是发布 3 份，2011—2013 年和 2017—2019 年都是发布 1 份，2014—2016 年没有。发布政策文本最多的 2005—2007 年和 2008—2010 年主要涉及农家书屋建设与管理。

公共数字文化服务政策文本 11 份，按照发文数量的多少，2011—2013 年发布政策文本 6 份，2005—2007 年和 2017—2019 年都是发布 2 份，2008—2010 年 1 份，2014—2016 年没有。发布政策文本最多的 2011—2013 年，主要涉及全国文化信息资源共享工程、数字图书馆推广工程、公共电子阅览室建设计划三大公共数字文化建设的安排部署。

公共文化经济政策文本 2 份，2011—2013 年和 2017—2019 年都是 1 份，主要涉及民间资本与政府和社会资本合作兴办公共文化服务。其余时间段没有。

三　政策颁布部门概况

为了研究的统一性、规范性、系统性，我们分为中共中央，中共中央、国务院，全国人大，国务院发布政策文本与国家部门单独、联合发布政策文本十二个层面的发文主体，并进行分析。在 132 份政策文本中，各层面部门发布公共文化服务政策体系各类政策数量情况见表 5-4、图 5-4。

表5-4　各层面部门发布公共文化服务政策体系各类政策数量情况　　（单位：份）

发布部门	公共文化改革发展总体政策	图书馆业政策	群众文化业政策	博物（纪念）馆政策	广播影视公共服务政策	新闻出版公共服务政策	公共数字文化服务政策	公共文化经济政策	合计
中共中央	5	/	/	/	/	/	/	/	5
中共中央、国务院	13	/	/	/	/	/	/	/	13
全国人大	4	1	/	/	/	/	/	/	5
国务院	9	/	1	2	3	/	/	/	15
文化和旅游部	21	5	5	6	/	/	7	1	39
国家文物局	1	/	/	6	/	/	/	/	7
文化和旅游部与国家相关部门	16	2	4	/	/	/	4	1	27
国家文物局与国家相关部门	/	/	/	5	/	/	/	/	5
国家广播电视总局	/	/	/	/	3	/	/	/	3

续表

发布部门	公共文化改革发展总体政策	图书馆业政策	群众文化业政策	博物（纪念）馆政策	广播影视公共服务政策	新闻出版公共服务政策	公共数字文化服务政策	公共文化经济政策	合计
国家广播电视总局与国家相关部门	1	/	/	/	4	/	/	/	5
国家新闻出版局	/	/	/	/	/	6	/	/	6
国家新闻出版局与国家相关部门	/	/	/	/	/	2	/	/	2
合计	70	8	10	13	10	8	11	2	132

备注：表中所列部门如文化和旅游部发布的政策文本包括原文化部发布的政策文本，国家广播电视总局包括原国家新闻出版广电总局发布的政策文本，国家新闻出版局包括原新闻出版总署发布的政策文本。

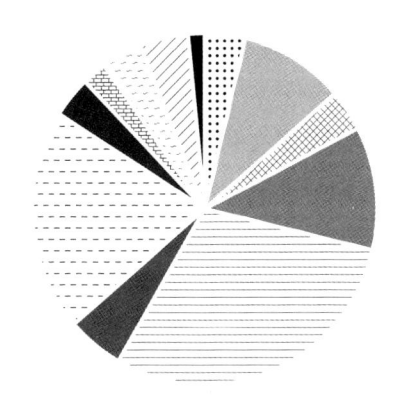

中共中央　　　　　　　　■中共中央、国务院
◇全国人大　　　　　　　■国务院
－文化和旅游部　　　　　■国家文物局
－文化和旅游部与国家相关部门　■国家文物局与国家相关部门
￠国家广播电视总局　　　－国家广播电视总局与国家相关部门
￢国家新闻出版局　　　　■国家新闻出版局与国家相关部门

图 5-4　政策颁布部门情况

（一）总体发布数量

发布的 132 份政策文本，其中共中央，中共中央、国务院，全国人大，国务院共发布 38 份，文化和旅游部、国家文物局单独发布 46 份，文化和旅游部、国家文物局与国家相关部门联合发布 32 份，国家广播电视总局单独发布 3 份，国家广播电视总局与国家相关部门联合发布 5 份，国家新闻出版局单独发布 6 份，国家新闻出版局与国家相关部门联合发布 2 份。

从发布的情况来看，呈现如下特征：一是党中央、国务院（含全国人大）高度重视公共文化服务体系建设，发布政策文本数量占 28.79%，接近整个政策文本的 1/3，这是非常少有的。二是参与联合发布的国家相关部门有 11 个，一方面说明公共文化服务工作得到了国家相关部门的大力支持，另一方面也说明公共文化服务工作涉及部门多，需要统筹协调。三是部门承担的公共文化服务任务多，部门发布的政策文本就相应多，文化和旅游部发布的政策文本就如此。

（二）各类型发文数量

2005 年 10 月至 2019 年 4 月期间共发布政策文本 132 份，按照公共文化服务政策类型，观察每个层面的发文主体，其数量与特征如下：

公共文化改革发展总体政策文本70份，其中中共中央发布政策文件5份，中共中央、国务院发布13份，全国人大发布4份，国务院发布9份，文化和旅游部发布21份，国家文物局发布1份，文化和旅游部联合国家相关部门发布16份。这充分说明党中央、国务院对公共文化服务改革发展非常重视，相关部门通力配合。

图书馆业政策文本8份，其中全国人大发布1份，文化和旅游部发布5份，文化和旅游部联合国家相关部门发布2份。特别是《中华人民共和国公共图书馆法》的颁布实施，不仅完善了我国文化法律体系，也是《中华人民共和国公共文化服务保障法》颁布后的第一部公共文化行业的部门法。

群众文化业政策文本10份，其中国务院发布政策文本1份，文化和旅游部发布5份，文化和旅游部联合国家相关部门发布4份。国家高度重视基层综合性文化服务中心建设，这是推进城乡基本公共文化服务均等化的薄弱环节及重难点。

博物（纪念）馆政策文本13份，其中国务院发布政策文本2份，国家文物局发布6份，国家文物局联合国家相关部门发布5份。博物馆条例的颁布使博物馆发展走上了法治化轨道。同时，我国首个专门针对文物合理利用的文件发布，促进了博物馆"活起来"。全国博物（纪念）馆免费开放和中央地方共建国家级博物馆，鼓励和扶持兴办民办博物馆，这些政策推动了博物馆的快速健康发展。

广播影视公共服务政策文本10份，其中国务院发布政策文本3份，国家广播电视总局发布3份，国家广播电视总局联合国家相关部门发布4份。国务院连续2次专门针对广播电视村村通工程发布政策文件，这是公共文化服务专项工作领域少有的，足见广播电视村村通工程建设的重要性。

新闻出版公共服务政策文本8份，其中国家新闻出版局发布政策文本6份，国家新闻出版局联合国家相关部门发布2份。这些文件主要是针对农家书屋的建管用发布的政策文本。

公共数字文化服务政策文本 11 份，其中文化和旅游部发布政策文本 7 份，文化和旅游部联合国家相关部门发布 4 份。这些文件主要是针对文化共享工程、数字图书馆推广工程、公共电子阅览室建设计划的建设及公共数字文化融合发展发布的政策文本。

公共文化经济政策文本 2 份，其中文化和旅游部发布政策文本 1 份，文化和旅游部联合国家相关部门发布 1 份。这 2 份政策文件涉及鼓励和支持民间资本进入公共文化领域、在公共文化领域推广政府和社会资本合作模式。

第二节 政策词频统计分析

本节主要遵循本课题划分的我国公共文化服务政策体系两个阶段四个建设时段①为主要线索，展开对我国公共文化服务政策体系内容的分析，探索其公共文化政策焦点，描述公共文化政策的变化情况。

为了研究标准的一致性，本课题仅对中共中央、全国人大、国务院发布的政策文本进行分析。② 按照这个原则，课题组选取具有代表性的政策文本 34 份（见表 5-5），这些政策文本可以满足研究的需要。

---

① 我国公共文化服务体系两个阶段四个建设时段，两个建设阶段是指 2005 年 10 月至 2013 年 11 月前为公共文化服务体系、2013 年 11 月以来为现代公共文化服务体系两个阶段；四个发展时段是指政策体系初步构建（2005 年 10 月党的十六届五中全会至 2007 年 8 月《中共中央办公厅国务院办公厅关于加强公共文化服务体系的若干意见》）、政策体系不断发展（2007 年 8 月《中共中央办公厅国务院办公厅关于加强公共文化服务体系的若干意见》以来至 2013 年 11 月党的十八届三中全会前）、政策体系基本形成（2013 年 11 月党的十八届三中全会至 2015 年 1 月《中共中央办公厅国务院办公厅关于加快构建现代公共文化服务体系的意见》）、政策体系健全完善（2015 年 1 月《中共中央办公厅国务院办公厅关于加快构建现代公共文化服务体系的意见》以来）四个时段。

② 由于国家各部门发布的政策文件是对党和国家重大政策的贯彻落实，可以说中共中央、全国人大、国务院发布的政策文本内含了国家各部门发布的政策文本精神。本课题组对中共中央、全国人大、国务院发布的政策文本的内容研究，即内含了对国家各部门发布的政策文本的研究。同时，由于国家部门承担的公共文化服务任务不同，也难以在一个标准上进行研究，故本节不再对国家相关部门发布的政策文本进行研究。

表5-5　中共中央、全国人大、国务院发布的公共文化服务政策文本

序号	文件名称	发布部门	发布时间	实施时间
1	《中共中央关于制定国民经济和社会发展第十一个五年规划的建议》	中共中央	2005.10	2005.10
2	《中共中央办公厅国务院办公厅关于进一步加强农村文化建设的意见》	中共中央办公厅 国务院办公厅	2005.11	2005.11
3	《中共中央国务院关于深化文化体制改革的若干意见》	中共中央 国务院	2005.12	2005.12
4	《中共中央国务院关于推进社会主义新农村建设的若干意见》	中共中央 国务院	2005.12	2005.12
5	《中华人民共和国国民经济和社会发展第十一个五年规划纲要》	十届全国人大第四次会议	2006.3	2006.3
6	《中共中央办公厅国务院办公厅印发国家"十一五"时期文化发展规划纲要》	中共中央办公厅 国务院办公厅	2006.9	2009.9
7	《国务院办公厅关于进一步做好新时期广播电视村村通工作的通知》	国务院办公厅	2006.9	2006.9
8	《中共中央关于构建社会主义和谐社会若干重大问题的决定》	中共中央	2006.10	2006.10
9	《国务院办公厅转发广电总局等部门关于做好农村电影工作意见的通知》	国务院办公厅	2007.5	2007.5
10	《中共中央办公厅国务院办公厅关于加强公共文化服务体系建设的若干意见》	中共中央办公厅 国务院办公厅	2007.8	2007.8
11	《国务院关于进一步繁荣发展少数民族文化事业的若干意见》	国务院	2009.7	2009.7
12	《中共中央关于制定国民经济和社会发展第十二个五年规划的建议》	中共中央	2010.10	2010.10
13	《中华人民共和国国民经济和社会发展第十二个五年规划纲要》	十一届全国人大四次会议	2011.3	2011.3
14	《中共中央关于深化文化体制改革推动社会主义文化大发展大繁荣若干重大问题的决定》	中共中央	2011.10	2011.10
15	《中共中央办公厅国务院办公厅印发国家"十二五"时期文化改革发展规划纲要》	中共中央办公厅 国务院办公厅	2012.2	2012.2

续表

序号	文件名称	发布部门	发布时间	实施时间
16	《国务院关于印发〈国家基本公共服务体系"十二五"规划〉的通知》	国务院	2012.7	2012.7
17	《中共中央关于全面深化改革若干重大问题的决定》	中共中央	2013.11	2013.11
18	《中共中央办公厅国务院办公厅关于加快构建现代公共文化服务体系的意见》	中共中央办公厅 国务院办公厅	2015.1	2015.1
19	《博物馆条例》	国务院令	2015.1	2015.2
20	《国务院办公厅转发文化部等部门关于做好政府向社会力量购买公共文化服务工作意见的通知》	国务院办公厅	2015.5	2015.5
21	《国务院办公厅印发关于支持戏曲传承发展若干政策的通知》	国务院办公厅	2015.7	2015.7
22	《国务院办公厅关于推进基层综合性文化服务中心建设的指导意见》	国务院办公厅	2015.10	2015.10
23	《中共中央关于制定国民经济和社会发展第十三个五年规划的建议》	中共中央	2015.10	2015.10
24	《中华人民共和国国民经济和社会发展第十三个五年规划纲要》	十二届全国人大四次会议	2016.3	2016.3
25	《国务院关于进一步加强文物工作的指导意见》	国务院	2016.3	2016.3
26	《国务院办公厅关于加快推进广播电视村村通向户户通升级工作的通知》	国务院办公厅	2016.4	2016.4
27	《中华人民共和国公共文化服务保障法》	十二届全国人大常务委员会第二十五次会议	2016.12	2017.3
28	《国务院关于印发〈"十三五"推进基本公共服务均等化规划〉的通知》	国务院	2017.1	2017.1
29	《中共中央办公厅国务院办公厅关于实施中华优秀传统文化传承发展工程的意见》	中共中央办公厅 国务院办公厅	2017.1	2017.1

续表

序号	文件名称	发布部门	发布时间	实施时间
30	《国务院办公厅关于转发文化部等部门中国传统工艺振兴计划的通知》	国务院办公厅	2017.3	2017.3
31	《中共中央办公厅国务院办公厅印发国家"十三五"时期文化发展改革规划纲要》	中共中央办公厅 国务院办公厅	2017.5	2017.5
32	《中共中央办公厅国务院办公厅关于加强文化领域行业组织建设的指导意见》	中共中央办公厅 国务院办公厅	2017.5	2017.5
33	《中华人民共和国公共图书馆法》	十二届全国人大常务委员会第三十次会议	2017.11	2018.1
34	《中共中央国务院关于实施乡村振兴战略的意见》	中共中央 国务院	2018.1	2018.1

一 高频词的选取

在 34 份政策文本中，凡是文件标题与文化直接相关的政策文本，其正文内容全文辑录；凡是文件标题与文化不直接相关的政策文本，只辑录其正文中与文化相关的内容；在此基础上，把 34 份政策文本的正文内容进行拉通编排，采用武汉大学沈阳博士开发的中文词频分析软件 Rost wordparser 对其自动统计出关键词，不加入人为因素，使其统计出的高频词更加客观。由于词频统计软件统计出的高频词是不受任何干预统计出来的，有些高频词不符合我们公共文化服务政策体系研究所需，因而课题组进行了甄别和剔除，最后获取的公共文化服务政策体系高频词，按照出现频率高低，分 2005 年 10 月以来政策体系总体发展过程及 2005 年 10 月至 2007 年 8 月政策体系初步构建、2007 年 8 月至 2013 年 11 月前政策体系不断发展、2013 年 11 月至 2015 年 1 月政策体系基本形成、2015 年 1 月至 2018 年 1 月政策体系健全完善共五个时段，排列高频词情况见附录二、附录三、附录四、附录五、附录六。[①]

[①] 高频词的定义，是指附录二、附录三、附录四、附录六所列的出现频次为 20 次以上的词，附录五所列的出现频次为 10 次以上的词。

二 高频词与政策焦点的分析

(一) 我国公共文化服务体系建设的政策焦点

从本课题研究附录二所列高频词，比较清晰地看出从2005年10月11日党的十六届五中全会通过《中共中央关于制定国民经济和社会发展第十一个五年规划的建议》，首次提出"逐步形成覆盖全社会的比较完备的公共文化服务体系"以来，经过十五年的公共文化服务体系建设，在整个建设过程中，党和国家所关注的公共文化服务体系建设的政策焦点主要表现为以下方面：

第一，发展成为公共文化服务体系的第一要务。唯有发展，才能解决公共文化服务体系存在的一切困难和问题，满足人民对美好生活的新期待。

第二，公共文化服务是公共服务型政府的重要职责。政府必须承担起主体责任，保障公民的基本文化权益，这也是宪法所要求的。

第三，公共性成为公共文化服务最本质的属性。任何时候都必须牢牢把握公共文化服务体系的公益性这个根本属性，不以营利为目的，坚持把社会效益放在首位，这是由社会主义的本质所决定的。

第四，公共文化服务体系是一个不断建设的过程。公共文化服务体系是由推动、推进，到加强、加快，再到健全完善，最后建成的一个构建过程。

第五，大力鼓励和支持社会力量参与公共文化服务体系建设。在坚持政府主导的前提下，鼓励、支持、引导、扶持、培育社会力量参与公共文化服务，满足人民群众多层次、多样化的需求，这是公共文化服务体系建设大势所趋。

第六，加强农村文化建设。这是全面建成小康社会的内在要求，是乡村振兴的重要内容，对于提升农民精神风貌，培育文明乡风、良好家风、淳朴民风，不断提高乡村社会文明程度，具有重大意义。要按照有标准、有网络、有内容、有人才的要求，健全乡村公共文化服务体系。发挥县级公共文化机构辐射作用，推进基层综合性文化服务中心建设，实现乡村两级公共文化服务全覆盖，提升服务效能。深入推进文化惠民工程，公共文化资源要重点向乡村倾斜，提供更多更好的农村公共文化产品和服务。

第七，坚持以人民为中心的工作导向。大力实施文化惠民工程，提高公共文化服务的覆盖面和适用性，丰富群众性文化活动。

第八，完善公共文化服务体系。重点是完善网络设施体系、完善产品供给体系、完善保障支撑体系、完善绩效评估体系。

第九，创新公共文化服务管理和运行方式。创新是引领发展的第一动力。注重创新公共文化服务管理体制和运行机制，建立公共文化机构法人治理结构；创新公共文化服务方式，主要是通过统筹资源、共建共享，利用"互联网+"，推动文化与科技深入融合，扩大信息网络传播渠道，坚持数字化服务和流动文化服务，打通公共文化服务"最后一公里"。

第十，提供优秀的公共文化产品和服务。人民群众对公共文化服务的需求已从"有没有""缺不缺"向"好不好""精不精"转变，加快公共文化服务供给侧改革，注重从数量追求转到质量和品质提升。把质量作为公共文化服务的生命线，坚持以人民为中心，不断丰富优秀公共文化服务供给。

（二）分时段我国公共文化服务体系建设的政策焦点

从本课题研究附录三至六所列高频词，可以看出各时段公共文化政策的焦点有所侧重，但其政策焦点与我国公共文化服务体系整体建设的政策焦点是相一致的。

第一个政策建设时段，更加关注农村公共文化建设，设施建设摆在更加突出位置，电影放映和广播电视村村通提上国家的重要议事日程。

第二个政策建设时段，把发展作为公共文化服务体系的首要任务，少数民族公共文化服务提上重要议事日程，精品意识不断得到强化。

第三个政策建设时段，更加强调公共文化服务的公共性、基本性以及社会力量参与公共文化服务的重要性，公共文化服务的体系性。

第四个政策建设时段，继续强调加强公共文化服务的公共性，完善公共文化服务体系，鼓励社会力量的参与，特别是把传承发展中华优秀传统文化提到前所未有的高度。

第三节　政策要素分析

根据本课题构建的公共文化服务发展模型的政策要素分析法，本节以搜集的122份政策文本作为研究样本（见附录一）①，采用武汉大学沈阳博士开发的中文词频分析软件Rost wordparser对政策要素的三级指标（见第二章表2-5）自动统计出频次。在此基础上，经过人工甄别、筛选保留用于本研究分析的频次。②

本研究所确定的政策要素由一级指标6个、二级指标20个、三级指标100个组成（见第二章表2-5）。这些政策要素是推动我国公共文化服务体系建设的政策措施，换句话说，这些政策措施支撑着我国公共文化服务体系的构建。

一 政策要素在公共文化服务所有政策中的表现分析

对公共文化服务政策要素的分析，就是通过对政策要素在所有政策文本中出现频次、频次在所有政策文本中的占比与排序进行分析，从而总体上把握我国公共文化服务政策发展的侧重点和走向（见表5-6）。

（一）政策要素表现的微观层面分析

三级指标的100个政策要素就是100条具体的微观政策。从目前的情况来看，100个政策要素在我国公共文化服务所有政策中出现的频次、占比、排序呈现明显差异。从中挑选出频次出现10次及以上的政策要

---

① 本节搜集的122份政策文本，是指附录一共搜集的132份政策文本，减去"公共文化改革发展总体政策"中的《中共中央办公厅国务院办公厅印发关于建立健全基本公共服务标准体系的指导意见》，"图书馆业政策"中的《文化部关于认真贯彻实施〈公共图书馆建设标准〉的通知》《城乡建设部国土资源部文化部关于批准发布〈公共图书馆建设用地指标〉的通知》《住房城乡建设部国家发改委关于批准发布〈公共图书馆建设标准〉的通知》，"群众文化业政策"中的《文化部关于认真贯彻实施〈文化馆建设标准〉的通知》《住房城乡建设部国土资源部文化部关于批准发布〈文化馆建设用地指标〉的通知》《住房和城乡建设部国家发展和改革委员会关于批准发布〈文化馆建设标准〉的通知》，"博物（纪念）馆政策"中的《国家文物局财政部关于开展中央地方共建国家级博物馆工作的通知》，"广播影视公共服务政策"中的《广电总局关于印发〈"十一五"时期广播影视科技发展规划〉的通知》《国家发展改革委广电总局办公厅印发〈全国"十二五"广播电视村村通工程规划〉的通知》《广电总局国家发展改革委关于做好广播电视高山无线发射台站基础设施建设管理工作的通知》共11份内容收集不全的政策文本，还剩余121份政策文本。但是由于《国家新闻出版广电总局关于印发〈新闻出版广播影视"十三五"发展规划〉的通知》，涉及本课题所划分的"广播影视公共服务政策"和"新闻出版公共服务政策"两个政策类型，为了计算政策要素频次比重的标准统一，故政策文本多计算一份研究样本。这样一来，本节的政策文本研究样本为122份。

② 人工处理的原则：一是对一个政策文本中重复出现的相同政策要素频次予以剔除，只计算一次频次；二是对政策文本的正文及所附专栏和表格中同时出现的政策要素频次只统计一次。

表5-6　公共文化服务政策100个要素在公共文化服务所有政策文本中出现的频次、比重、排序

一级指标	平均频次	二级指标	平均频次	三级指标	总频次	百分比（%）	排序
1. 促进公共文化服务标准化	11.9	1. 建立保障标准	11.3	1. 国家基本公共文化服务指导标准	17	13.9	14
				2. 省、自治区、直辖市基本公共文化服务实施标准	10	8.2	19
				3. 地（市）、县级公共文化服务目录	7	5.7	22
		2. 建立业务和技术标准	17.8	4. 公共文化服务设施建设标准	16	13.1	15
				5. 公共文化服务业务管理标准	3	2.5	26
				6. 公共文化服务规范	31	25.4	5
				7. 公共文化服务技术和应用标准	21	17.2	10
		3. 建立评价标准	6.7	8. 公共文化服务评价标准	2	1.6	27
				9. 政府公共文化服务机构评价标准	13	10.7	17
				10. 公共文化服务项目评价标准	5	4.1	24
2. 促进公共文化服务均等化	13.2	1. 促进城乡公共文化服务均等化	17.8	1. 均等配置公共文化资源	5	4.1	24
				2. 加强城市社区和农村文化设施建设	18	14.8	13
				3. 拓展重大文化惠民项目服务"三农"内容	19	15.6	12
				4. 加大对农村民间文化艺术的扶持力度	1	0.8	28
				5. 大力开展流动服务和数字服务	54	44.3	2
				6. 建立公共文化服务城乡联动机制	1	0.8	28
				7. 推进县级文化馆、图书馆总分馆制建设	24	19.7	9
				8. 加强城市对农村文化建设的帮扶	20	16.4	11

第五章　公共文化服务政策体系定量研究 / 205

续表

一级指标	平均频次	二级指标	平均频次	三级指标	总频次	百分比（%）	排序
2. 促进公共文化服务均等化	13.2	2. 促进地区公共文化服务均等化	5.5	9. 纳入扶贫攻坚计划，实施一批文化扶贫项目	9	7.4	20
				10. 落实对国家在贫困地区安排的公益性文化建设项目取消县以下（含县）及西部地区集中连片特困地区市地级配套资金的政策	2	1.6	27
				11. 加强少数民族语言频率频道和涉农节目建设	2	1.6	27
				12. 重点支持民文出版译制	3	2.5	26
				13. 加强边境地区基层公共文化设施建设	7	5.7	22
				14. 促进公共文化服务的地区对口帮扶	8	6.6	21
				15. 实施"三区"人才专项支持计划	4	3.3	25
		3. 促进群体公共文化服务均等化	16.2	16. 支持老少边穷地区挖掘、开发、利用民族民间文化资源	9	7.4	20
				17. 积极开展面向老年人、未成年人、残疾人、农民工、农村留守妇女儿童、生活困难群众的文化活动	62	50.8	1
				18. 将中小学生定期参观博物馆、美术馆、纪念馆、科技馆纳人中小学教育教学活动计划	4	3.3	25
				19. 公共文化服务机构要为残疾人提供无障碍设施	5	4.1	24
				20. 实施盲文出版项目，开发视听读物，建设有声图书馆，鼓励和支持有条件的电视台增加手语节目或加配字幕	9	7.4	20
				21. 加强对残疾人文化艺术的扶持力度	1	0.8	28

续表

一级指标	平均频次	二级指标	平均频次	三级指标	总频次	百分比(%)	排序
3. 推动公共文化服务社会化	8.6	1. 鼓励和引导社会力量参与公共文化服务	9.4	1. 简政放权，减少行政审批项目，吸引社会资本投入公共文化领域	6	4.9	23
				2. 建立健全政府向社会力量购买公共文化服务机制	8	6.6	21
				3. 推广运用政府和社会资本合作（PPP）等模式	8	6.6	21
				4. 鼓励和支持社会力量通过投资或捐助设施设备、兴办实体、资助项目、赞助活动、提供产品和服务等方式参与公共文化服务体系建设	36	29.5	3
				5. 推动建立公开透明的社会捐赠管理制度	3	2.5	26
				6. 鼓励党政机关、国有企事业单位和学校的各类文体设施向社会免费或优惠开放	1	0.8	28
		2. 培育和规范文化类社会组织	4.5	7. 探索开展公共文化设施社会化运营	4	3.3	25
				8. 鼓励各类公共文化服务机构成立行业协会	5	4.1	24
				9. 适合由社会组织提供的公共文化服务事项交由社会组织承担	2	1.6	27
				10. 引导文化类社会组织依法依规开展公共文化服务	5	4.1	24
				11. 加强政府对文化类社会组织的管理和社会监督	6	4.9	23
		3. 大力推进文化志愿服务	12	12. 探索具有地方或行业特色的文化志愿服务模式	9	7.4	20
				13. 建立志愿服务机制	15	12.3	16

续表

一级指标	平均频次	二级指标	平均频次	三级指标	总频次	百分比（%）	排序
4. 推进公共文化服务数字化	5.7	1. 加大文化科技创新力度	4.7	1. 公共文化科技创新纳入科技发展专项规划	4	3.3	25
				2. 推进文化专用设备、软件、系统的研发应用	9	7.4	20
				3. 实施一批公共文化服务科技创新应用示范项目	1	0.8	28
		2. 推进公共文化服务数字化建设	8.3	4. 构建标准统一、互联互通的公共数字文化服务网络	8	6.6	21
				5. 科学规划公共文化数字资源建设	7	5.7	22
				6. 加强公共文化大数据采集、存储和分析处理	10	8.2	19
		3. 提升公共文化服务现代传播能力	4	7. 拓宽公共文化资源传输渠道	4	3.3	25
				8. 构建数字出版物传播平台	1	0.8	28
				9. 实现广播电视户户通	6	4.9	23
				10. 完善应急广播覆盖网络	5	4.1	24
5. 增强公共文化服务提供能力	11.4	1. 提升公共文化服务效能	11.8	1. 实施公共文化设施免费开放	29	23.8	6
				2. 建立群众文化需求反馈机制	5	4.1	24
				3. 开展"菜单式""订单式"服务	9	7.4	20
				4. 加强公共文化服务品牌建设	31	25.4	5
				5. 加大对跨部门、跨行业、跨地域公共文化资源的整合力度	14	11.5	16
				6. 广泛开展特色公益性文化艺术活动	6	4.9	23
				7. 挖掘特色资源，加强文化创意产品研发	17	13.9	14
				8. 完善公益性演出补贴制度	3	2.5	26

续表

一级指标	平均频次	二级指标	平均频次	三级指标	总频次	百分比（%）	排序
5. 增强公共文化服务提供能力	11.4	1. 提升公共文化服务效能	11.8	9. 积极发展与公共文化服务相关联的教育培训、体育健身、演艺会展、旅游休闲等产业	1	0.8	28
				10. 引导和支持各类文化企业开发公共文化产品和服务	3	2.5	26
				11. 创作生产优秀文化产品	10	8.2	19
				12. 建立优秀传统文化传承和发展体系	13	10.7	17
				13. 加强戏曲等优秀文艺艺术的普及推广工作	3	2.5	26
				14. 开展优秀文化遗产、高雅艺术进校园、进社区	11	9.0	18
		2. 丰富优秀公共文化产品供给	7.5	15. 推送戏、送书、送电影下乡	26	21.3	8
				16. 开展优秀出版物推荐活动	2	1.6	27
				17. 开办少数民族语言的频率频道	2	1.6	27
				18. 提高少数民族语言节目译制、制作、播映和传输	6	4.9	23
				19. 实施少数民族新闻出版"东风工程"	3	2.5	26
				20. 加强少数民族文字及双语出版物的出版发行	4	3.3	25
				21. 加强少数民族语言文艺作品的创作	2	1.6	27
		3. 活跃群众文化生活	15	22. 开展全民阅读、全民普法、全民健身、全民科普和艺术普及、优秀传统文化传承活动	27	22.1	7
				23. 引导广场文化活动健康、规范、有序开展	6	4.9	23
				24. 推进民间文化艺术之乡建设	7	5.7	22
				25. 组织开展群众节日民俗活动	5	4.1	24
				26. 鼓励群众自办文化	9	7.4	20
				27. 推进红色文化、乡土文化、社区文化、校园文化、企业文化、军旅文化、家庭文化建设	36	29.5	3

续表

一级指标	平均频次	二级指标	平均频次	三级指标	总频次	百分比（%）	排序
6. 加强公共文化服务保障	12	1. 创新管理和运行机制	14.4	1. 建立公共文化服务体系建设协调机制	7	5.7	22
				2. 加大公益性文化事业单位改革力度	7	5.7	22
				3. 建立文化事业单位法人治理结构	33	27	4
				4. 创新基层公共文化管理机制	2	1.6	27
				5. 完善公共文化服务评价工作机制	9	7.4	20
		2. 加强组织领导	7	6. 公共文化服务纳入国民经济和社会发展总体规划及城乡规划	10	8.2	19
				7. 纳入创建文明城市的重要内容	4	3.3	25
		3. 加大财税支持	10.5	8. 建立健全公共文化服务财政保障机制	14	11.5	16
				9. 进一步完善转移支付体制	19	15.6	12
				10. 落实现行鼓励社会组织、机构和个人捐赠公益性文化事业所得税前扣除政策规定	5	4.1	24
				11. 加强对公共文化服务资金管理使用情况的监督审计并开展绩效评价	6	4.9	23
		4. 加强队伍建设	6.9	12. 研究制定公共文化机构人员编制标准并根据业务发展状况进行动态调整	6	4.9	23
				13. 对实行免费开放后工作量大量增加、现有机构编制难以满足工作需要的公益性文化事业单位合理增加机构编制	1	0.8	28

续表

一级指标	平均频次	二级指标	平均频次	三级指标	总频次	百分比（%）	排序
6. 加强公共文化服务保障	12	4. 加强队伍建设	6.9	14. 落实每个乡镇综合文化站（中心）编制配备不少于1至2名的要求	1	0.8	28
				15. 设立城乡基层公共文化服务岗位	6	4.9	23
				16. 加强乡基层专业人才教育和培训	24	19.7	9
				17. 建立上岗培训制度	7	5.7	22
				18. 加强基层乡土文化人才建设	3	2.5	26
		5. 建立健全公共文化服务法律体系	21	19. 出台公共文化服务相关法律法规	21	17.2	10
政策文本数量（份）				122			

素，就不难发现我国公共文化服务体系建设 100 个政策要素微观层面的政策侧重点，其主要表现在以下 13 个方面。

1. 面向特殊群体的公共文化服务政策

三级指标所列的"积极开展面向老年人、未成年人、残疾人、农民工、农村留守妇女儿童、生活困难群众的文化活动"政策出现频次 62 次，占 122 份政策文本的 50.8%，是频次出现最多的政策。

促进我国公共文化服务均等化发展，主要包括促进城乡、地区、群体公共文化服务均等化发展，其中促进老年人、未成年人、残疾人、农民工、农村留守妇女儿童、生活困难群众等特殊群体的公共文化服务均等化发展，既是公共文化服务的重点，也是公共文化服务的薄弱环节。所以我国高度重视面向特殊群体的公共文化服务政策。

我国公共文化服务政策最早[①]明确提及"面向特殊群体的公共文化服务"政策是 2006 年 9 月《中共中央办公厅国务院办公厅印发国家"十一五"时期文化发展规划纲要》，提出"切实维护低收入和特殊群体的基本文化权益。同时，要求采取政府采购、补贴等措施，开辟服务渠道，丰富服务内容，保障和实现城市低收入居民、残疾人、老年人和农民工等群体的基本文化生活需求"。2010 年 12 月《文化部财政部关于开展国家公共文化服务体系示范区（项目）创建工作的通知》配套印发的《第一批国家公共文化服务体系示范区（项目）创建标准》，提出弱势群体和特殊人群的基本文化服务权益得到有效保障。城市各类公共文化设施免费或优惠向农民工、老人、少年儿童和残疾人开放，设置方便残障人士以及老年人、少年儿童的活动区域和服务项目。市县两级图书馆设立盲人阅读区，配备设备和盲文读物。县级以上文化馆经常性组织针对上述特殊人群的各类文体活动，开展面向农民工的文化培训等。2015 年 1 月《中共中央办公厅国务院办公厅关于加快构建现代公共文化服务体系的意见》，提出保障特殊群体基本文化权益，要求将老年人、未成年人、残疾人、农民工、农村留守妇女儿童、生活困难群众作为公共文化服务的重点对象。《意见》将农村留守妇女儿童、生活困难群众作为特

---

① 这里所说的"最早"时间概念，是针对本研究搜集的 2005 年 10 月 11 日党的十六届五中全会通过的《中共中央关于制定国民经济和社会发展第十一个五年规划的建议》以来的 122 份文件而言，是公共文化服务体系视域下的时间概念，本研究下同。

殊群体,这是我国面向特殊群体公共文化服务政策的拓展。2015年5月《国务院办公厅转发文化部等部门关于做好政府向社会力量购买公共文化服务工作意见的通知》,把"面向特殊群体的公益性文化体育产品的创作与传播""面向特殊群体提供的有线电视免费或低收费服务""面向特殊群体的公益性文化体育活动的组织与承办"纳入其配套印发的《政府向社会力量购买公共文化服务指导性目录》。2017年7月《文化部关于印发〈"十三五"时期文化发展改革规划〉的通知》,明确提出实施特殊群体文化产品扶持计划,组织实施面向老年人、未成年人、残疾人、农民工、农村留守妇女儿童等特殊群体的文化活动,开展特殊群体优秀文化产品征集推广,培育一批特殊群体文化服务品牌。推进文化系统老年大学规范化建设。这是我国面向特殊群体公共文化服务政策的进一步细化。

2. 流动服务和数字服务政策

三级指标所列的"大力开展流动服务和数字服务"政策出现频次54次,占122份政策文本的44.3%,是频次出现第二多的政策。

我国公共文化服务主要包括场馆固定服务、流动服务和数字服务三种方式,由于我国东中西部经济社会和文化本身发展不平衡,加上各地地理地形、交通、面积等条件不一,尤其是中西部边远地区要实现公共文化服务的全覆盖,打通公共文化服务"最后一公里",流动服务和数字服务显得十分重要。这也是促进城乡公共文化服务均等化发展的重要措施。

我国公共文化服务政策最早提及"流动服务"政策是2005年11月《中共中央办公厅国务院办公厅关于进一步加强农村文化建设的意见》,提出对西部及其他老少边穷等地广人稀适宜开展流动服务的地区,由政府给乡文化站配备多功能流动文化车,开展灵活、多样、方便的文化服务。最早提及"数字服务"政策是2012年5月《文化部关于印发〈文化部"十二五"时期文化改革发展规划〉的通知》,提出大力推进全国文化信息资源共享工程,充分发挥其在公共文化服务中的战略性、基础性作用,建立公共文化资源提供平台,推进数字服务进入家庭。其实我国在提出"数字服务"概念前,已提出了数字电视、文化信息资源共享工程、数字图书馆推广工程、公共电子阅览室建设计划、公共数字文化建设、网点建设、数字农家书屋等，与之相对应的政策也提了出来。2013年1月《文化部关于印发〈文化部"十二五"时期公共文化服务体系建设实施纲要〉的通知》，提出推动流动文化设施建设，因地制宜开展流动服务，建立起灵活机动、方便群众的流动文化服务网络。2015年1月《中共中央办公厅国务院办公厅关于加快构建现代公共文化服务体系的意见》，提出大力开展流动服务和数字服务，打通公共文化服务"最后一公里"。2016年12月十二届全国人大常务委员会第二十五次会议通过的《中华人民共和国公共文化服务保障法》第十五条规定：县级以上地方人民政府应当将公共文化设施建设纳入本级城乡规划，根据国家基本公共文化服务指导标准、省级基本公共文化服务实施标准，结合当地经济社会发展水平、人口状况、环境条件、文化特色，合理确定公共文化设施的种类、数量、规模以及布局，形成场馆服务、流动服务和数字服务相结合的公共文化设施网络，将流动和数字服务纳入法制化建设。2017年4月《文化部关于印发〈"十三五"时期文化发展改革规划〉的通知》，提出加强贫困地区的流动服务点建设，配备流动文化服务设备器材，实现流动服务常态化。

3. 鼓励和支持社会力量通过多种方式参与公共文化服务体系建设政策

三级指标所列的"鼓励和支持社会力量通过投资或捐助设施设备、兴办实体、资助项目、赞助活动、提供产品和服务等方式参与公共文化服务体系建设"政策出现频次36次，占122份政策文本的29.5%，是频次出现第三多的政策。

从社会力量这个层面来讲，社会力量参与公共文化服务体系建设，主要方式是投资或捐助设施设备、兴办实体、资助项目、赞助活动、提供产品和服务等。

我国公共文化服务政策最早提及"社会力量参与公共文化服务"政策是2005年11月《中共中央办公厅国务院办公厅关于进一步加强农村文化建设的意见》，提出积极引导社会力量捐助农村文化事业。2005年12月《中共中央国务院关于深化文化体制改革的若干意见》提出进一步完善鼓励捐赠和赞助等各项政策，拓宽渠道，引导社会资金以多种方式投入文化公益事业。2006年9月《中共中央办公厅国务院办公厅印发国家"十一五"时期文化发展规划纲要》，提出鼓励社会力量捐助和兴办公益性文化事业。2007年8月《中共中央办公厅国务院办公厅关于加强公共文化服务体系建设的若干意见》，提出坚持以政府为主导、鼓励社会力量积极参与公共文化服务体系建设；积极引导社会力量以兴办实体、赞助活动、免费提供设施等多种形式参与公共文化服务；进一步完善支持公共文化服务的相关经济政策，吸引和鼓励社会力量投资兴办公共文化实体，建设公共文化设施、提供公共文化服务，形成以政府投入为主、社会力量积极参与的稳定的公共文化服务投入机制。2011年10月党的十七届三中全会通过的《中共中央关于深化文化体制改革推动社会主义文化大发展大繁荣若干重大问题的决定》提出的引导和鼓励社会力量通过兴办实体、资助项目、赞助活动、提供设施等形式参与公共文化服务。2012年2月《中共中央办公厅国务院办公厅印发国家"十二五"时期文化改革发展规划纲要》，提出转变投入方式，通过政府购买服务、项目补贴、以奖代补等方式，鼓励和引导社会力量提供公共文化产品和服务。2015年1月《中共中央办公厅国务院办公厅关于加快构建现代公共文化服务体系的意见》，提出鼓励和支持社会力量通过投资或捐助设施设备、兴办实体、资助项目、赞助活动、提供产品和服务等方式参与公共文化服务体系建设。2016年12月十二届全国人大常务委员会第二十五次会议通过的《中华人民共和国公共文化服务保障法》把"国家鼓励和支持公民、法人和其他组织通过兴办实体、资助项目、赞助活动、提供设施、捐赠产品等方式参与提供公共文化服务"上升为法条。2017年5月《中共中央办公厅国务院办公厅印发国家"十三五"时期文化发展改革规划纲要》，提出鼓励社会力量投资或捐助公共文化设施设备。

4. 推进红色文化、社区文化、乡土文化、校园文化、企业文化、军旅文化、家庭文化建设政策

三级指标所列的"推进红色文化、社区文化、乡土文化、校园文化、企业文化、军旅文化、家庭文化建设"政策出现频次36次，占122份政策文本的29.5%，是频次出现并列第三多的政策。

上述文化形态其实是我们常说的社会文化形态或群众性文化业态，这是人民群众喜闻乐见的文化，是接地气的文化，它与人民群众的生产

生活息息相关，是供需对接的文化，对于丰富群众精神文化生活、提高公共文化服务的覆盖面和适用性非常重要。

我国公共文化服务政策最早提及"推进红色文化、社区文化、乡土文化、校园文化、企业文化、军旅文化、家庭文化建设"政策是2006年9月《中共中央办公厅国务院办公厅印发国家"十一五"时期文化发展规划纲要》，提出加强村镇文化、社区文化、企业文化、校园文化、军营文化、家庭文化建设。2011年10月党的十七届三中全会通过的《中共中央关于深化文化体制改革推动社会主义文化大发展大繁荣若干重大问题的决定》提出广泛开展群众性文化活动，提高社区文化、村镇文化、企业文化、校园文化等建设水平，引导群众在文化建设中自我表现、自我教育、自我服务。2012年7月《国务院关于印发〈国家基本公共服务体系"十二五"规划〉的通知》，提出广泛开展社区文化、村镇文化、校园文化、家庭文化等群众性文化活动，积极开展面向农民工和残疾人等群体的公益性文化服务；以社区文化、企业文化、村镇文化、校园文化建设为载体，积极搭建公益性文化活动平台。2012年9月《中组部等部门关于进一步加强老年文化建设的意见》，提出要立足基层社区，坚持小型分散与相对集中相结合，坚持活动内容广泛性与活动形式多样性相结合，在开展社区文化、村镇文化、校园文化、家庭文化等群众性文化活动中，组织面向老年人的文化体育活动。2013年1月《文化部关于印发〈文化部"十二五"时期公共文化服务体系建设实施纲要〉的通知》，提出支持社会力量兴办具有公益性和准公益性特点的读书社、书画社、乡村文艺俱乐部、文化大院、群众文艺团队、社区文化服务组织、民间文艺协会等，直接面向社会公众提供公益性文化服务。2013年5月《文化部中央文明办关于开展"文化志愿者基层服务年"系列活动的通知》提出推动社区文化、村镇文化广泛开展，活跃城乡基层文化生活。2015年1月《中共中央办公厅国务院办公厅关于加快构建现代公共文化服务体系的意见》，提出推进红色文化、社区文化、乡土文化、校园文化、企业文化、军旅文化、家庭文化建设，培育积极健康、多姿多彩的社会文化形态。

5. 建立文化事业单位法人治理结构政策

三级指标所列的"建立文化事业单位法人治理结构"政策出现频次

33次，占122份政策文本的27%，是频次出现第四多的政策。

2013年党的十八届三中全会通过的《中共中央关于全面深化改革若干重大问题的决定》把"建立法人治理结构"作为"构建现代公共文化服务体系"的重要内容，纳入全面深化文化体制改革之中。法人治理结构的建立对于推动政事分开、管办分离，破解决策权、执行权、监督权机制缺失及运行效率消耗、公益属性异化有十分重要的作用。它是公共文化服务运行机制民主化的重要措施，其核心思想就是通过建立健全我国公共文化服务的民主管理体制，来确保公共文化服务单位不偏离自身的公益属性，不断提升公共文化服务的质量和效能。

事业单位法人治理结构，是指提供公益服务的事业单位，以依法独立运作、自我管理和承担职责，实现事业单位宗旨和职责为目标，各利益相关方共同参与治理的组织架构与运行机制等相关制度安排。

我国公共文化服务政策最早提及"建立文化事业单位法人治理结构"政策是2008年7月《文化部关于进一步深化文化系统文化体制改革的意见》提出公共图书馆、博物馆、文化馆（站）、群众艺术馆、美术馆、承担公益性任务的艺术研究机构、文物保护考古科研管理机构、艺术学校、画院等单位，要按照增加投入、转换机制、增强活力、改善服务的要求，强化公益属性，完善法人治理结构，明确功能定位、职责任务。2012年2月《中共中央办公厅国务院办公厅印发国家"十二五"时期文化改革发展规划纲要》，提出国家兴办的图书馆、博物馆、文化馆（站）、群众艺术馆、美术馆等公益性文化事业单位，要创新公共文化服务设施运行机制，探索建立事业单位法人治理结构，吸纳有代表性的社会人士、专业人士、基层群众参与管理。2012年5月《文化部关于印发〈文化部"十二五"时期文化改革发展规划〉的通知》，提出建立健全事业单位法人治理结构。2013年1月《文化部关于印发〈文化部"十二五"时期公共文化服务体系建设实施纲要〉的通知》，提出积极推动文化馆（站）、博物馆、公共图书馆等公益性文化单位创新公共文化设施运行机制，探索建立事业单位法人治理结构，吸纳有代表性的社会人士、专业人士、基层群众参与管理。2015年1月《中共中央办公厅国务院办公厅关于加快构建现代公共文化服务体系的意见》，提出创新运行机制，建立事业单位法人治理结构，推动公共图书馆、博物馆、文化馆、科技馆等组建理事会，吸纳有关方面代表、专业人士、各界群众参与管理，健全决策、执行和监督机制。2016年12月十二届全国人大常务委员会第二十五次会议通过的《中华人民共和国公共文化服务保障法》把建立健全法人治理结构写入法条。2017年2月《文化部关于印发〈文化部"十三五"时期文化发展改革规划〉的通知》和2017年5月《中共中央办公厅国务院办公厅印发国家"十三五"时期文化发展改革规划纲要》，都提出推动公共文化馆、图书馆、博物馆、美术馆等建立事业单位法人治理结构。2017年8月《中宣部文化部等7部门联合印发〈关于深入推进公共文化机构法人治理结构改革的实施方案〉》，对推动公共图书馆、博物馆、文化馆、科技馆、美术馆等建立以理事会为主要形式的法人治理结构进行全面的顶层制度设计。

6. 加强公共文化服务品牌建设政策

三级指标所列的"加强公共文化服务品牌建设"政策出现频次31次，占122份政策文本的25.4%，是频次出现第五多的政策。

公共文化服务品牌是提升公共文化服务效能的重要措施，是中华优秀传统文化传承发展的有效平台，对于促进我国公共文化服务从"有没有""缺不缺"向"好不好""精不精"转变具有积极作用。

我国公共文化服务政策最早提及"公共文化服务品牌"政策是2005年11月《中共中央办公厅国务院办公厅关于进一步加强农村文化建设的意见》，提出"实施特色文化品牌战略，培育一批文化名镇、名村、名园、名人、名品。"2009年7月《国务院关于进一步繁荣发展少数民族文化事业的若干意见》提出加大对少数民族艺术精品创作扶持力度，打造一批有影响力的少数民族文学、戏曲、影视、音乐等文化艺术品牌。2011年1月《文化部财政部关于推进全国美术馆、公共图书馆、文化馆（站）免费开放工作的意见》，提出要使免费服务成为政府的重要民生项目和公共文化服务品牌。2012年5月《文化部关于印发〈文化部"十二五"时期文化改革发展规划〉的通知》，提出广泛开展群众性文化活动。以"群星奖""中国民间文化艺术之乡"为龙头，推出一批优秀的、具有可持续发展价值的文化品牌，提高影响力，发挥导向性、示范性和带动性作用，实现群众文化活动的整体推进、全面提高。2013年1月《文化部关于印发〈文化部"十二五"时期公共文化服务体系建设实施纲要〉的通知》，提出以"大舞台""大讲堂""大展台"为主要载体，坚持需求导向、项目带动，组织文化志愿者为边疆民族地区群众提供文化辅导、文艺演出和展览展示等文化服务，培育文化志愿服务品牌；以关爱空巢老人、留守儿童、农民工、残疾人、边疆民族地区群众为重点，培育和打造一批文化志愿服务品牌。2007年8月《中共中央办公厅国务院办公厅关于加强公共文化服务体系建设的若干意见》，提出加强公共文化服务品牌建设，推动形成具有鲜明特色和社会影响力的服务项目。2015年1月《中共中央办公厅国务院办公厅关于加快构建现代公共文化服务体系的意见》，提出弘扬中华优秀传统文化，利用当地特色历史文化资源，打造基层特色文化品牌。2017年5月《文化部关于印发〈"十三五"时期繁荣群众文艺发展规划〉的通知》，提出打造群众文艺活动品牌。要充分发挥群众文艺机构的骨干作用，利用当地特色文化资源，开展经常性群众文化活动，培育参与度高、影响面广、深受群众喜爱的品牌活动。创新群众文艺品牌活动形式和组织方式，提升活动内涵，吸引群众特别是青年人踊跃参与。充分发挥"中国民间文化艺术之乡"在群众文艺发展中的示范带动作用，形成各具特色的民间文化艺术活动品牌。按照"精品、惠民、节俭、可持续"的要求，办好中国老年合唱节、中国少年儿童合唱节、中国农民歌会、送欢乐下基层等示范性活动，带动各地群众文化活动蓬勃开展。积极探索和运用新媒体，创新传播方式和手段，不断提高群众文艺品牌活动和优秀群众文艺作品的影响力。

7. 实施公共文化设施免费开放政策

三级指标所列的"实施公共文化设施免费开放"政策出现频次29次，占122份政策文本的23.8%，是频次出现第六多的政策。

公共文化设施免费开放是指公共文化设施实现零门槛进入，基本公共文化空间和基本公共文化服务项目面向人民群众免费提供。公共文化设施免费开放标志着我国公共文化服务体系建设一个新时代的到来，它是公共文化服务体系建设的必然，是解决公共文化服务体系建设存在的覆盖面不够、产品供给不足、日常运行无保障、服务质量不高等突出问题的迫切要求，也是服务型政府建设的需要，它是加强公共文化产品和服务供给、提高公共文化服务效能的重要措施。

我国公共文化服务政策最早提及"公共文化设施免费开放"政策是

2006年9月《文化部关于印发〈文化建设"十一五"规划〉的通知》，提出完善公共文化设施向未成年人等免费开放的制度以及无障碍通道等方便残疾人的设施。但这还不是面向全体人民的免费开放，是有对象限制的免费开放。2008年1月《中宣部财政部文化部国家文物局关于全国博物馆、纪念馆免费开放的通知》，提出对全国各级文化文物部门归口管理的公共博物馆、纪念馆、全国爱国主义教育示范基地实现全部免费开放。2011年3月十一届全国人大四次会议通过《中华人民共和国国民经济和社会发展第十二个五年规划纲要》，提出公共博物馆、图书馆、文化馆、纪念馆、美术馆等公共文化设施免费向社会开放。2011年1月《文化部财政部关于推进全国美术馆、公共图书馆、文化馆（站）免费开放工作的意见》，提出对美术馆、公共图书馆、文化馆（站）实现免费开放。2012年2月《中共中央办公厅国务院办公厅印发国家"十二五"时期文化改革发展规划纲要》，提出加强文化馆、博物馆、图书馆、美术馆、科技馆、纪念馆、工人文化宫、青少年宫等公共文化服务设施和爱国主义教育示范基地建设并完善向社会免费开放服务。2015年1月《中共中央办公厅国务院办公厅关于加快构建现代公共文化服务体系的意见》，提出完善公共文化设施免费开放的保障机制。深入推进公共图书馆、博物馆、文化馆、纪念馆、美术馆等免费开放工作，逐步将民族博物馆、行业博物馆纳入免费开放范围。推动科技馆、工人文化宫、妇女儿童活动中心以及青少年校外活动场所免费提供基本公共文化服务项目。2015年3月《中国科协中宣部财政部关于全国科技馆免费开放的通知》提出科协系统所属的具备基本常设展览和教育活动条件，并配套有一定的观众服务功能，能够正常开展科普工作，符合国家有关规划并由相关部门批准立项建设的县级（含）以上公益性科技馆实现免费开放。2016年12月十二届全国人大常务委员会第二十五次会议通过的《中华人民共和国公共文化服务保障法》把"公共文化设施向公众免费或者优惠开放"上升为法律条文。2017年5月《中共中央办公厅国务院办公厅印发国家"十三五"时期文化发展改革规划纲要》，提出推进公共文化设施免费开放。

8. 开展全民阅读、全民普法、全民健身、全民科普和艺术普及、优秀传统文化传承活动政策

三级指标所列的"开展全民阅读、全民普法、全民健身、全民科普

和艺术普及、优秀传统文化传承活动"政策出现频次27次，占122份政策文本的22.1%，是频次出现第七多的政策。

全民阅读、全民普法、全民健身、全民科普和艺术普及、优秀传统文化传承活动是活跃群众文化生活的主要实现途径，是动员全社会广泛参与和自主开展公共文化服务的重要措施，对于提高公共文化服务覆盖面和适用性意义重大。

"六个"全民活动是逐步提出的，2016年12月十二届全国人大常务委员会第二十五次会议通过的《中华人民共和国公共文化服务保障法》第二十七条规定，各级人民政府应当充分利用公共文化设施，促进优秀公共文化产品的提供和传播，支持开展全民阅读、全民普法、全民健身、全民科普和艺术普及、优秀传统文化传承活动。这是我国第一次全面完整地提出"六个"全民活动，丰富和发展了公共文化服务的范围。

本节重点就全民阅读、全民艺术普及、全民优秀传统文化传承活动进行分析。我国公共文化服务政策最早提及的是"全民阅读活动"政策，这是2006年中宣部4月等部门发出《关于开展全民阅读活动的倡议书》提出的，同时倡议在2006年4月23日世界读书日来临前夕，开展"爱读书，读好书"的全民阅读活动，提倡在"世界读书日"这一天，全国各大书店、书城图书开展优惠售书活动，各地各有关部门还要开展"向困难群众"赠书等专项活动，让全民人人有书读，家家有书香。"全民文艺普及活动"政策最早提出的是2015年1月《中共中央办公厅国务院办公厅关于加快构建现代公共文化服务体系的意见》，提出要积极开展全民艺术普及活动。"全民优秀传统文化传承活动政策"最早提出是2016年《中华人民共和国公共文化服务保障法》第二十七条规定的"支持开展全民优秀传统文化传承活动。"

2007年4月《中宣部等部门关于开展以"同享知识，共建和谐"为主题的全民阅读活动的通知》提出建立全民阅读长效机制。要把全民阅读活动同推动文明城市、文明单位、文明社区、文明村镇、文明家庭创建活动有机结合起来，把引导阅读同基层文化建设有机结合起来，把群众、社会团体的捐赠助读活动与政府的公共文化服务体系建设结合起来。2009年4月《中宣部新闻出版总署关于进一步推动做好全民阅读活动的通知》要求各地结合实际，设计和实施推动本地区全民阅读活动的具体安排。要努力探索、不断创新全民阅读活动的方式。充分利用广播、电视、期刊、报纸、网络、手机等多种载体、多种途径，加大宣传力度，进一步扩大全民阅读活动的社会影响，吸引更多群众参与全民阅读。把全民阅读活动的开展与精神文明创建活动结合起来，与建设公共文化服务体系结合起来，纳入创建文明城市、文明单位、文明社区、文明村镇、文明家庭活动和农家书屋、职工书屋、社区书屋等建设工作中，务求取得实效。2011年10月党的十七届六中全会通过的《中共中央关于深化文化体制改革推动社会主义文化大发展大繁荣若干重大问题的决定》和2012年2月《中共中央办公厅国务院办公厅印发国家"十二五"时期文化改革发展规划纲要》都强调深入开展全民阅读。2012年7月《国务院关于印发〈国家基本公共服务体系"十二五"规划〉的通知》，提出广泛开展全民阅读活动，逐步扩大基本免费或低收费阅读服务范围。2015年1月《中共中央办公厅国务院办公厅关于加快构建现代公共文化服务体系的意见》，提出深入开展全民阅读活动，推动全民阅读进家庭、进社区、进校园、进农村、进企业、进机关。积极开展全民艺术普及活动。2015年5月《国务院办公厅转发文化部等部门关于做好政府向社会力量购买公共文化服务工作意见的通知》，将"全民阅读活动的组织与承办"纳入配套印发的《政府向社会力量购买公共文化服务指导性目录》。2015年10月《国务院办公厅关于推进基层综合性文化服务中心建设的指导意见》提出积极开展艺术普及、全民阅读等。2015年党的十八届五中全会通过的《中共中央关于制定国民经济和社会发展第十三个五年规划的建议》提出倡导全民阅读。2016年《中华人民共和国国民经济和社会发展第十三个五年规划纲要》提出推动全民阅读。2016年12月《国家新闻出版广电总局关于印发〈全民阅读"十三五"时期发展规划〉的通知》，提出加强全民阅读工作的组织领导和统筹协调，建立相关部门共同参与的协商推进机制，形成合力，共同承担全民阅读工作的职责；加强全民阅读法制建设，制定发布《全民阅读促进条例》，鼓励和推动地方开展全民阅读立法工作；建立书香社会指标体系，定期评估和发布。鼓励将全民阅读指数纳入社会发展指标体系，纳入创建文明城市指标体系，将工作情况纳入目标管理和考核体系。2017年9月《国家新闻出版广电总局关于印发〈新闻出版广播影视"十三五"发展规划〉的通知》，提出全面实施全民阅读工程。

9. 推进送戏、送书、送电影下乡政策

三级指标所列的"推进送戏、送书、送电影"政策出现频次26次，占122份政策文本的21.3%，是频次出现第八多的政策。

20世纪末我国就开始了文化、科技、卫生"三下乡"等文化活动，推进送戏、送书、送电影是文化下乡的主要内容。送戏、送书、送电影是重要的文化惠民活动，是将优秀的文化资源下沉、送给最需要的地方和群体，满足基层广大群众的精神文化生活需求。

送戏、送书、送电影政策是逐步提出的，2006年9月《中共中央办公厅国务院办公厅印发国家"十一五"时期文化发展规划纲要》，提出积极开展为农民工送书、送戏、送电影活动。这是我国第一次全面完整地提出"三送"活动。

我国公共文化服务政策最早提及的是"送电影、送书下乡"政策，其实早在这之前我国就开始了农村电影放映"2131工程"、"送书下乡"工程（后来演变为"农家书屋"工程）和提出"为群众送戏"。2005年11月《中共中央办公厅国务院办公厅关于进一步加强农村文化建设的意见》，提出继续实施农村电影数字化放映"2131工程"和继续实施送书下乡工程。2006年9月《文化部关于印发〈文化建设"十一五"规划〉的通知》，提出积极开展为进城务工人员送书、送戏、送电影活动；继续实施送书下乡工程，拓展送书服务范围和受益面。2007年8月《中共中央办公厅国务院办公厅关于加强公共文化服务体系建设的若干意见》，提出精心安排适合农民工需要的广场文化，组织实施送书、送戏、送电影到工地。2012年5月《文化部关于印发〈文化部"十二五"时期文化改革发展规划〉的通知》，提出推广政府购买、集中配送、连锁服务等公共文化产品提供方式，健全市场化提供机制。2012年7月《国务院关于印发〈国家基本公共服务体系"十二五"规划〉的通知》，把"为每个乡镇送地方戏曲、农村电影放映、农家书屋更新图书"纳入其配套印发的《"十二五"时期公共文化体育服务国家基本标准》。2013年1月《文化部关于印发〈文化部"十二五"时期公共文化服务体系建设实施纲要〉的通知》，提出把面向农民工的文化服务列为各级公益性文化单位工作重点，运用流动文化设施和数字文化阵地，广泛开展送图书、送电影、送演出、送讲座等多种形式的农民工文化服务。2015年1月《中共中央办公厅国务院办公厅关于加快构建现代公共文化服务体系的意见》，提出推进送戏、送书、送电影下乡等项目。2015年7月《国务院办公厅印发关于支持戏曲传承发展若干政策的通知》提出根据当地群众实际需求，将地方戏曲演出纳入基本公共文化服务目录，通过政府购买服务等方式，组织地方戏曲艺术表演团体到农村为群众演出。

10. 推进县级文化馆图书馆总分馆制建设政策

三级指标所列的"推进县级文化馆图书馆总分馆制建设"政策出现频次24次，占122份政策文本的19.7%，是频次出现第九多的政策。

总分馆制是指在一个合适的单元内，一个机构处于核心地位作为总馆，其他机构处于从属地位作为分馆，实现资源共享、标准统一、服务统一、政策统一的服务与管理的机制。总分馆制一般以一个县域为单元比较合适，通常来讲，是以县级文化馆图书馆为中心推进总分馆制建设。总分馆制建设，是构建现代公共文化服务体系的重要任务，对于有效整合公共文化资源、提高公共文化服务效能、促进优质资源向基层倾斜和延伸、促进城乡公共文化服务均衡发展具有重要的推动作用。

县级文化馆图书馆总分馆制建设政策是我国逐步提出的，我国公共文化服务政策最早提及的是"图书馆总分馆制"政策，2006年9月《中共中央办公厅国务院办公厅印发国家"十一五"时期文化发展规划纲要》，提出县（市）图书馆逐步实行分馆制，丰富藏书量，形成统一采购、统一编目的图书配送体系，充分发挥县图书馆对乡镇、村图书室的辐射作用，促进县、乡图书文献共享。其实在这之前已提出了建设中心图书馆与分馆制的政策。2012年5月《文化部关于印发〈"十二五"时期文化改革发展规划〉的通知》，提出推广公共图书馆总分馆制。2015年1月《中共中央办公厅国务院办公厅关于加快构建现代公共文化服务体系的意见》，提出以县级文化馆、图书馆为中心推进总分馆制建设，加强对农家书屋的统筹管理，实现农村、城市社区公共文化服务资源整合和互联互通。这是我国第一次全面完整地提出"文化馆图书馆总分馆制建设"政策。提出贫困地区采取试点先行、逐步推广的方式，到2020

年初步形成以县级公共图书馆、文化馆为总馆，乡镇（街道）综合文化站为分馆，村（社区）综合性文化服务中心（农家书屋）为流通服务点的总分馆体系。2016年10月《国家文物局关于促进文物合理利用的若干意见》，提出支持博物馆间通过博物馆联盟、对口帮扶、总分馆制等，形成博物馆藏品资源共享平台。这是我国第一次提出建设博物馆总分馆制。2016年10月《文化部新闻出版广电总局体育局发展改革委财政部关于推进县级文化馆图书馆总分馆制建设的指导意见》，提出明确工作责任，提供投入保障，加强队伍建设，完善评估机制，促进县级文化馆图书馆总分馆制建设。这是我国对文化馆图书馆总分馆制建设的顶层制度设计。2017年1月《国务院关于印发〈"十三五"推进基本公共服务均等化规划〉的通知》，提出以县级文化馆、图书馆为中心推进总分馆制，实现农村、城市社区公共文化服务资源整合和互联互通。2017年2月《文化部关于印发〈文化部"十三五"时期文化发展改革规划〉的通知》，提出建立健全县级文化馆、图书馆总分馆制。2017年5月《中共中央办公厅国务院办公厅印发国家"十三五"时期文化发展改革规划纲要》，提出以县级图书馆、文化馆为中心推进总分馆制。

11. 加强多层次专业人才教育和培训政策

三级指标所列的"加强多层次专业人才教育和培训"政策出现频次24次，占122份政策文本的19.7%，是频次出现并列第九多的政策。

专业人才建设是公共文化服务体系建设的重要支撑。培养一支高素质的专业人才队伍，是加强公共文化服务体系建设的重要内容，是满足人民群众基本文化需求、促进公共文化服务均等化的重要保证，是推动公共文化服务向广覆盖、高效能转变的重要途径，也是社会主义文化繁荣兴盛的必然要求。

我国公共文化服务政策最早提及"人才教育和培训"政策是2006年9月《文化部关于印发〈文化建设"十一五"规划〉的通知》，提出建立健全文化馆、图书馆和乡镇（街道）文化机构的工作岗位规范，逐步实行工作人员从业资格制度，采取远程培训、集中培训等多种方式，建立基层文化队伍培训网络，提高基层文化队伍的专业化水平和综合素质。加大对西部地区文化人才培养的支持力度，支持和资助优秀文化专业人才支援西部文化建设。对边远地区和少数民族地区艺术人才实行定向、定点培训。2009年8月《文化部国家旅游局关于促进文化与旅游结合发展的指导意见》，提出积极培育文化旅游人才。2010年9月《文化部关于开展全国基层文化队伍培训工作的意见》对基层文化队伍建设作出顶层制度安排。2012年5月《文化部关于印发〈"十二五"时期文化改革发展规划〉的通知》，提出加大培训力度，完善人才评价机制，建立健全人才激励保障机制，指导艺术职业院校的学科建设与人才培养。2012年9月《中组部等部门关于进一步加强老年文化建设的意见》，提出要促进老年人文化艺术团体建设，扶持各类老年人文化艺术团体和老年大学开展老年文艺人才培养工作。2013年1月《文化部关于印发〈"十二五"时期公共文化服务体系建设实施纲要〉的通知》，提出完善公共文化人才政策和措施，吸引各类优秀人才进入公共文化服务领域，重点培养引进公共文化策划、组织、管理和"一专多能"的复合型人才。建立健全基层管理人才选拔任用机制，向社会选拔、公开招聘公益性文化单位负责人。设立城乡基层公共文化服务岗位，引导和鼓励高校毕业生到基层从事公共文化服务工作。重视发现和培养扎根基层的乡土文化能人、民族民间文化传承人和文化活动积极分子，促进他们健康成长、发挥积极作用；加强公共文化队伍的教育培训，重点实施全国基层文化队伍培训项目、文物博物馆人才队伍能力提升工程、全国美术馆专业人才培训项目；支持边远贫困地区、边疆民族地区和革命老区公共文化人才队伍建设，加大对"三区"公共文化人才队伍建设的支持力度；大力推进工程资源进村入户，广泛开展惠民服务，实施以"农村实用技术人才培养计划"为重点的网络培训；充分发挥公共文化行业组织在行业发展规划、标准制定、理论研究、信息交流、人才培训、资质认定、行业监督等方面的重要作用。2013年9月文化部印发《文化部信息化发展纲要》，提出注重人才培养，建立人才培养制度，制定人才培养计划，广开人才培养渠道。2017年4月《文化部关于印发〈"十三五"时期文化发展改革规划〉的通知》，提出实施新型文化智库建设计划、海外高层次文化人才引进计划、国家艺术基金人才资助项目、"三区"人才支持计划文化工作者专项、专业艺术人才培训计划、全国基层文化队伍培训计划、文化经营管理人才培养计划、文化科技人才培养计划、文化技能人才培养计划。2017年5月《文化部关于印发〈"十三五"时期文化科技创新规划〉的通知》，提出培养多层次人才，完善人才培养模式。2017年6月《中宣部文化部财政部关于印发〈关于戏曲进乡村的实施方案〉的通知》，提出鼓励戏曲艺术表演团体与农村戏曲团队开展"结对子、种文化"活动，对农村文艺人才进行"传帮带"，帮助他们提高创作水平和表演能力，带动当地群众文化活动开展。2019年1月《国家发展改革委等部门关于印发〈加大力度推动社会领域公共服务补短板强弱项提质量促进形成强大国内市场的行动方案〉的通知》，提出加大人才培养，健全公共服务从业人员教育培训制度，定期组织职业培训和业务轮训，提高公共服务专业化水平。充分发挥高等院校、职业学校、科研院所作用，促进专业服务和管理人才培养，引导公共服务和管理人才向中西部地区和基层流动。探索公办与非公办公共服务机构在技术和人才等方面的合作机制，对非公办机构的人才培养、培训和进修等给予支持。2019年3月《文化和旅游部关于促进旅游演艺发展的指导意见》提出充分依托各级各类国有及民营文艺院团、文化和旅游培训基地等，结合实施国家艺术基金艺术人才培养资助项目、专业艺术人才培训等人才项目，培养一批适应旅游演艺发展需要的创作、表演、舞美设计、运营管理、市场营销等方面的专业人才。

12. 公共文化服务技术和应用标准政策

三级指标所列的"公共文化服务技术和应用"政策出现频次21次，占122份政策文本的17.2%，是频次出现第十多的政策。

公共文化服务技术和应用标准对于建立公共文化服务业务和技术的规划化、制度化建设有着重要作用。我国公共文化服务技术和应用标准主要集中在广播电视、公共数字文化建设、文化信息建设领域，本节重点就文化和旅游部所管辖的公共文化服务技术应用标准进行分析。

我国公共文化服务政策最早提及"公共文化服务技术和应用标准"政策是2007年7月《文化部关于印发〈文化标准化中长期发展规划（2007—2020）〉的通知》，提出制（修）订公共文化体系的建设标准、建筑设计规范、文化设施价值评价体系等一系列的文化标准；研究和制定文化资源数字化等涉及文化资源安全的技术标准。2013年1月《文化部关于印发〈全国公共图书馆事业发展"十二五"规划〉的通知》，提出加强图书馆新技术应用的理论研究，组织相关技术标准的制定和实施；

依托中国图书馆学会、全国图书馆标准化技术委员会、全国文献影像技术标准化技术委员会等平台，大力促进科研成果的转化、共享、推广与应用，重视科研成果的出版，推动业务与服务创新。2013年1月《文化部关于印发〈全国文化信息资源共享工程"十二五"规划纲要〉的通知》，提出加强入户资源的建设与整合，完善相关技术标准、技术模式和制播流程，强化资源内容和节目播出的安全管理，确保入户资源的顺畅推送及节目编播的自主可控。2019年4月《文化和旅游部办公厅关于印发〈公共数字文化工程融合创新发展实施方案〉的通知》，提出统筹制定工程发展规划，调整、整合、完善现有的公共数字文化工程标准规范，编制统一的资源建设标准、技术标准、服务标准、管理规范和绩效指标，形成完备统一的标准规范体系。

13. 出台公共文化服务法律法规

三级指标所列的"出台公共文化服务法律法规"出现频次21次，占122份政策文本的17.2%，是频次出现并列第十多的政策。

公共文化服务体系的各种制度与程序安排，必须通过法律形式确定下来，确立有关各方共同遵守的规则与行为规范。[①] 公共文化服务法律法规是促进公共文化服务可持续发展稳定的制度保障，它为公共文化服务提供法律依据。

我国公共文化服务政策最早提及"出台公共文化服务法律法规"是2006年9月《文化部关于印发〈文化建设"十一五"规划〉的通知》，提出加快制定重要文化法律法规。加快制定促进文化事业发展、完善公共文化服务体系等方面的法律法规。抓紧研究制定《图书馆法》。2010年2月《国家文物局等部门关于促进民办博物馆发展的意见》，提出加快出台《博物馆条例》，完善博物馆管理基本制度体系，明确民办博物馆与公立博物馆同等的法律地位。2011年6月《国家文物局关于印发〈国家文物博物馆事业发展"十二五"规划〉的通知》，提出发布实施《博物馆条例》。2011年10月党的十七届三中全会通过的《中共中央关于深化文化体制改革推动社会主义文化大发展大繁荣若干重大问题的决定》提出加快文化立法，制定和完善公共文化服务保障等方面法律法

---

① 蒯大申：《现代公共文化服务体系的内涵与基本特征》，2014年4月2日，http://www.qhass.org/Page/ArtDis.aspx? id = 6302。

规，提高文化建设法制化水平。这是我国第一次明确提出要制定公共文化服务保障等法律法规。2012年5月《文化部关于印发〈文化部"十二五"时期文化改革发展规划〉的通知》，提出加快文化立法进程，制定和完善公共文化服务保障等方面法律法规，将文化建设的重大政策措施适时上升为法律法规，加强地方文化立法，提高文化建设法制化水平。2013年1月《文化部关于印发〈文化部"十二五"时期公共文化服务体系建设实施纲要〉的通知》，提出加快研究制定《中华人民共和国公共文化服务保障法》，继续推进《中华人民共和国公共图书馆法》《博物馆条例》立法工作，修订《文化馆管理办法》，制定《城市社区文化设施管理办法》《美术馆管理办法》《美术馆工作规范》，制定和完善文化馆（站）、公共图书馆等公益性文化单位的服务标准和服务规范。2013年1月《文化部关于印发〈全国公共图书馆事业发展"十二五"规划〉的通知》，提出推动《中华人民共和国公共图书馆法》立法。2014年10月党的十八届四中全会通过的《中共中央关于全面推进依法治国若干重大问题的决定》提出制定公共文化服务保障法，促进基本公共文化服务标准化、均等化，同时作为加强重点领域立法提上重要议事日程。2015年1月《中共中央办公厅国务院办公厅关于加快构建现代公共文化服务体系的意见》，提出加快出台公共文化服务保障法等相关法律法规，为现代公共文化服务体系建设提供法律支撑。加快制定地方性公共文化服务法律规范，提高公共文化服务领域法治化水平。2015年国务院第78次常务会议通过《博物馆条例》。2016年12月国家新闻出版广电总局印发《全民阅读"十三五"时期发展规划》，提出加强全民阅读法制建设，制订发布《全民阅读促进条例》，鼓励和推动地方开展全民阅读立法工作。2016年十二届全国人大常务委员会第二十五次会议审议通过《中华人民共和国公共文化服务保障法》。2017年4月《文化部关于印发〈"十三五"时期文化发展改革规划〉的通知》，提出健全文化法律制度。积极推进公共图书馆法等重点立法项目进程。2017年9月国家新闻出版广电总局印发《新闻出版广播影视"十三五"发展规划》，提出配合国务院法制办公室推进《全民阅读促进条例》的立法进程。2017年十二届全国人大常务委员会第三十次会议审议通过《中华人民共和国公共图书馆法》。

（二）政策要素表现的中观层面分析

二级指标 20 个政策要素，我们认为就是 20 条中观政策。二级指标的 20 个政策要素由于设定的所属三级指标数量不一，故二级指标的 20 个政策要素按照平均频次进行分析。目前二级指标的 20 个政策要素在我国公共文化服务所有政策中出现的平均频次已有显著差别。从中挑选出平均频次出现 10 次及以上的政策要素，就不难发现我国公共文化服务体系建设 20 个政策要素中观层面的政策侧重点，其主要表现在以下 9 个方面。

1. 重视公共文化服务的法制化建设政策

从二级指标 20 个政策要素的平均频次来看，"建立健全公共文化服务法律体系"政策要素平均频次多达 21 次，排在 20 个政策要素指标的第一位，由此看到建立健全公共文化服务法律体系是推动公共文化服务体系良性发展的根本保障，也是全面依法治文的必然要求。

2. 注重建立业务和技术标准与促进城乡公共文化服务均等化政策

从二级指标 20 个政策要素的平均频次来看，"建立业务和技术标准"和"促进城乡公共文化服务均等化"政策要素平均频次达 17.8 次，并列排在 20 个政策要素指标的第二位。这两个政策要素指标有着必然的联系，我国促进公共文化服务均等化主要是通过推动公共文化服务标准化来实现的，建立业务和技术标准是促进城乡公共文化服务均等化的重要举措。

3. 促进群体公共文化服务均等化政策力度不断加大

从二级指标 20 个政策要素的平均频次来看，"促进群体公共文化服务均等化"政策要素平均频次达 16.2 次，排在 20 个政策要素指标的第三位。群体公共文化服务不均等一直是我国公共文化服务的短板。华经产业研究院发布的《2019—2025 年中国养老产业市场发展现状调查及投资趋势前景分析报告》指出，2018 年我国 60 岁及以上老年人多达 2.41 亿人。同时，2013 年至 2017 年我国 65 岁以上人口的平均增速达到 3.8%，同期我国人口增速为 0.5%，老龄人口比重连年不断增加。[①] 2018 年全国农民工总量 2.88 亿人，比上年增长 0.6%，其中，外出农民工 1.73 亿人，比上年增长 0.5%；本地农民工 1.15 万人，比上

---

① 华经情报网：《2019—2025 年中国养老产业市场发展现状调查及投资趋势前景分析报告》，2018 年 11 月 19 日，https：//www.huaon.com/story/382807。

年增长0.9%。① 由此，我国特殊群体公共文化服务任务十分繁重，必须摆上重要的议事日程。

4. 活跃群众文化生活政策日益加强

从二级指标20个政策要素的平均频次来看，"活跃群众文化生活"政策要素平均频次达15次，排在20个政策要素指标的第四位。从起初的广场文化，到组织开展群众性节日民俗活动、推进民间文化艺术之乡建设，到后来的推进红色文化、社区文化、乡土文化、校园文化、企业文化、军旅文化、家庭文化建设和开展全民阅读、全民普法、全民健身、全民科普和艺术普及、优秀传统文化传承活动，充分激发了人民群众的文化创新创造活力，极大地促进了群众性文化活动的广泛开展，广大人民群众既是文化的享受者，也是文化的创造者。

5. 创新管理和运行机制政策日益突出

从二级指标20个政策要素的平均频次来看，"创新管理和运行机制"政策要素平均频次达14.4次，排在20个政策要素指标的第五位。创新是引领发展的第一动力，创新是改革开放的生命。当前，我国公共文化服务资源分散、条块分割、"孤岛"现象严重，资源难以有效整合，资源浪费问题存在；公益性文化事业单位"吃大锅饭"问题依然没有解决，活力不强，效率低下；基层文化设施"重建设、轻管理"十分突出，设施使用效率不高；公共文化服务缺乏科学客观评价，公共文化服务管理和运行机制不能适应新时代构建现代公共文化服务体系的要求。我们必须紧紧抓住重要领域和关键环节，着力解决制约公共文化服务发展的深层次矛盾和问题，全面推进体制机制创新，解放和发展文化生产力，推动形成有利于公共文化服务体系建设的文化发展环境，同时，创新管理和运行机制也是全面深化文化体制改革的紧迫需要。2018年8月习近平总书记在全国宣传思想工作会议上强调，要坚定不移将文化体制改革引向深入，不断激发文化创新创造活力。

6. 文化志愿服务政策得到加强

从二级指标20个政策要素的平均频次来看，"大力推进文化志愿服务"政策要素平均频次达12次，排在20个政策要素指标的第六位。

---

① 中国经济网：《2018年中国农民工总量28836万人》，2019年2月28日，http://news.sina.com.cn/c/2019-02-28/doc-ihrfqzka9970478.shtml。

2016年7月《文化部关于印发〈文化志愿服务管理办法〉的通知》所称文化志愿服务，是指利用自己的时间、知识、技能等，自愿、无偿为社会或他人提供公益性文化服务的个人。文化志愿服务有利于引导人们在服务他人、奉献社会过程中践行道德规范、提升道德境界，促进社会主义核心价值体系建设；有利于推动群众性文化活动广泛深入开展，丰富人们精神文化生活，满足人们精神文化需求，保障人民基本文化权益；有利于充分发挥人民群众文化创造积极性，让蕴藏于人民中的文化创造活力得到充分发挥；有利于吸引优秀文化人才服务基层，壮大基层文化人才队伍，为社会主义文化繁荣兴盛提供人才支撑。当前我国公共文化服务体系建设任务重、涉及面广、行业特点突出，加强文化志愿服务显得十分重要。

7. 公共文化服务效能政策引起重视

从二级指标20个政策要素的平均频次来看，"提升公共文化服务效能"政策要素平均频次达11.8次，排在20个政策要素指标的第七位。

我国公共文化服务体系建设从2005年以来，尤其是通过"十一五""十二五"的建设，基础设施硬件建设已基本告一段落，覆盖我国城乡的公共文化服务体系基本建成，目前主要是加强公共文化服务软件建设，采取综合措施，切实发挥公共文化设施的作用，加强公共文化产品和服务供给，提高公共文化服务效能。

8. 建立保障标准政策成为关键

从二级指标20个政策要素的平均频次来看，"建立保障标准"政策要素平均频次达11.3次，排在20个政策要素指标的第八位。

公共文化服务保障标准主要包括国家基本公共文化服务指导标准，省、自治区、直辖市基本公共文化服务实施标准，地（市）、县级公共文化服务目录，这完整地构成了我国基本公共文化服务标准制度体系。基本公共文化服务标准制度是构建现代公共文化服务体系的制度基础，也是《中华人民共和国公共文化服务保障法》建立的最关键的基本制度。

9. 财税支持政策不断加大

从二级指标20个政策要素的平均频次来看，"加大财税支持"政策要素平均频次达10.5次，排在20个政策要素指标的第九位。

财政保障是公共文化服务的基础，这也是公共服务型政府的职责所在。公共文化服务必须坚持政府主导，以公共财政为支撑，落实政府的主体责任，构建覆盖全社会的公共文化服务体系。要合理划分各级政府基本公共文化服务支出责任，建立健全公共文化服务财政保障机制，按照基本公共文化服务标准，落实提供基本公共文化服务项目所必需的资金，保障公共文化服务体系建设和运行。要进一步完善转移支付制度，加大中央财政和省级财政转移支付力度，重点向革命老区、民族地区、边疆地区、贫困地区倾斜，着力支持农村和城市社区基层公共文化服务设施建设，保障基层城乡居民公平享有基本公共文化服务。

（三）政策要素表现的宏观层面分析

一级指标6个政策要素，就是6条宏观政策。一级指标的6个政策要素由于设定的所属二级指标数量不一，故一级指标的6个政策要素按照平均频次进行分析。目前一级指标的6个政策要素在我国公共文化服务所有政策中出现的平均频次出现差别。从中挑选出平均频次出现10次及以上的政策要素，就不难发现我国公共文化服务体系建设6个政策要素宏观层面的政策侧重点，其主要表现在以下4个方面。

1. 高度重视促进公共文化服务均等化政策

公共文化服务的均等化，是指全体公民都能公平可及地获得大致均等的基本公共服务，其核心是机会均等，而不是简单的平均化和无差异化。

从一级指标6个政策要素的平均频次来看，"促进公共文化服务均等化"政策要素平均频次达13.2次，排在6个政策要素指标的第一位。这足见党和国家对促进公共文化服务均等化的高度重视。

公共文化服务均等化体现了社会主义本质的优越性，是"五大"新发展理念"共享"理念的具体体现，是确保广大群众共享文化改革发展成果的重要举措。2018年8月习近平总书记在全国宣传思想工作会议上指出，要推动公共文化服务标准化、均等化。促进公共文化服务均等化是新时代提高保障和改善文化民生水平、推进国家治理体系和治理能力现代化的必然要求，对于不断满足人民日益增长的美好生活需要、不断促进社会公平正义、不断增进全体人民在文化共建共享发展中的获得感，具有重要意义。

2. 公共文化服务保障政策得到明显加强

公共文化服务保障主要包括体制机制、人财物及法制化，这是公共文化服务保障的体系化逻辑。公共文化服务保障政策如果落不到实处，很难实现公共文化服务的可持续发展。从一级指标 6 个政策要素的平均频次来看，"加强公共文化服务保障"政策要素平均频次达 12 次，排在 6 个政策要素指标的第二位。这充分说明党和国家把对公共文化服务体系建设的组织领导、人财物保障提到一个应有的高度。

3. 注重促进公共文化服务标准化政策

公共服务标准，是指在一定时期内为实现既定目标而对公共文化服务活动所制定的设施、技术和管理等规范。促进公共文化服务标准化的主要举措是建立保障标准、业务和技术标准、评价标准。

从一级指标 6 个政策要素的平均频次来看，"促进公共文化服务标准化"政策要素平均频次达 11.9 次，排在 6 个政策要素指标的第三位。

公共文化服务标准化是推动公共文化服务均等化的主要实现途径，没有公共文化服务的标准化就没有公共文化服务的均等化。2018 年 8 月习近平总书记在全国宣传思想工作会议上指出，要推动公共文化服务标准化、均等化。

4. 公共文化服务提供能力政策不断加强

公共文化服务的供给是各级政府和公益性文化单位的核心任务，是满足人民群众基本文化需求、切实保障人民群众基本文化权益的根本目的所在，也是坚持以人民为中心工作导向的具体体现。

从一级指标 6 个政策要素的平均频次来看，"增强公共文化服务提供能力"政策要素平均频次达 11.4 次，排在 6 个政策要素指标的第四位。2018 年 8 月习近平总书记在全国宣传思想工作会议上指出，坚持政府主导、社会参与、重心下移、共建共享，完善公共文化服务体系，提高基本公共文化服务的覆盖面和适用性，丰富群众性文化活动，以高质量文化供给增强人民群众的文化获得感、幸福感。

二 政策要素在公共文化服务不同类型政策中的表现分析

对政策要素在公共文化服务不同类型政策中的表现分析，就是通过对政策要素的三级指标分布在各公共文化服务政策类型文本中出现频次、频次在各公共文化服务政策类型文本中的占比进行分析，从而把握我国公共文化服务政策在各公共文化服务政策类型中的侧重点和走向。

从目前的情况来看，三级指标的 100 个政策要素在我国公共文化服务不同类型政策中出现的频次、占比呈现出差异（见表5-7）。

这里从中挑选出频次出现前3名的政策要素，就不难发现我国公共文化服务政策在各公共文化服务政策类型中的侧重点和走向。具体分析如下：

（一）政策要素在公共文化服务总体政策中的表现分析

按照出现频次的多少，依次排序是积极开展面向老年人、未成年人、残疾人、农民工、农村留守妇女儿童、生活困难群众的文化活动政策，其频次达38次，占69份政策文本的55.1%；推进红色文化、社区文化、乡土文化、校园文化、企业文化、军旅文化、家庭文化建设政策频次为33次，占69份政策文本的47.8%；大力开展流动服务和数字服务政策，其频次为29次，占69份政策文本的42.0%。从中可以看出，在公共文化服务总体政策中，重视提高公共文化服务覆盖面和适用性。

（二）政策要素在图书馆业政策中的表现分析

按照出现频次的多少，依次排序是公共文化服务设施建设标准政策，大力开展流动服务和数字服务政策，推进县级图书馆总分馆制建设政策，积极开展面向老年人、未成年人、残疾人、农民工、农村留守妇女儿童、生活困难群众的文化活动政策，加大对跨部门、跨行业、跨地域公共文化资源整合政策，完善公共文化服务评价工作机制政策，建立健全公共文化服务财政保障机制政策，其频次并列出现5次，占5份政策文本的100%。公共文化服务规范，公共文化服务机构评价标准政策，鼓励和支持社会力量通过投资或捐助设施设备、兴办实体、资助项目、赞助活动、提供产品和服务等方式参与公共文化服务体系建设政策，实施公共文化设施免费开放政策，其频次并列为4次，占5份政策文本的80%。建立志愿服务机制政策，构建标准统一、互联互通的公共数字文化服务网络政策，加强公共文化服务品牌建设政策，开展全民阅读活动政策，建立文化事业单位法人治理结构政策，加强多层次专业人才教育和培训政策，出台公共文化服务相关法律法规，其频次并列为3次，占5份政策文本的60%。可以看出，图书馆业政策比较注重平衡发展。

（三）政策要素在群众文化业政策中的表现分析

按照出现频次的多少，依次排序是大力开展流动服务和数字服务政策，加强公共文化服务品牌建设政策，其频次并列为7次，占7份政策文本的100%。积极开展面向老年人、未成年人、残疾人、农民工、农

表 5 - 7　公共文化服务政策 100 个要素在各公共文化服务政策类型文本中出现的频次、比重

一级指标	二级指标	三级指标	总体政策 频次	总体政策 百分比（%）	图书馆业政策 频次	图书馆业政策 百分比（%）	群众文化业政策 频次	群众文化业政策 百分比（%）	博物（纪念）馆政策 频次	博物（纪念）馆政策 百分比（%）	广播影视公共服务政策 频次	广播影视公共服务政策 百分比（%）	新闻出版公共服务政策 频次	新闻出版公共服务政策 百分比（%）	公共数字文化服务政策 频次	公共数字文化服务政策 百分比（%）	公共文化经济政策 频次	公共文化经济政策 百分比（%）
促进公共文化服务标准化	1. 建立保障标准	1. 国家基本公共文化服务指导标准	12	17.4	1	20	3	42.9	0	0	1	14.3	0	0	0	0	0	0
		2. 省、自治区、直辖市基本公共文化服务实施标准	8	11.6	1	20	1	14.3	0	0	0	0	0	0	0	0	0	0
		3. 地（市）、县级公共文化服务目录	5	7.2	0	0	2	28.6	0	0	0	0	0	0	0	0	0	0
		4. 公共文化服务设施建设标准	7	10.1	5	100	1	14.3	0	0	2	28.6	1	11.1	0	0	0	0
	2. 建立业务和技术标准	5. 公共文化服务业务管理标准	3	4.3	0	0	0	0	3	25	0	0	0	0	0	0	0	0
		6. 公共文化服务规范	16	23.2	4	80	3	42.9	4	33.3	2	28.6	2	22.2	5	45.6	0	0
		7. 公共文化服务技术和应用标准	12	17.4	1	20	0	0	1	8.3	0	0	0	0	0	0	0	0
	3. 建立评价标准	8. 政府公共文化服务评价标准	1	1.4	0	0	0	0	5	41.7	0	0	0	0	0	0	0	0
		9. 公共文化服务机构评价标准	3	4.3	4	80	1	14.3	0	0	0	0	0	0	0	0	0	0
		10. 公共文化服务项目评价标准	1	1.4	0	0	0	0	4	33.3	0	0	0	0	0	0	0	0

续表

一级指标	二级指标	三级指标	总体政策 频次	总体政策 百分比（%）	图书馆业政策 频次	图书馆业政策 百分比（%）	群众文化业政策 频次	群众文化业政策 百分比（%）	博物（纪念）馆政策 频次	博物（纪念）馆政策 百分比（%）	广播影视公共服务政策 频次	广播影视公共服务政策 百分比（%）	新闻出版公共服务政策 频次	新闻出版公共服务政策 百分比（%）	公共数字文化服务政策 频次	公共数字文化服务政策 百分比（%）	公共文化经济政策 频次	公共文化经济政策 百分比（%）
促进公共文化服务均等化	1. 促进城乡公共文化服务均等化	1. 均等配置公共文化资源	2	2.9	0	0	0	0	0	0	0	0	0	0	3	27.3	0	0
		2. 加强城市社区和农村文化设施建设	8	11.6	0	0	2	28.6	0	0	6	85.7	2	22.2	0	0	0	0
		3. 拓展重大文化惠民项目服务"三农"内容	12	17.4	0	0	0	0	0	0	1	14.3	6	66.7	0	0	0	0
		4. 加大对农村民间文化艺术的扶持力度	1	1.4	0	0	0	0	0	0	0	0	0	0	0	0	0	0
		5. 大力开展流动服务和数字服务	29	42	5	100	7	100	2	16.7	2	28.6	1	11.1	8	72.7	0	0
		6. 建立公共文化服务城乡联动机制	1	1.4	0	0	0	0	0	0	0	0	0	0	0	0	0	0
		7. 推进县级文化馆、图书馆总分馆制建设	17	24.6	5	100	1	14.3	1	8.3	0	0	0	0	0	0	0	0
		8. 加强城市对农村文化建设的帮扶	10	14.5	0	0	3	42.9	6	50	0	0	1	11.1	0	0	0	0

第五章　公共文化服务政策体系定量研究 / 237

续表

一级指标	二级指标	三级指标	总体政策 频次	总体政策 百分比（%）	图书馆业政策 频次	图书馆业政策 百分比（%）	群众文化业政策 频次	群众文化业政策 百分比（%）	博物（纪念）馆政策 频次	博物（纪念）馆政策 百分比（%）	广播影视公共服务政策 频次	广播影视公共服务政策 百分比（%）	新闻出版公共服务政策 频次	新闻出版公共服务政策 百分比（%）	公共数字文化服务政策 频次	公共数字文化服务政策 百分比（%）	公共文化经济政策 频次	公共文化经济政策 百分比（%）
促进公共文化服务均等化		9. 纳入扶贫攻坚计划，实施一批文化扶贫项目	4	5.8	0	0	0	0	0	0	3	42.9	1	11.1	1	9.1	0	0
		10. 落实对国家在贫困地区安排的公益性文化建设项目取消县以下（含县）及西部地区市地级集中连片特困地区市地级配套资金的政策	2	2.9	0	0	0	0	0	0	0	0	0	0	0	0	0	0
	2. 促进地区公共文化服务均等化	11. 加强少数民族语言频率频道和涉农节目建设	2	2.9	0	0	0	0	0	0	0	0	0	0	0	0	0	0
		12. 重点支持民文出版译制	2	2.9	0	0	0	0	0	0	0	0	1	11.1	0	0	0	0
		13. 加强边境地区基层公共文化设施建设	6	8.7	0	0	0	0	0	0	0	0	0	0	0	0	0	0
		14. 促进公共文化服务的地区对口帮扶	8	11.6	0	0	0	0	0	0	0	0	0	0	1	9.1	0	0
		15. 实施"三区"人才专项支持计划	4	5.8	0	0	0	0	0	0	0	0	0	0	0	0	0	0
		16. 支持老少边穷地区挖掘、开发、利用民族民间文化资源	9	13	0	0	0	0	0	0	0	0	0	0	0	0	0	0

续表

一级指标	二级指标	三级指标	总体政策 频次	总体政策 百分比（%）	图书馆业政策 频次	图书馆业政策 百分比（%）	群众文化业政策 频次	群众文化业政策 百分比（%）	博物（纪念）馆政策 频次	博物（纪念）馆政策 百分比（%）	广播影视公共服务政策 频次	广播影视公共服务政策 百分比（%）	新闻出版公共服务政策 频次	新闻出版公共服务政策 百分比（%）	公共数字文化服务政策 频次	公共数字文化服务政策 百分比（%）	公共文化经济政策 频次	公共文化经济政策 百分比（%）
促进公共文化服务均等化	3. 促进群体公共文化服务均等化	17. 积极开展面向老年人、未成年人、残疾人、农民工、农村留守妇女儿童、生活困难群众的文化活动	38	55.1	5	100	5	71.5	3	25	2	28.6	4	44.44	5	45.6	0	0
		18. 将中小学生定期参观博物馆、美术馆、纪念馆、科技馆纳入中小学教育教学活动计划	1	1.5	0	0	0	0	3	25	0	0	0	0	0	0	0	
		19. 公共文化服务机构要为残疾人提供无障碍设施	4	5.8	1	20	0	0	0	0	0	0	0	0	0	0	0	
		20. 实施盲文出版项目，开发视听读物，建设有声图书馆，鼓励和支持有条件的电视节目或增加手语节目或加配字幕	7	10.1	0	0	0	0	0	0	0	0	2	22.2	0	0	0	
		21. 加强对残疾人文化艺术的扶持力度	1	1.4	0	0	0	0	0	0	0	0	0	0	0	0	0	

第五章 公共文化服务政策体系定量研究 / 239

续表

一级指标	二级指标	三级指标	总体政策 频次	总体政策 百分比（%）	图书馆业政策 频次	图书馆业政策 百分比（%）	群众文化业政策 频次	群众文化业政策 百分比（%）	博物（纪念）馆政策 频次	博物（纪念）馆政策 百分比（%）	广播影视公共服务政策 频次	广播影视公共服务政策 百分比（%）	新闻出版公共服务政策 频次	新闻出版公共服务政策 百分比（%）	公共数字文化服务政策 频次	公共数字文化服务政策 百分比（%）	公共文化经济政策 频次	公共文化经济政策 百分比（%）
推动公共文化服务社会化	1.鼓励和引导社会力量参与公共文化服务	1.简政放权，减少行政审批项目，吸引社会资本投入公共文化领域	3	4.3	0	0	0	0	2	16.7	0	0	1	11.1	0	0	0	0
		2.建立健全政府向社会力量购买公共文化服务机制	3	4.3	1	20	3	42.9	0	0	0	0	0	0	0	0	1	50
		3.推广运用政府和社会资本合作（PPP）等模式	2	2.9	0	0	0	0	3	25	1	14.3	1	11.1	0	0	1	50
		4.鼓励和支持社会力量通过投资或捐助设施设备、兴办实体、资助项目、赞助活动、提供产品和服务等方式参与公共文化服务体系建设	3	4.3	4	80	4	57.1	11	91.7	6	85.7	6	66.7	1	9.1	1	50
		5.推动建立健全公开透明的社会捐赠管理制度	1	1.4	0	0	0	0	0	0	0	0	2	22.2	0	0	0	0
		6.鼓励党政机关、国有企事业单位和学校设施向社会各类文化体免费开放或优惠开放	1	1.4	0	0	0	0	0	0	0	0	0	0	0	0	0	0

240 / 中国公共文化服务政策体系研究

续表

一级指标	二级指标	三级指标	总体政策 频次	总体政策 百分比(%)	图书馆业政策 频次	图书馆业政策 百分比(%)	群众文化业政策 频次	群众文化业政策 百分比(%)	博物(纪念)馆政策 频次	博物(纪念)馆政策 百分比(%)	广播影视公共服务政策 频次	广播影视公共服务政策 百分比(%)	新闻出版公共服务政策 频次	新闻出版公共服务政策 百分比(%)	公共数字文化服务政策 频次	公共数字文化服务政策 百分比(%)	公共文化经济政策 频次	公共文化经济政策 百分比(%)
推动公共文化服务社会化	1. 鼓励和引导社会力量参与公共文化服务	7. 探索开展公共文化设施社会化运营	3	4.3	0	0	1	14.3	0	0	0	0	0	0	0	0	0	0
		8. 鼓励各类公共文化服务机构成立行业协会	1	1.4	0	0	0	0	4	33.3	0	0	0	0	0	0	0	0
		9. 适合由社会组织提供的公共文化服务事项交由社会组织承担	2	2.9	0	0	0	0	0	0	0	0	0	0	0	0	0	0
		10. 引导文化类社会组织依法开展公共文化服务	2	2.9	0	0	1	14.3	1	8.3	0	0	0	0	0	0	0	0
	2. 培育和规范文化类社会组织	11. 加强政府对文化类社会组织的管理和社会监督	5	7.2	0	0	1	14.3	0	0	1	14.3	0	0	0	0	0	0
	3. 大力推进文化志愿服务	12. 探索具有地方或行业特色的文化志愿服务模式	3	4.3	1	20	3	42.9	1	8.3	0	0	1	11.1	0	0	0	0
		13. 建立志愿服务机制	3	4.3	3	60	1	14.3	5	41.7	0	0	2	22.2	1	9.1	0	0

续表

一级指标	二级指标	三级指标	总体政策 频次	总体政策 百分比(%)	图书馆业政策 频次	图书馆业政策 百分比(%)	群众文化业政策 频次	群众文化业政策 百分比(%)	博物(纪念)馆政策 频次	博物(纪念)馆政策 百分比(%)	广播影视公共服务政策 频次	广播影视公共服务政策 百分比(%)	新闻出版公共服务政策 频次	新闻出版公共服务政策 百分比(%)	公共数字文化服务政策 频次	公共数字文化服务政策 百分比(%)	公共文化经济政策 频次	公共文化经济政策 百分比(%)
推进公共文化服务数字化	1.加大文化科技创新力度	1.公共文化科技创新纳入科技发展专项规划	1	1.4	0	0	0	0	1	8.3	1	14.3	1	11.1	0	0	0	0
		2.推进文化专用设备、软件、系统的研发应用	5	7.2	1	20	0	0	0	0	1	14.3	2	22.2	0	0	0	0
		3.实施一批公共文化服务科技创新应用示范项目	1	1.4	0	0	0	0	0	0	0	0	0	0	0	0	0	0
	2.推进公共文化服务数字化建设	4.构建标准统一、互联互通的公共数字文化服务网络	4	5.8	3	60	0	0	0	0	0	0	0	0	1	9.1	0	0
		5.科学规划公共数字文化资源建设	6	8.7	1	20	0	0	0	0	0	0	0	0	0	0	0	0
		6.加强公共文化大数据采集、存储和分析处理	2	2.9	2	40	0	0	1	8.3	3	42.9	1	11.1	1	9.1	0	0
	3.提升公共文化服务现代传播能力	7.拓宽公共文化资源传输渠道	2	2.9	0	0	0	0	0	0	0	0	0	0	2	18.2	0	0
		8.构建数字出版物传播平台	1	1.4	0	0	0	0	0	0	0	0	0	0	0	0	0	0
		9.实现广播电视户户通	2	2.9	0	0	0	0	0	0	4	57.1	0	0	0	0	0	0
		10.完善应急广播覆盖网络	1	1.4	0	0	0	0	0	0	4	57.1	0	0	0	0	0	0

续表

一级指标	二级指标	三级指标	总体政策 频次	总体政策 百分比(%)	图书馆业政策 频次	图书馆业政策 百分比(%)	群众文化业政策 频次	群众文化业政策 百分比(%)	博物(纪念)馆政策 频次	博物(纪念)馆政策 百分比(%)	广播影视公共服务政策 频次	广播影视公共服务政策 百分比(%)	新闻出版公共服务政策 频次	新闻出版公共服务政策 百分比(%)	公共数字文化服务政策 频次	公共数字文化服务政策 百分比(%)	公共文化经济政策 频次	公共文化经济政策 百分比(%)
增强公共文化服务提供能力	1. 提升公共文化服务效能	1. 实施公共文化设施免费开放	9	13	4	80	1	14.3	11	91.7	0	0	0	0	4	36.4	0	0
		2. 建立群众文化需求反馈机制	3	4.3	0	0	1	14.3	0	0	0	0	0	0	1	0	0	0
		3. 开展"菜单式""订单式"服务	7	10.1	1	20	1	14.3	0	0	0	0	0	0	0	0	0	0
		4. 加强公共文化服务品牌建设	6	8.7	3	60	7	100	8	66.7	3	42.9	2	22.2	2	18.2	0	0
		5. 加大对跨部门、跨行业、跨地域公共文化资源的整合力度	1	1.4	5	100	1	14.3	3	25	0	0	4	44.4	0	0	0	0
		6. 广泛开展公益性文化艺术活动	6	8.7	0	0	0	0	0	0	0	0	0	0	0	0	0	0
		7. 挖掘特色资源,加强文化创意产品研发	13	18.9	1	20	0	0	3	25	0	0	0	0	0	0	0	0
		8. 完善公益性演出补贴制度	3	4.3	0	0	0	0	0	0	0	0	0	0	0	0	0	0
		9. 积极发展与公共文化服务相关联的教育培训、体育健身、演艺会展、旅游休闲等产业	1	1.4	0	0	0	0	0	0	0	0	0	0	0	0	0	0

续表

一级指标	二级指标	三级指标	总体政策 频次	总体政策 百分比（%）	图书馆业政策 频次	图书馆业政策 百分比（%）	群众文化业政策 频次	群众文化业政策 百分比（%）	博物（纪念）馆政策 频次	博物（纪念）馆政策 百分比（%）	广播影视公共服务政策 频次	广播影视公共服务政策 百分比（%）	新闻出版公共服务政策 频次	新闻出版公共服务政策 百分比（%）	公共数字文化服务政策 频次	公共数字文化服务政策 百分比（%）	公共文化经济政策 频次	公共文化经济政策 百分比（%）
增强公共文化服务提供能力	1. 提升公共文化服务效能	10. 引导和支持各类文化企业开发公共文化产品和服务	1	1.4	0	0	1	14.3	0	0	0	0	1	11.1	0	0	0	0
		11. 创作生产优秀文化产品	10	14.5	0	0	0	0	0	0	0	0	0	0	0	0	0	0
	2. 丰富优秀公共文化产品供给	12. 建立优秀传统文化传承和发展体系	4	5.8	2	40	3	42.9	1	8.3	0	0	3	33.3	0	0	0	0
		13. 加强戏曲等优秀文化艺术的普及推广工作	2	2.9	0	0	1	14.3	0	0	0	0	0	0	0	0	0	0
		14. 开展优秀文化遗产、高雅艺术进校园，进社区	4	5.8	2	40	2	28.6	4	33.3	0	0	1	11.1	0	0	0	0
		15. 推进送戏、送书、送电影下乡	21	30.4	0	0	1	14.3	0	0	0	0	2	22.2	0	0	0	0
		16. 开展优秀出版物推荐活动	1	1.4	0	0	0	0	0	0	0	0	1	11.1	0	0	0	0
		17. 开办少数民族语言的频率频道	2	2.9	0	0	0	0	0	0	0	0	0	0	0	0	0	0

续表

一级指标	二级指标	三级指标	总体政策 频次	总体政策 百分比（%）	图书馆业政策 频次	图书馆业政策 百分比（%）	群众文化业政策 频次	群众文化业政策 百分比（%）	博物（纪念）馆政策 频次	博物（纪念）馆政策 百分比（%）	广播影视公共服务政策 频次	广播影视公共服务政策 百分比（%）	新闻出版公共服务政策 频次	新闻出版公共服务政策 百分比（%）	公共数字文化服务政策 频次	公共数字文化服务政策 百分比（%）	公共文化经济政策 频次	公共文化经济政策 百分比（%）
增强公共文化服务提供能力	2. 丰富公共文化产品供给	18. 提高少数民族语言节目译制、制作、播映和传输	3	4.3	0	0	0	0	0	0	3	42.9	0	0	0	0	0	0
		19. 实施少数民族新闻出版"东风工程"	2	2.9	0	0	0	0	0	0	0	0	1	11.1	0	0	0	0
		20. 加强少数民族文字及双语出版物的出版发行	2	2.9	0	0	0	0	0	0	0	0	2	22.2	0	0	0	0
		21. 加强少数民族语言文艺作品的创作	2	2.9	0	0	0	0	0	0	0	0	0	0	0	0	0	0
	3. 活跃群众文化生活	22. 开展全民阅读、全民普法、全民健身、全民科普和艺术普及、优秀传统文化传承活动	14	20.3	3	60	3	42.9	0	0	0	0	5	55.6	2	18.2	0	0
		23. 引导广场文化活动健康、规范、有序开展	4	5.8	0	0	2	28.6	0	0	0	0	0	0	0	0	0	0
		24. 推进民间文化艺术之乡建设	5	7.2	0	0	2	28.6	0	0	0	0	0	0	0	0	0	0
		25. 组织开展群众节日民俗活动	5	7.2	0	0	0	0	0	0	0	0	0	0	0	0	0	0

续表

一级指标	二级指标	三级指标	总体政策 频次	总体政策 百分比(%)	图书馆业政策 频次	图书馆业政策 百分比(%)	群众文化业政策 频次	群众文化业政策 百分比(%)	博物(纪念)馆政策 频次	博物(纪念)馆政策 百分比(%)	广播影视公共服务政策 频次	广播影视公共服务政策 百分比(%)	新闻出版公共服务政策 频次	新闻出版公共服务政策 百分比(%)	公共数字文化服务政策 频次	公共数字文化服务政策 百分比(%)	公共文化经济政策 频次	公共文化经济政策 百分比(%)
增强公共文化服务提供能力	3.活跃群众文化生活	26.鼓励群众自办文化	7	10.1	0	0	2	28.5	0	0	0	0	0	0	0	0	0	0
		27.推进红色文化、乡土文化、社区文化、企业文化、校园文化、军旅文化、家庭文化建设	33	47.8	0	0	2	28.5	0	0	0	0	1	11.1	0	0	0	0
加强公共文化服务保障	1.创新管理和运行机制	1.建立公共文化服务体系建设协调机制	7	10.1	0	0	0	0	0	0	0	0	0	0	0	0	0	0
		2.加大公益性文化事业单位改革力度	7	10.1	3	60	0	0	0	0	0	0	0	0	0	0	0	0
		3.建立文化事业单位法人治理结构	22	31.9	0	0	0	0	8	66.7	0	0	0	0	0	0	0	0
		4.创新基层公共文化管理机制	1	1.4	5	100	0	0	0	0	0	0	0	0	1	9.1	0	0
		5.完善公共文化服务评价工作机制	3	4.3	2	40	0	0	0	0	0	0	0	0	1	9.1	0	0
	2.加强组织领导	6.公共文化服务纳入国民经济和社会发展总体规划及城乡规划	8	11.6	0	0	0	0	0	0	0	0	0	0	0	0	0	0
		7.纳入创建文明城市的重要内容	4	5.8	0	0	0	0	0	0	0	0	0	0	0	0	0	0

续表

一级指标	二级指标	三级指标	总体政策 频次	总体政策 百分比(%)	图书馆业政策 频次	图书馆业政策 百分比(%)	群众文化业政策 频次	群众文化业政策 百分比(%)	博物(纪念)馆政策 频次	博物(纪念)馆政策 百分比(%)	广播影视公共服务政策 频次	广播影视公共服务政策 百分比(%)	新闻出版公共服务政策 频次	新闻出版公共服务政策 百分比(%)	公共数字文化服务政策 频次	公共数字文化服务政策 百分比(%)	公共文化经济政策 频次	公共文化经济政策 百分比(%)
加强公共文化服务保障		8.建立健全公共文化服务财政保障机制	5	8.7	5	100	0	0	1	8.3	1	14.3	2	22.2	0	0	0	0
		9.进一步完善转移支付体制	17	24.6	0	0	1	14.3	0	0	1	14.3	0	0	0	0	0	0
	3.加大财税支持	10.落实现行鼓励社会组织、机构和个人捐赠公益性文化事业所得税税前扣除政策规定	4	5.8	0	0	0	0	1	8.3	0	0	0	0	0	0	0	0
		11.加强对公共文化服务资金管理使用情况的监督和审计并开展绩效评价	5	8.7	0	0	0	0	1	8.3	0	0	0	0	0	0	0	0
		12.研究制定公共文化机构人员编制标准并根据业务发展状况进行动态调整	5	8.7	1	20	0	0	0	0	0	0	0	0	0	0	0	0
	4.加强队伍建设	13.对实行免费开放后工作量大量增加、现有机构编制难以满足工作需要的公益性文化事业单位合理增加机构编制	1	1.4	0	0	0	0	0	0	0	0	0	0	0	0	0	0

续表

一级指标	二级指标	三级指标	总体政策 频次	总体政策 百分比(%)	图书馆业政策 频次	图书馆业政策 百分比(%)	群众文化业政策 频次	群众文化业政策 百分比(%)	博物（纪念）馆政策 频次	博物（纪念）馆政策 百分比(%)	广播影视公共服务政策 频次	广播影视公共服务政策 百分比(%)	新闻出版公共服务政策 频次	新闻出版公共服务政策 百分比(%)	公共数字文化服务政策 频次	公共数字文化服务政策 百分比(%)	公共文化经济政策 频次	公共文化经济政策 百分比(%)
		14.落实每个乡镇综合文化站（中心）编制配备不少于1至2名的要求	1	1.4	0	0	0	0	0	0	0	0	0	0	0	0	0	0
	4.加强队伍建设	15.设立城乡基层公共文化服务岗位	6	8.7	0	0	0	0	0	0	0	0	0	0	0	0	0	0
加强公共文化服务保障		16.加强多层次专业人才教育和培训	16	23.2	3	60	0	0	2	16.7	1	14.3	2	22.2	0	0	0	0
		17.建立培训上岗制度	3	4.3	1	20	1	14.3	2	16.7	0	0	0	0	0	0	0	0
		18.加强基层乡土文化人才建设	2	2.9	0	0	1	14.3	0	0	0	0	0	0	0	0	0	0
	5.建立健全公共文化服务法律体系	19.出台公共文化服务相关法律法规	13	18.8	3	60	0	0	2	16.7	1	14.3	1	11.1	1	9.1	0	0
			69	5	7	12	7	9	11	2								
政策文本数量（份）		122																

村留守妇女儿童、生活困难群众的文化活动政策，其频次为5次，占7份政策文本的71.4%。鼓励和支持社会力量通过投资或捐助设施设备、兴办实体、资助项目、赞助活动、提供产品和服务等方式参与公共文化服务体系建设政策，其频次为4次，占7份政策文本的57.1%。可以看出，在文化馆业政策中，重视提高公共文化服务覆盖面、品牌建设、鼓励和支持社会力量参与群众文化建设。

（四）政策要素在博物（纪念）馆政策中的表现分析

按照出现频次的多少，依次排序是鼓励和支持社会力量通过投资或捐助设施设备、兴办实体、资助项目、赞助活动、提供产品和服务等方式参与公共文化服务体系建设政策，实施公共文化设施免费开放政策，其频次并列出现11次，占12份政策文本的91.7%。加强公共文化服务品牌建设政策，建立法人治理结构政策，其频次并列为8次，占12份政策文本的66.7%。加强城市对农村文化建设的帮扶政策，其频次为6次，占12份政策文本的50%。公共文化服务机构评价标准政策，建立志愿服务机制政策，其频次并列为5次，占12份政策文本的41.7%。可以看出，在博物（纪念）馆政策中，重视社会力量参与、公共文化服务品牌建设政策、博物馆管理运行改革、城市博物馆对农村博物馆和国办博物馆对民办博物馆的帮扶、博物馆绩效评价。

（五）政策要素在广播影视公共服务政策中的表现分析

按照出现频次的多少，依次排序是加强城市社区和农村文化设施建设政策，鼓励和支持社会力量通过投资或捐助设施设备、兴办实体、资助项目、赞助活动、提供产品和服务等方式参与公共文化服务体系建设政策，其频次并列为6次，占7份政策文本的85.7%。实现广播电视户户通政策，完善应急广播覆盖网络政策，其频次并列为4次，占7份政策文本的57.1%。纳入扶贫攻坚计划、实施一批文化扶贫项目政策，加强公共文化大数据采集、存储和分析处理政策，加强公共文化服务品牌建设政策，提高少数民族语言节目译制、制作、播映和传输政策，其频次并列为3次，占7份政策文本的42.9%。可以看出，在广播影视公共服务政策中重视综合施策。

（六）政策要素在新闻出版公共服务政策中的表现分析

按照出现频次的多少，依次排序是拓展重大文化惠民项目服务"三农"内容，鼓励和支持社会力量通过投资或捐助设施设备、兴办实体、资助项目、赞助活动、提供产品和服务等方式参与公共文化服务体系建设政策,其频次并列为 6 次,占 9 份政策文本的 66.7%。开展全民阅读、全民普法、全民健身、全民科普和艺术普及政策频次为 5 次,占 9 份政策文本的 55.6%。积极开展面向老年人、未成年人、残疾人、农民工、农村留守妇女儿童、生活困难群众的文化活动政策,加大对跨部门、跨行业、跨地域公共文化资源整合政策,其频次并列为 4 次,占 9 份政策文本的 44.4%。可以看出,在新闻出版公共服务政策中,注重对"三农"的服务、社会力量参与、全民阅读活动、提高公共文化服务覆盖面和阅读资源的整合利用。

(七)政策要素在公共数字文化服务政策中的表现分析

按照出现频次的多少,依次排序是大力开展流动服务和数字服务政策频次为 8 次,占 11 份政策文本的 72.8%。公共文化服务规范,积极开展面向老年人、未成年人、残疾人、农民工、农村留守妇女儿童、生活困难群众的文化活动政策,其频次并列为 5 次,占 11 份政策文本的 45.5%。实施公共文化设施免费开放政策频次为 4 次,占 11 份政策文本的 36.4%。可以看出,在公共数字文化服务政策中,注重向人民群众提供数字化服务,打通公共文化服务的"最后一公里"及公共数字文化服务规范、电子阅览室免费开放。

(八)政策要素在公共文化经济政策中的表现分析

按照出现频次的多少,依次排序是建立健全政府向社会力量购买公共文化服务机制政策,推广运用政府和社会资本合作(PPP)政策,鼓励和支持社会力量通过投资或捐助设施设备、兴办实体、资助项目、赞助活动、提供产品和服务等方式参与公共文化服务体系建设政策,其频次并列为 1 次,占 2 份政策文本的 50%。可以看出,在公共文化经济政策中,除了公共财政投入公共文化服务体系建设外,还注重多元化投入。

三 政策要素对我国公共文化服务发展的影响分析

一级、二级、三级指标在公共文化服务体系建设中的呈现情况,对应反映了公共文化服务发展中的目标层次和准则层次要素指标的情况(见表 5-8),换句话说,公共文化服务发展是依靠与之相适应的政策作为有力支撑。

表 5-8　　　　公共文化服务发展模型要素指标与一级
　　　　　　　政策要素指标及平均频次对应

目标层次	平均频次	准则层次	平均频次	政策要素 一级指标	平均频次
覆盖力	11.4	场馆设施覆盖面	11.4	◎促进公共文化服务标准化 ◎促进公共文化服务均等化 ◎推动公共文化服务社会化 ◎加强公共文化服务保障	11.9 13.2 8.6 12
		流动设施覆盖面	11.4	◎促进公共文化服务标准化 ◎促进公共文化服务均等化 ◎推动公共文化服务社会化 ◎加强公共文化服务保障	11.9 13.2 8.6 12
		数字设施覆盖面	11.4	◎促进公共文化服务标准化 ◎促进公共文化服务均等化 ◎推动公共文化服务社会化 ◎加强公共文化服务保障	11.9 13.2 8.6 12
供给力	10.2	服务高效率	10.2	◎促进公共文化服务均等化 ◎推动公共文化服务社会化 ◎推进公共文化服务数字化 ◎增强公共文化服务提供能力 ◎加强公共文化服务保障	13.2 8.6 5.7 11.4 12
		服务优质率	10.7	◎增强公共文化服务提供能力 ◎推动公共文化服务社会化 ◎加强公共文化服务保障	11.4 8.6 12
		群众参与率	9.7	◎促进公共文化服务均等化 ◎增强公共文化服务提供能力 ◎推进公共文化服务数字化 ◎推动公共文化服务社会化	13.2 11.4 5.7 8.6
创新力	9.6	文化与科技融合深度	5.7	◎推进公共文化服务数字化	5.7
		公共文化服务发展动力	8.6	◎推动公共文化服务社会化	8.6
		体制机制改革力度	12	◎加强公共文化服务保障	12
		服务效能评价力度	12	◎加强公共文化服务保障	12

　　这里选取频次排在前 3 位的指标，对影响目标层次的政策进行分析，从而增强建立我国公共文化服务政策体系的科学性、前瞻性、可操作性，

提高政策执行的效力，推进我国公共文化服务的发展。结合表 5-6，具体分析如下：

（一）突出公共文化服务发展"覆盖力"

公共文化服务覆盖力，即公共文化服务覆盖面。这是 2020 年我国基本建成覆盖城乡、便捷高效、保基本、促公平的现代公共文化服务体系的基础。提高公共文化服务发展"覆盖力"的主要政策措施如下：

从政策要素的 6 个一级指标来看，主要有促进公共文化服务均等化，强化公共文化服务保障，促进公共文化服务标准化等政策。

从政策要素的 20 个二级指标来看，主要有建立健全公共文化服务法律体系，建立业务和技术标准，促进城乡公共文化服务和群体公共文化服务均等化等政策。

从政策要素的 100 个三级指标来看，主要有积极开展面向老年人、未成年人、残疾人、农民工、农村留守妇女儿童、生活困难群众的文化活动，大力开展流动服务和数字服务，鼓励和支持社会力量通过投资或捐助设施设备、兴办实体、资助项目、赞助活动、提供产品和服务等方式参与公共文化服务体系建设等政策。

（二）重视公共文化服务发展"供给力"

在完善公共文化设施网络的基础上，增加公共文化服务供给，提供丰富适用的公共文化产品和服务就成为公共文化服务的关键，这是摆在我们面前紧迫的现实问题。增强公共文化服务发展"供给力"的主要政策措施如下：

从政策要素的 6 个一级指标来看，主要有促进公共文化服务均等化，加强公共文化服务保障，增强公共文化服务提供能力等政策。

从政策要素的 20 个二级指标来看，主要有建立健全公共文化服务法律体系，促进城乡公共文化服务均等化，促进公共文化服务均等化等政策。

从政策要素的 100 个三级指标来看，主要有积极开展面向老年人、未成年人、残疾人、农民工、农村留守妇女儿童、生活困难群众的文化活动，大力开展流动服务和数字服务，鼓励和支持社会力量通过投资或捐助设施设备、兴办实体、资助项目、赞助活动、提供产品和服务等方式参与公共文化服务体系建设，推进红色文化、社区文化、乡土文化、校园文化、企业文化、军旅文化、家庭文化建设等政策。

（三）注重公共文化服务发展"创新力"

党的十八大以来，以习近平同志为核心的党中央提出创新、协调、绿色、开放、共享的新发展理念，这是对中国发展实践的科学指引，也为破解世界发展难题贡献了中国方案。公共文化服务发展必须坚持新发展理念，推动内容形式、体制机制、传播手段创新。增强公共文化服务"创新力"的主要政策措施如下：

从政策要素的6个一级指标来看，主要有体制机制改革，服务效能评价，推动公共文化服务社会化等政策。

从政策要素的20个二级指标来看，主要有建立健全公共文化服务法律体系，创新管理和运行机制，大力推进文化志愿服务等政策。

从政策要素的100个三级指标来看，主要有鼓励和支持社会力量通过投资或捐助设施设备、兴办实体、资助项目、赞助活动、提供产品和服务等方式参与公共文化服务体系建设，建立文化事业单位法人治理结构，加强多层次专业人才教育和培训等政策。

第 六 章

公共文化服务政策体系实施与发展走向[*]

第一节 公共文化服务政策体系实施

一 公共文化服务体系建设现状

（一）公共文化服务体系建设成效

2005年10月党的十六届五中全会首次提出建设公共文化服务体系以来，可以说我国公共文化服务体系建设取得了显著成绩。这些成绩的取得，离不开公共文化服务政策体系的支撑。同时，也反映了政策体系执行的效果。

1. 设施网络覆盖逐步扩大

截至2017年末，全国有公共图书馆3166个，比2005年2762个增加404个；每万人拥有公共图书馆建筑面积109平方米，比2005年51.8平方米增加57.2平方米。全国有群众文化机构44521个，比2005年41588个增加2933个，其中文化馆（群众艺术馆）3328个，比2005年3226个增加102个；文化站41193个，比2005年38362个增加2831个；每万人拥有群众文化设施建筑面积295.4平方米，比2005年115.3平方米增加180.1平方米。全国有博物馆4721个，比2005年1581个增加3140个。

---

[*] 本书数据由作者根据国家图书馆出版社2006年10月出版的《中国文化文物统计年鉴（2006）》和2018年11月出版的《中国文化文物统计年鉴（2018）》中第46—59、123—131、384—394页里的数据整理计算而来。

这期间，机构数量增长最快的是博物馆，2017年比2005年增长1.99倍；其次是公共图书馆，2017年比2005年增长0.15倍；再次是文化站，2017年比2005年增长0.07倍；最后是文化馆（群众艺术馆），2017年比2005年增长0.03倍。每万人拥有设施建筑面积增长最快的是群众文化设施建筑面积，2017年比2005年增长1.56倍；每万人拥有公共图书馆建筑面积，2017年比2005年增长0.91倍。

2. 产品生产供给不断增加

截至2017年末，全国公共图书馆总藏量96953万册（件），比2005年48056万册（件）增加48897万册（件）；人均拥有公共图书馆藏量0.7册（件），比2005年0.37册（件）增加0.33册（件）；总流通人次74450万人次，比2005年23332万人次增加51118万人次；图书外借册次55091万册次，比2005年20269万册次增加34822万册次。这期间，全国公共图书馆业务指标增长最快的是总流通人次，2017年比2005年增长2.19倍；其次是图书外借册次，2017年比2005年增长1.72倍；再次是总藏量，2017年比2005年增长1.02倍；最后是人均拥有藏量，2017年比2005年增长0.89倍。

截至2017年末，全国群众文化机构（包括群众艺术馆、文化馆、文化站）组织文艺活动次数111.4261万次，比2005年39.1439万次增加72.2822万次；举办训练班次67.5852万次，比2005年19.0194万次增加48.5658万次；培训人次4494.5万人次，比2005年666.5万人次增加3828万人次；举办展览个数15.4106万个，比2005年11.1300万个增加4.2806万个。这期间，全国群众文化机构业务指标增长最快的是培训人次，2017年比2005年增长5.74倍；其次是训练班次，2017年比2005年增长2.55倍；再次是组织文艺活动次数，2017年比2005年增长1.85倍；最后是举办展览个数，2017年比2005年增长0.38倍。

截至2017年末，全国博物馆藏品数3662.3080万件/套，比2014年2929.9673万件/套增加732.3407万件/套；举办基本陈列12189个，比2014年9036个增加3153个；举办临时展览12422个，比2014年10529个增加1893个；参观人次97172.15万人次，比2014年71773.81万人次增加25398.34万人次。这期间，全国博物馆业务指标增长最快的是参观人次和举办基本陈列，2017年比2014年增长都是0.35倍；其次是藏品数，2017 年比 2014 年增长 0.25 倍；最后是举办临时展览，2017 年比 2014 年增长 0.18 倍。

3. 公共文化服务保障力度加大

队伍建设。截至 2017 年末，全国公共图书馆从业人员 53564 人，比 2005 年 50423 人增加 3141 人。全国群众文化机构从业人员 180911 人，比 2005 年 122500 人增加 58411 人。这期间增长最多的是全国群众文化机构从业人员，2017 年比 2005 年增长 0.48 倍；全国公共图书馆从业人员，2017 年比 2005 年增长 0.06 倍。

财政投入。截至 2017 年末，全国文化事业费 855.80 亿元，比 2005 年 133.82 亿元增长 5.4 倍；2017 年全国文化事业费占国家财政总支出 20.333011 万亿元的 0.42%，比 2005 年占国家财政总支出 3.393028 万亿元的 0.39% 多 0.03 个百分点；2017 年是 2005 年以来，全国文化事业费占国家财政总支出最多的一年。

法制建设。2005 年以来，国家先后出台了《乡镇综合文化站管理办法》《博物馆条例》《中华人民共和国公共文化服务保障法》《中华人民共和国公共图书馆法》。这一时期我国公共文化服务法治建设提到历史上前所未有的高度，填补了我国公共文化服务法律空白，完善了我国文化法律制度体系。

（二）公共文化服务体系建设存在的问题

1. 公共文化服务体系不完善

主要表现为"重建设轻管理"问题依然突出，优化配置公共文化资源难度大，公共文化设施效能不高；设施网络建设、提供的公共文化产品和服务不能有效实现对人群的覆盖；贫困地区公共文化服务还没有实现明显改善，发展差距扩大趋势还没有得到根本扭转；针对特殊群体的公共文化服务措施单一，方式方法滞后；公共文化服务与旅游公共服务融合发展思路模糊，没有实质性推进；公共文化服务从"有没有""缺不缺"向"好不好""精不精"转变面临多重压力；文化体制机制改革还需进一步深化，政府部门还没有完全实现由办文化向管文化转变、与所属的文化事业单位进一步理顺关系，文化事业单位活力不足。

2. 文化惠民工程出现新的困境

一方面，实施乡村振兴战略，公共文化服务体系建设是题中之义。

另一方面，随着我国城市化进程的不断加快，面对农村人口向城镇的大量转移，农村"空心化"现象严重，我们针对农村实施的广播电视村村通工程、文化信息资源共享工程、基层文化阵地建设工程、农村电影放映工程、农家书屋工程、送戏下乡等文化惠民工程出现服务人群"空转"现象，效率不高是不可回避的现实问题。深入实施文化惠民工程成为亟待研究解决的重大问题。

3. 财政保障措施有待进一步落地

尽管我国财政投入总量逐年加大，但从"十一五"以来，全国文化事业费支出占当年国家财政总支出的比重一直徘徊在0.36%—0.4%之间。总体来讲，这与我国公共文化服务体系建设仍不相适应。2015年1月《中共中央办公厅国务院办公厅关于加快构建现代公共文化服务体系的意见》和《中华人民共和国公共文化服务保障法》都明确要求"将公共文化服务经费纳入本级预算"，但就全国而言，该项制度还没有真正建立起来，政府主体责任没有完全落到实处。

4. 公共文化服务可持续发展制度尚需完善

尽管国家已经出台了《中华人民共和国公共文化服务保障法》和《中华人民共和国公共图书馆法》，但是违法必究、执法必严的机制还没有形成，公共文化服务的地方立法还相对滞后，《中华人民共和国公共文化服务保障法》所确立的系列基本制度还没有细化落实；博物馆和文化馆立法还没有提上议事日程。社会力量参与公共文化服务制度还需进一步深化拓展，社会力量的积极性没有完全调动起来。与此同时，公共文化服务机构的标准化建设刚刚起步，对公共文化服务标准实施情况的动态监测机制和绩效评价机制缺失。

二 公共文化服务政策体系构建的基本经验

（一）坚持以人民为中心的政策导向

坚持以人民为中心是新时代坚持和发展中国特色社会主义基本方略的重要组成部分。习近平总书记在庆祝改革开放40周年大会上强调，必须坚持以人民为中心，不断实现人民对美好生活的向往。我们党来自人民、扎根人民、造福人民，全心全意为人民服务是党的根本宗旨，必须以最广大人民的根本利益为我们一切工作的根本出发点和落脚点，坚持把人民拥护不拥护、赞成不赞成、高兴不高兴作为制定政策的依据。公共文化服务事业是关乎广大人民群众对美好生活向往的重要内容，必须以社会主义核心价值观为引领、以保障人民群众基本文化权益为根本目的，这是公共文化服务工作的根本出发点和落脚点，要把人民拥护不拥护、赞成不赞成、高兴不高兴作为构建公共文化服务政策体系的依据。

事实亦然，从2005年10月党的十六届五中全会首次提出建设公共文化服务体系以来，我国在建设公共文化服务政策体系过程中，始终坚持以人民为中心的政策导向，出台了一系列文化惠民政策。从我们研究所收集的中共中央、全国人大、国务院发布的34份公共文化服务政策文本（见第五章公共文化服务政策体系定量研究表5-5）的高频词来看，"公共"一词出现频次874次，名列所有高频词前3位。不难看出，公益性是公共文化服务体系必须坚持的根本属性，任何时候我们都必须牢牢把握公共文化服务体系的公益性，不以营利为目的，必须坚持社会效益第一，满足广大人民群众对美好生活的向往。2007年8月《中共中央办公厅国务院办公厅关于加强公共文化服务体系建设的若干意见》把"广播电视村村通工程、文化信息资源共享工程、乡镇综合文化站和基层文化阵地建设工程、农村电影放映工程、农家书屋建设工程"作为文化惠民工程。为了扎实推进文化惠民工程，2006年9月《国务院办公厅关于进一步做好新时期广播电视村村通工作的通知》，2007年11月《国家发展改革委财政部国家广电总局印发"十一五"全国广播电视村村通工程建设规划》，2008年5月《国家发展改革委办公厅广电总局办公厅关于扎实做好"十一五"广播电视村村通工程建设有关工作的通知》，2011年8月《国家发展改革委广电总局印发全国"十二五"广播电视村村通工程建设规划》，2012年9月《广电总局国家发展改革委关于做好广播电视高山无线发射台站基础设施建设管理工作的通知》，2016年4月《国务院办公厅关于加快推进广播电视村村通向户户通升级工作的通知》，2006年6月《文化部关于印发〈全国文化信息资源共享工程"十一五"规划〉的通知》，2007年4月《文化部财政部关于进一步推进全国文化信息资源共享的实施意见》，2013年1月《文化部关于印发〈全国文化信息资源共享工程"十二五"规划纲要〉的通知》，2007年8月《国家发改委文化部关于印发〈全国"十一五"乡镇综合文化站建设规划〉的通知》，2009年9月文化部颁布了《乡镇综合文化站管理办法》，2010年6月《国家体育总局文化部农业部关于印发〈关于发挥乡镇综合文化站的功能进一步加强农村体育工作的意见〉的通知》，2011年3月《文化部关于加强村级文化建设的指导意见》，2015年10月《国务院办公厅关于推进基层综合性文化服务中心建设的指导意见》，2006年12月《新闻出版总署关于印发〈新闻出版业"十一五"发展规划〉的通知》，2006年9月《新闻出版总署办公厅关于做好"农家书屋"工程书目推荐工作的通知》，2007年5月《国务院办公厅转发广电总局等部门关于做好农村电影工作意见的通知》，2007年3月《国家新闻出版总署等部门关于印发〈"农家书屋"工程实施意见〉的通知》，2008年7月新闻出版总署印发《农家书屋工程建设管理暂行办法》，2008年5月《国家新闻出版总署农业部关于加强农家书屋工程建设和新型农民科技培训工作的通知》，2010年8月《新闻出版总署农家书屋工程建设领导小组办公室关于切实提高农家书屋使用率的通知》，2017年《国家新闻出版广电总局办公厅关于深化农家书屋延伸服务的通知》。这些文化惠民政策始终坚持以人民为中心的政策导向，从解决人民群众最关心最直接最现实的收听收看广播难，看书难，看电影难，进行公共文化鉴赏和参加大众文化活动难等人民群众的基本文化权益问题入手，统筹做好各项文化保障和改善民生工作，文化惠民工程使人民群众的幸福感、获得感显著提升。所以，习近平总书记在党的十九大报告上强调，要深入实施文化惠民工程。

（二）坚持以改革发展作为政策引领

习近平总书记在庆祝中国共产党成立95周年大会上指出，发展是党执政兴国的第一要务，是解决中国所有问题的关键；改革开放是当代中国最鲜明的特色，是我们党在新的历史时期最鲜明的旗帜。改革开放是决定当代中国命运的关键抉择，是党和人民事业大踏步赶上时代的重要法宝。公共文化服务事业是党和国家事业的组成部分，党和国家在建立公共文化服务政策体系中，始终坚持以改革发展作为引领，促进公共文化服务不断发展。

在深化文化体制改革中，始终把公益性文化事业改革纳入其中，明确国家兴办的图书馆、博物馆、文化馆（站）、科技馆、群众艺术馆、美术馆等为群众提供公共文化服务的单位为公益性文化事业单位，并提出以转换机制、增加投入、增强活力、改善服务为重点，抓好公益性文化事业的改革和发展。从我们研究所收集的中共中央、全国人大、国务院发布的34份公共文化服务政策文本（见第五章公共文化服务政策体系定量研究表5-5）的高频词来看，"发展"一词出现频次986次，名列所有高频词顺排第1位。"改革"一词出现频次188次，名列所有高频词顺排第26位。为了推动公共文化服务改革，2005年12月中共中央、国务院发出《关于深化文化体制改革的若干意见》，2011年10月党的十七届六中全会通过《中共中央关于深化文化体制改革推动社会主义文化大发展大繁荣若干重大问题的决定》，2013年党中央把"构建现代公共文化服务体系"纳入全面深化改革的重要内容，2008年7月文化部下发《关于进一步深化文化系统文化体制改革的意见》。与此同时，为了推动公共文化服务发展，2007年8月《中共中央办公厅国务院办公厅关于加强公共文化服务体系建设的若干意见》，2013年1月《中共中央办公厅国务院办公厅关于加快构建现代公共文化服务体系的意见》，2013年1月《文化部关于印发〈文化部"十二五"时期公共文化服务体系建设实施纲要〉的通知》等政策文件。习近平总书记在党的十九大报告中强调，要深化文化体制改革，完善文化管理体制，加快构建把社会效益放在首位、社会效益和经济效益相统一的体制机制。完善公共文化服务体系，深入实施文化惠民工程，丰富群众性文化活动。2008年8月习近平总书记在全国宣传思想工作会议上指出，要坚定不移将文化体制改革引向深入，不断激发文化创新创造活力。

（三）坚持以标准化促进均等化作为政策主线

习近平总书记在党的十九大报告中指出，中国特色社会主义进入新时代，我国社会主要矛盾已经转化为人民日益增长的美好生活需要和不平衡不充分的发展之间的矛盾。但必须认识到，我国社会主要矛盾的变化，没有改变我们对我国社会主义所处历史阶段的判断，我国仍处于并将长期处于社会主义初级阶段的基本国情没有变，我国是世界最大发展中国家的国际地位没有变。习近平总书记曾在庆祝中国共产党成立95周年大会上强调，这是我们谋划发展的基本依据。

在公共文化服务体系建设中，始终抓住人民最关心最直接最现实的看电视、听广播、读书看报、进行公共文化鉴赏、参加大众文化活动等基本文化权益,既尽力而为,又量力而行,一件事情接着一件事情办,一年接着一年干。坚持人人尽责、人人享有,坚守底线、突出重点,完善制度、引导预期,完善公共文化服务体系,以基本公共文化服务标准化推进公共文化服务均等化,促进城乡、区域、群体公共文化服务均衡发展。从我们研究所收集的中共中央、全国人大、国务院发布的34份公共文化服务政策文本(见第五章公共文化服务政策体系定量研究表5-5)的高频词来看,"基本"一词出现频次为234次,名列所有高频词顺排第17位。党中央、国务院高度重视以标准化促进均等化工作,紧紧扭住以标准化促进均等化这条政策主线,2012年7月《国务院关于印发〈国家基本公共服务体系"十二五"规划〉的通知》,2017年1月《国务院关于印发〈"十三五"推进基本公共服务均等化规划〉的通知》,2018年12月《中共中央办公厅国务院办公厅关于建立健全基本公共服务标准体系的指导意见》,这些政策文件都将"基本公共文化服务"纳入其中进行总体谋划、统筹部署。2015年1月《中共中央办公厅国务院办公厅关于加快构建现代公共文化服务体系的意见》配套印发《国家基本公共文化服务指导标准(2015—2020年)》,这是我国第一个基本公共文化服务指导标准。同时,明确要求各省、自治区、直辖市和新疆生产建设兵团要根据国家指导标准,结合当地群众需求、政府财政能力和文化特色,制定适合本地区的实施标准,建立国家指导标准与地方实施标准相衔接的标准体系;国家基本公共文化服务指导标准从2015年起开始实施;标准以县为基本单位推进落实。2016年12月十二届全国人大常务委员会第二十五次会议通过的《中华人民共和国公共文化服务保障法》明确规定:国务院根据公民基本文化需求和经济社会发展水平,制定并调整国家基本公共文化服务指导标准;省、自治区、直辖市人民政府根据国家基本公共文化服务指导标准,结合当地实际需求、财政能力和文化特色,制定并调整本行政区域的基本公共文化服务实施标准;设区的市级、县级地方人民政府应当根据国家基本公共文化服务指导标准和省、自治区、直辖市基本公共文化服务实施标准,结合当地实际,制定公布本行政区域公共文化服务目录并组织实施;《中华人民共和国公共文化服务保障法》确立了我国基本公共文化服务标准制度，这是其确立的所有制度中最基本的制度，以标准化促进均等化上升到法律层面。2008年8月习近平总书记在全国宣传思想工作会议上指出，要推动公共文化服务标准化、均等化。

（四）坚持以加强公共文化服务供给作为政策目标

习近平总书记在党的十九大报告中指出，满足人民过上美好生活的新期待，必须提供丰富的精神食粮。提供丰富的精神食粮，必须不断加强公共文化服务供给。

在公共文化服务体系建设中，始终把加强公共文化服务供给，提升公共文化服务效能作为政策制定、实施、评估的目标。从我们研究所收集的中共中央、全国人大、国务院发布的34份公共文化服务政策文本（见第五章公共文化服务政策体系定量研究表5-5）的高频词来看，"供给"一词出现频次为50次。为了公共文化服务供给政策目标的实现，我国主要通过实施公共文化设施免费开放，加强戏曲等优秀文化艺术的普及推广工作，利用公共文化设施支持开展全民阅读、全民普法、全民健身、全民科普和艺术普及、优秀传统文化传承活动等政策来实现。2006年9月《中共中央办公厅国务院办公厅印发国家"十一五"时期文化发展规划纲要》，提出完善国有博物馆、美术馆等公共文化设施对未成年人等免费或者优惠开放制度，有条件的爱国主义教育基地的公共文化设施可向社会免费开放。2008年1月《中宣部财政部文化部国家文物局关于全国博物馆、纪念馆免费开放的通知》，2011年1月《文化部财政部关于推进全国美术馆、公共图书馆、文化馆（站）免费开放工作的意见》，2015年3月《中国科协中宣部财政部关于全国科技馆免费开放的通知》。与此同时，2017年9月《文化部办公厅关于进一步做好戏曲进校园工作的通知》，2017年6月《中宣部文化部财政部印发关于戏曲进乡村的实施方案》，2006年4月中宣部等部门发出《关于开展全民阅读活动的倡议书》，2009年4月《中宣部新闻出版总署关于进一步推动做好全民阅读活动的通知》，2016年12月《国家新闻出版广电总局关于印发〈全民阅读"十三五"时期发展规划〉的通知》等一系列政策。这些政策丰富了群众性文化活动，满足了他们对精神文化的需求。2008年

8月习近平总书记在全国宣传思想工作会议上指出,坚持政府主导、社会参与、重心下移、共建共享,完善公共文化服务体系,提高基本公共文化服务的覆盖面和适用性,以高质量文化供给增强人们的文化获得感、幸福感。

第二节　公共文化服务政策体系发展走向

2013年11月党的十八届三中全会通过《中共中央关于全面深化改革若干重大问题的决定》,提出构建现代公共文化服务体系。这为当前和今后一段时期公共文化服务政策、机制和制度创新指引了明确方向。[①] 党的十八届三中全会以来,我国对构建现代公共文化服务体系出台了一系列政策法规,极大地促进了公共文化服务体系的科学可持续发展。党的十九大站在中国特色社会主义进入新时代的高度,在作出"公共文化服务水平不断提高"研判的基础上,提出满足人民过上美好生活的新期待,必须提供丰富的精神食粮。要深化文化体制改革,完善文化管理体制,加快构建把社会效益放在首位、社会效益和经济效益相统一的体制机制。完善公共文化服务体系,深入实施文化惠民工程,丰富群众性文化活动。2018年全国宣传思想工作会议将"兴文化"纳入新时代宣传思想工作新的使命任务,提出要推动公共文化服务标准化、均等化,坚持政府主导、社会参与、重心下移、共建共享,完善公共文化服务体系,提高基本公共文化服务的覆盖面和适用性。要坚定不移将文化体制改革引向深入,不断激发文化创新创造活力。党的十九大和2018年全国宣传思想工作会议对公共文化服务提出了新要求新任务。与此同时,党中央、国务院作出了文化和旅游融合发展的重大战略决定。这为当前和未来一个时期公共文化服务政策体系发展指明了走向。

一　完善公共文化服务体系

公共文化服务体系主要包括设施网络、产品供给、保障支撑、绩效

[①] 巫志南:《构建现代公共文化服务体系的政策走向分析》,《上海文化》2013年第12期。

评估4个子体系。当前，我国公共文化服务存在的突出问题是不均等，这是与新时代我国社会主要矛盾的变化相适应的，我们必须在继续推进公共文化服务体系加快建设的基础上，着力解决好发展不平衡不充分的问题，加快完善公共文化服务体系。

(一)完善网络设施体系，重在补齐短板

一是查漏补缺。根据本行政区域内人口数量、人口分布、环境条件等因素，坚持国家和地方发布的相关建设标准，对照现有的公共文化设施网络布局，合理确定各级公共文化设施的数量、规模、结构和分布，该建则建、宜建则建，整合利用、分类指导、采取多种建设方式，加强固定馆舍设施建设，扩大和优化公共文化设施服务的有效覆盖范围。二是打通关键。要利用"互联网+"，推动公共文化服务与科技深度融合，结合"宽带中国""智慧城市"等国家重大信息工程，整合各地公共数字文化服务平台，构建覆盖城乡、标准统一、分级分布式的全国互联互通的综合性公共数字文化服务网络，使各级公共图书馆、文化馆和基层综合性文化服务中心等实现无线网络覆盖，提高公共数字文化服务的综合能力。针对公共文化服务存在盲区的农村、偏远山区、地广人稀的地区实际，分类指导，以乡镇为单位，配置流动文化服务车，打通公共文化服务的"最后一公里"。三是靶向建设。注重突出贫困地区和城市新区（园区）、城市公租房居住区、城市居住小区、农民新村、高山生态扶贫搬迁集中安置点等薄弱部位，努力实现公共文化设施的有效覆盖。

(二)完善产品供给体系，重在创新方式

一是推动公共文化服务特色化发展。文化的关键在于特色，文化的生命力也在于特色。由于公共文化服务对象所处的区域不同，一个区域的人民群众所接受的公共文化服务，基本上是与当地的经济社会发展水平相适应的，是与当地的人文、历史、地理紧密相连的。区域特色文化是公共文化特色化服务的主要滋养。推进公共文化服务特色化发展，关键要紧紧依托区域特色文化资源，择善而从、为我所用，通过创造性转化和创新性发展，形成特色文化空间、特色文化产品、特色文化队伍。二是实现公共文化服务供给与需求无缝对接。抓住人民群众对公共文化服务最关心最直接最现实的利益问题，以需求为导向，广泛采用"订单式""菜单式""定制式""预约式"和"乌兰牧骑"文艺轻骑兵服务模式,增强公共文化服务供给效益。三是大力鼓励群众主动参与和自主开展公共文化服务。公共文化是人民群众自己的文化,是老百姓生产生活中的文化。鼓励和支持公民主动参与和自主开展公共文化服务,不仅使公共文化服务成本最低、人民群众参与面最广、自我服务和自我教育功能最强,而且能丰富公共文化服务。要积极搭建公益性文化活动平台,广泛开展群众性文化活动,让蕴藏于人民群众中的文化创新创造活力充分迸发和涌流。四是推动公共文化服务从"有没有""缺不缺"向"好不好""精不精"转变。要把提高质量作为文艺作品的生命线,要引导广大文化文艺工作者深入生活、扎根人民,用心用情用功抒写伟大时代,不断推出讴歌党、讴歌祖国、讴歌人民、讴歌英雄的精品力作,书写中华民族新史诗;要坚持把社会效益放在首位,引导文艺工作者自觉遵守国家法律法规,加强道德品质修养,坚决抵制低俗庸俗媚俗,用健康向上的文艺作品和做人处事陶冶情操、启迪心智、引领风尚;要推出更多健康优质的网络文艺作品。要巩固和打造一批公共文化活动品牌,从国家层面来讲,要继续开展多年的品牌项目,如中国文化艺术政府奖——群星奖评奖、"中国民间文化艺术之乡"建设、中国老年合唱节、中国少年儿童合唱节、中国图书馆年会、中国文化馆年会及优秀群众文艺作品推广活动、"戏曲进乡村"活动、"百姓大舞台"网络群众文化品牌活动、广场舞普及推广行动、群众文艺骨干培训计划、文化志愿者服务计划;从地方来讲,坚持依托和挖掘当地的民间文学、民俗,传统的音乐、舞蹈、戏剧、曲艺和体育、游艺与杂技等地域文化资源,坚持创造性转化和创新性发展,不断赋予新的时代内涵和现代表达形式,打造一批接地气、传得开、留得下的优秀文化产品和具有广泛社会影响力、群众参与度高、活动内容丰富、举办形式创新的特色文化活动品牌,加强优秀文化产品和服务供给。

(三)完善保障支撑体系,重在突破难点

一是按照标准保障财政投入,坚守底线。各级人民政府要严格落实国家基本公共文化服务指导标准和各省(自治区、直辖市)实施标准、市(县)公共文化服务目录,坚守底线。县级以上各级政府要按照标准科学测算公共文化服务所需经费,要根据公共文化服务的事权和支出责任,落实保障当地常住人口享有基本公共文化服务所需资金的要求。要建立对公共文化服务财政收支情况向同级人民代表大会报告的制度。二是完善公共文化服务法律法规建设，重点是推动《中华人民共和国公共文化服务保障法》和《中华人民共和国公共图书馆法》实施细则和配套规章的出台。同时，加快推进全民阅读条例的出台和博物馆法、文化馆法和全民文艺普及条例的立法进程；大力推动公共文化服务的地方立法。

（四）完善绩效评估体系，重在强化弱项

一是建立政府公共文化服务考核指标。要以效能为导向，制定各级政府公共文化服务考核指标，作为考核评价各级领导班子和领导干部政绩的重要内容，纳入科学发展考核指标体系。二是建立公众参与的服务质量监测指标。各级人民政府要坚持以人民为中心的工作导向，建立有公众参与的公共文化服务设施使用效能考核评价制度，公共文化设施管理单位要根据评价结果改进工作，提高服务质量。各级人民政府要建立反映公众文化需求的征询反馈制度和公众参与的公共文化服务考核评价制度，并将考核评价结果作为确定补贴或者奖励的依据。三是探索建立第三方评价机制。探索建立公共文化服务第三方评价机制，增强公共文化服务评价的客观性和科学性。

二 深入实施文化惠民工程

要根据城市化进程加快发展的趋势，针对我国广大农村人口向城镇迁徙的特征，因地制宜，分类指导，创新管理运行机制，充分发挥文化惠民工程的作用。

（一）广播电视村村通工程

一是按照国家基本公共文化服务指导标准，充分利用现有资源，增配数字广播电视发射系统，实现国家规定的电视节目和广播节目在全域的无线数字化覆盖。二是采取得力措施，实行中央和地方两级财政分担的办法，建立广播电视村村通的长效运行机制。

（二）全国文化信息资源共享工程

一是国家要统筹谋划，整合所有与公共数字文化服务相关的平台，建设集宣传、组织、文化、文物、广电、新闻出版、体育、法制、科协、残联、工会、妇联、青少年等数字服务功能为一体的标准统一、互联互通的公共数字文化综合服务平台，避免重复建设；二是国家文化和旅游部要以文化信息资源共享工程为基础，加快推进公共数字文化工程融合创新发展，破解系统内公共数字文化工程发展中存在的"孤岛"问题，深度融合，推动工程转型升级，提高使用效能，打通公共文化服务"最后一公里"。

（三）乡镇综合文化站和基层文化阵地建设工程

一是把街道和社区综合性文化服务中心纳入免费开放范围，全部实行免费开放。二是要加快把基层文化中心建设成集宣传文化、党员教育、科学普及、普法教育、体育健身等功能于一体的综合性文化服务中心，真正实现乡镇一级公共文化服务资源的整合利用，严禁资源分散、孤岛现象存在；在乡镇一级，明确由宣传委员统一分管，严禁政出多门和资源多头管理。三是要落实乡镇（街道）综合文化站每站配备编制人员1—2人，规模较大的乡镇（街道）适当增加，确保专编专人专用，严禁挪用、占用；有条件的地方，可以探索以县为单位，由县里实行对乡镇（街道）综合文化站人财物垂直管理。要落实村（社区）综合性文化服务中心设有由政府购买的公益性文化岗位，建立由县里统一购买、乡镇统一管理、村（社区）统一使用的机制。四是利用科技手段，建立对基层综合性文化服务中心服务开展情况的在线监管，其工作情况与免费开放经费挂钩。五是在条件成熟的地方，可以开展基层综合性文化服务中心的社会化运营，政府加强监管。六是积极参与建设以县域为单位的文化馆图书馆总分馆制建设，实现城乡公共文化服务一体化发展。七是根据免费开放工作的实际情况，提高对乡镇（街道）综合文化站免费开放的资金补助标准。

（四）农村电影放映工程

一是农村电影放映根据村民需要，大体上实现每村一月一场电影放映，也可以突破每村一月一场电影及每场电影只放一部影片的传统做法，不机械执行每村一月一场电影放映任务。二是在放映过程中，片区电影员可采取按月统计办喜事的农户，由农户提出申请，乡镇根据申请情况，合理安排放映时间和地点，也可以实行固定地点放映；由农民根据需要自主在片库里选择影片，并提前做好预告；也可避开农忙时节，集中在节日庆典期间，根据广大村民的需要，实行集中时间放映；电影放映可与农村送戏下乡打捆，白天看演出，晚上放电影，最大限度地提高农村电影放映的人气。三是落实为中小学生每学期提供两部爱国主义教育影片。四是加大财政购买影片的数量和新片力度。

（五）农家书屋建设工程

一是要实行按时开放，在农家书屋外部醒目位置公布每周开放天数和每天开放时间。二是农家书屋向自然村、新农村小区、祠堂、文化热心户等行政村以下居住地延伸，向中小学校及校园周边、留守儿童之家等青少年聚集的地方延伸，向书店、商店、村邮代办站、农家乐、电商服务点等商业设施延伸。三是要利用农家书屋定期或不定期举办阅读活动。四是将农家书屋纳入各级图书馆管理，建设图书馆总分馆制体系。五是将农家书屋图书采购权限下放给县级，建立供需对接的采购机制，切实提高农家书屋的使用效率。

（六）送戏下乡工程

以乡镇为单位，每年开展送戏下乡4场；以行政村为单位，每年开展送戏下乡2场。送戏下乡要明确好购买主体、承接主体、购买方式、购买内容和购买程序，原则上安排在重大节假日、庆典活动期间，选择群众方便观看的地点进行演出。乡镇一般安排在赶场天，村一般安排在农闲时及节假日演出。地点原则上选择便于群众集中观看的文化体育场馆（站、室）、各类广场或公共服务中心等，同时充分尊重乡镇政府及村民委员会的意见。加大对文艺创作的扶持，购买的剧（节）目应思想健康、主题鲜明、积极向上、短小精悍、轻便易行，可以是歌舞、音乐、戏剧、曲艺、杂技等形式。主要选用文艺院团的经典演出剧目，获得国家、市、县（区）或乡镇（街道）奖项的剧（节）目，属国家、市、区县级非物质文化遗产传承人表演的剧（节）目，也可以是群众自编自导自演、贴近生活、喜闻乐见的剧（节）目。

三　大力推动社会力量参与公共文化服务

社会化发展是现代公共文化服务体系建设的重要任务，也是增强公共文化服务内在动力的重要途径，在公共文化服务领域引入社会力量势在必行。国内外的实践已经证明，社会力量参与公共文化服务有利于满足人民群众多样化、多层面的文化需求，有利于提高公共文化服务效能。

（一）扶持和培育文化类社会组织

文化类社会组织具有非营利性、专业性等特点，是公共文化的治理主体之一，也是公共文化服务的重要提供主体。

一是进行全面普查。制定普查方案，以县级为单位，全面开展辖区内从事公共文化服务各类社会组织的普查，摸清情况，梳理出具备承担公共文化服务或通过培育具有承担公共文化服务潜能的文化类社会组织名单，建立动态化的文化类社会组织资源库。

二是确定培育对象。重点培育具有创新活力、影响力较为广泛，且具有一定引领作用的文化类社会组织，培育的对象是承担基层公共文化设施运营管理、艺术创作表演与推广宣传、艺术辅导与培训、优秀传统文化保护传承等的文化类社会组织。

三是多种措施培育。推动将文化类社会组织服务纳入年度政府购买公共文化服务计划，逐步扩大购买范围和规模。采取政府购买、项目补贴等多种方式，重点用于文化类社会组织培育孵化、人员培训、平台建设、创投项目等；对服务效能好、群众满意度高的优秀文化类社会组织每年依据其活动开展情况，给予资金扶持。采取"请进来、走出去"等方式，定期对文化类社会组织进行思想政治工作和公共文化服务业务等培训，注重对文化类社会组织中领军、拔尖、高技能等人才的培训。搭建各类比赛和展演平台、开展表彰活动等方式，为文化类社会组织提供展示平台；通过各类媒体，多渠道宣传展示地区优质文化类社会组织及其优秀文化成果，扩大文化类社会组织的影响力。建立"低门槛、快审批"的服务机制，简化文化类社会组织的登记手续，鼓励支持具有公共文化服务工作经验的组织和个人注册成立文化类社会组织。

四是进行规范管理。加强对文化类社会组织的监督管理，对文化类社会组织活动不正常、运作能力弱和社会认可度低的，引导其合并或注销。对违反国家法律的，依照法律追究责任，并予以撤销。

（二）推动基层公共文化设施的社会化运营和管理

一是大力推动基层公共文化设施的社会化运营。为解决当前部分地方乡镇（街道）综合文化站和村（社区）综合性文化服务中心存在的设施闲置、人员不在岗、活动匮乏、基本公共文化服务项目不健全等突出问题，大力推动基层公共文化设施的社会化运营不失为一条好的途径。

一方面，可以结合本地实际，因地制宜采取多种管理模式，主要包括：设施整体委托管理模式；部分设施委托管理模式；公共文化设施管理单位服务项目整体委托管理模式；公共文化设施设计、建设和管理委托社会力量模式；政府和社会力量共建公共文化设施管理模式等。另一方面，可以采取多种方式支持社会参与运营，主要包括：政府采用购买服务的方式；政府与社会资本合作投资的方式；政府引入民间资本投入的方式；政府允许设立非基本服务项目的方式；政府鼓励承接主体再引入社会力量的方式等。

二是加强政府对基层公共文化设施社会化运营的管理。通过建立准入退出制度，建立由政府、群众代表、运营单位三方代表组成的管委会和联席会议制度，实行双轨制管理（政府仅派出馆长负责行政事务与承接主体全面负责业务管理相结合），建立理事会进行监督管理，政府委托原有公共文化设施管理单位进行监督管理，建立绩效评估机制等，加强对社会化运营的管理，确保其健康规范运作。

（三）推进群众文化团队参与文化志愿服务

在广泛开展个人文化志愿服务的同时，加强群众文化团队文化志愿服务工作，既有利于壮大文化志愿服务队伍、增加文化志愿服务内容、丰富文化志愿服务形式，又有利于群众文化团队展示自我、提升能力、扩大影响，对于提高公共文化服务的覆盖面和适用性、扩大公共文化服务的有效供给、增强公共文化服务的发展动力，培育和践行社会主义核心价值观、在全社会形成向上向善的力量、提升人民群众文化获得感幸福感，具有十分重要的意义。

一是明确鼓励群众文化团队参与的范围及内容。组织动员群众文化团队加入新时代文明实践志愿服务总（分）队，深入乡镇（村）文明实践中心站（所），广泛开展群众乐于参与、便于参与的文明实践活动。组织动员群众文化团队赴边疆地区、民族地区、革命老区、贫困地区和部分海疆地区实施"大舞台"文艺演出、"大讲台"培训讲座和"大展台"展览展示等文化志愿服务活动。组织群众文化团队积极开展文化馆（站）广场舞、合唱、书法、美术、摄影、戏剧曲艺等，公共图书馆讲座培训、读书活动组织、书目荐读、咨询导引等，担任博物馆讲解员、参与展览布展、协助做好文物档案整理、开展文物知识普及等，担任美术馆导览员、参与举办美术讲座、普及美术知识等文化志愿服务活动。组织群众文化团队为空巢老人、留守儿童、农民工、残疾人和生活困难群体等重点群体开展形式多样的公益性文化艺术培训服务、演展和科技普及活动等文化志愿服务。利用传统节日和纪念日，组织群众文化团队举办文艺演出、演讲、诗歌朗诵等文化志愿服务。组织群众文化团队为企业开展演出等文化志愿服务活动。组织群众文化团队加入乡镇、村学校志愿辅导员队伍，就近就便组织农村学生开展文化活动。以文化志愿服务的方式，招募有条件的群众文化团队开展对基层公共文化设施的运营管理或对服务项目的运营管理。群众文化团队也可以结合自身实际，参加其他文化志愿服务项目。

二是推动群众文化团队文化志愿服务项目化。各地文化和旅游行政部门及相关单位要立足基层群众对文化志愿服务的需求，结合群众文化团队的工作特点，策划设计操作性强的志愿服务项目，制定和发布文化志愿服务项目清单，开展"菜单式""订单式"服务。大力倡导和鼓励群众文化团队结合自身能力积极参与，着力培育和打造一批文化志愿服务品牌项目，形成示范带动效应，提升群众文化团队文化志愿服务水平。

三是加强对参与文化志愿服务群众文化团队的扶持。重点扶持坚持正确导向、队伍相对稳定、专业能力较强、具有创新活力、影响力较为广泛的文化志愿服务群众文化团队。在城乡基层大力扶持开展文艺演出、阅读指导、讲座展览、培训辅导、优秀传统文化保护传承等文化志愿服务群众文化团队，促进各类群众文化团队发展；注重加强基层薄弱乡村特别是偏远乡村的文化志愿服务群众文化团队建设，加强以青少年为主的文化志愿服务群众文化团队建设，使其不断成长为文化志愿服务的重要力量。文化馆（站）、图书馆、博物馆、美术馆等公益性文化场馆要经常性或定期将排练场、书画室、多功能厅、展览室、阅读活动室、演出舞台、培训教室、剧场等公共活动空间免费向文化志愿服务群众文化团队开放；鼓励教育、城建、体育、工会、共青团、妇联等部门免费或优惠向文化志愿服务群众文化团队提供场地设备；鼓励有条件的地方为文化志愿服务群众文化团队逐步配备必需的活动设备。要把文化志愿服务群众文化团队纳入各级基层文化队伍培训工作计划，制定培训方案，实行分层分对象进行培训，提升各类群众文化团队文化志愿服务专业化水平。搭建各类文化志愿服务展示平台，组织参加各级各类文化展示活动，为文化志愿服务群众文化团队创造更多展示机会。要努力挖掘民间文化资源，指导组建各具特色的文化志愿服务群众文化团队，发挥他们在文化志愿服务中各显神通的重要作用。

四是建立文化志愿服务群众文化团队激励机制。将群众文化团队文化志愿服务项目纳入"春雨工程"实施项目；支持符合条件的文化志愿服务群众文化团队申报国家艺术基金资助项目。将文化志愿服务群众文化团队纳入当地政府向社会力量购买公共文化服务的范围，纳入年度政府购买公共文化服务计划，并逐步扩大购买范围和规模，在政府购买服务上要做到与其他购买主体一视同仁；有条件的地方可采取政府购买的形式，探索将当地乡镇（街道）综合文化站和村（社区）综合性文化服务中心委托给具有承接能力的文化志愿服务群众文化团队运营。支持各地开展文化志愿服务群众文化团队"评星定级"工作，对于评上星级的团队在资金扶持、设备配送、人才培养、政府采购等方面予以优先考虑；建立文化志愿服务嘉许制度，对成绩突出的群众文化团队给予褒扬，切实保护好群众文化团队参与文化志愿服务的积极性。

五是创新群众文化团队文化志愿服务的管理体制和运行机制。探索成立文化志愿服务群众文化团队协会，根据群众文化团队的工作特点，探索成立非营利性的文化志愿服务群众文化团队协会，通过政府购买服务的方式，将辖区内群众文化团队文化志愿服务的运营管理委托给群众文化团队文化志愿服务协会承担。政府部门和有关单位负责指导和扶持，建立对群众文化团队文化志愿服务的考核评估体系，加强对群众文化团队文化志愿服务协会的监督和考评；协会在政府部门的引导下，加强自身建设，主要负责制定年度规划、指导群众文化团队文化志愿服务工作的有序开展和资源的合理调配及使用。创新群众文化团队文化志愿服务形式，加大对跨类型、跨地域群众文化团队文化志愿服务资源的整合力度，提高服务效能；以联盟等形式，开展团际合作，推进群众文化团队文化志愿服务互联互通，实现资源共建共享；对符合条件的群众文化志愿团队纳入文化馆、图书馆、博物馆总分馆制建设，设立分馆或基层服务点，推进业务建设一体化发展，提高文化和旅游志愿服务的质量和水平。建立健全群众文化团队文化志愿服务评价工作机制，以服务项目为基础，以效能为导向，制定群众文化团队文化志愿服务考核指标，作为考核评价群众文化团队文化志愿服务实效的重要内容，在考核中要研究制定群众满意度指标，建立群众评价和反馈机制；探索建立第三方评价机制，增强群众文化团队文化志愿服务评价的客观性和科学性。

四　推动公共文化服务与旅游公共服务融合发展

文化和旅游融合发展是党中央、国务院在新时代作出的重大战略部署，公共文化服务与旅游公共服务融合发展是新时代提出的重大课题，要"宜融则融，能融尽融"，公共文化服务因旅游公共服务提高覆盖面，旅游公共服务因公共文化服务提高质量，二者相互促进、相得益彰，更好满足人民对美好生活的新期待。

（一）树立科学的公共文化服务和旅游公共服务融合理念

1. 坚持正确导向

要以习近平新时代中国特色社会主义思想为指引，坚持以人民为中心的工作导向，培育和弘扬社会主义核心价值观、满足人民群众对美好生活的新期待、增强和彰显文化自信。

2. 转变政府职能

切实推动政府职能的转变，打破长期以来旅游就是经济、产业、商品的狭隘发展理念，强化旅游公共服务是各级政府工作重点和核心职能的意识，完善公共文化服务和旅游公共文化服务体系，深入推动文化和旅游惠民项目的实施，丰富群众性文化和旅游活动。

3. 培育促进消费

在公共文化服务和旅游公共服务融合发展中，统筹考虑公众的基本文化和旅游需求及多层次、多样化的文化和旅游需求，推动公共文化服务和旅游公共服务的大众化与家庭化、个性化与多样化、休闲化与体验化、品位化与品质化，增强公共文化服务和旅游公共服务发展动力，培育和促进文化和旅游消费。

4. 坚持分类指导

坚持因地制宜、区别对待，"宜融则融、能融尽融"，不搞"一刀切"，严禁盲目融合，不搞形式主义，推动公共文化服务和旅游公共服务从粗放型向集约型转变，从单一的总量扩张向质量效益综合提升转变，努力提高融合的实效。

（二）加强公共文化服务和旅游公共服务融合的顶层设计

1. 创新融合的统筹协调机制

一方面，要统筹好文化和旅游系统内的公共文化服务和旅游公共服务的设施、项目、平台、人力、资金等资源；另一方面，要统筹好系统外的宣传、组织、民政、科协、工会、团委、妇联、交通、自然资源、城乡建设、工信、应急管理等的公共文化和旅游公共资源。解决公共文化和旅游公共资源部门分割、条块分割的问题，做到系统内"合为一体"、系统外"无缝链接"。

2. 完善基本公共文化服务标准

按照设施、产品、服务等公共服务内容，重新对现有的旅游公共服务项目进行全面梳理。在此基础上，遵循旅游公共服务的"准公益性"与公共文化服务和旅游公共服务融合的规律和特点，区分哪些旅游公共服务项目属于纯公益项目和准公益项目。同时，根据国家经济社会发展水平和供给能力，明确旅游基本公共服务的内容、种类及服务对象、保障标准、支出责任、覆盖水平，建立旅游基本公共服务标准体系，纳入国家基本公共文化服务的范围，国家建立指导标准，省级制定实施标准，设区的市级、县级制定服务目录并组织实施。做好公共文化服务和旅游公共服务融合中形成的公共文化服务与旅游公共服务新业态的统筹工作，按照公共文化服务和旅游公共服务两大类别，将其相关内容纳入国家基本公共文化服务的内容。明确各级政府的保障底线，做到事权与财权相匹配、保障基本、统一规范。

3. 策划统筹实施一批文化和旅游的惠民项目

结合广播电视村村通、公共数字文化、基层综合性文化服务中心建设、电影放映、农家书屋、送戏曲进乡村等文化惠民项目及国家智慧旅游公共服务平台、旅游服务中心建设工程、厕所革命推进工程、旅游"最后一公里"优化工程、国家旅游风景道路公共服务示范工程、旅游观光巴士示范工程、旅游休闲绿道示范工程、自驾车旅居车营地公共服务示范工程、旅游区（点）道路交通标识体系优化工程、乡村旅游公共服务工程、红色旅游公共服务工程等旅游项目建设，找准最大最佳连接点，开展"公共文化设施、产品、服务+旅游公共服务""旅游基础设施、交通便捷服务、公共信息服务、惠民便民服务+公共文化服务"等公共文化和旅游惠民项目的试点探索。

4. 完善政府向社会力量购买公共文化服务的机制

坚持政府主导，推动社会力量大力参与公共文化服务和旅游公共服务的融合。要把旅游公共服务与公共文化服务和旅游公共服务融合形成的新公共文化服务项目、旅游新公共服务项目，纳入各级政府向社会力量购买公共文化服务的范围。对适合采取市场化方式提供、社会力量能够承担的公共文化服务和旅游公共服务，采取政府购买服务方式，交由社会力量承接，充分激发社会组织和市场活力，破除公共文化服务和旅游公共服务供给过多依赖政府单一主体提供、市场化发展不够的问题，提升政府行政效率和公共服务效能。

5. 加强公共文化服务和旅游公共服务融合的政策法制保障

中央层面要尽快制定出台公共文化服务和旅游公共服务融合发展的指导意见，明确其总体要求、重点任务、保障措施；对现有的文物保护法、非物质文化遗产法、公共文化服务保障法、公共图书馆法、博物馆条例和旅游法、旅行社管理条例、导游人员管理条例等文化旅游法规进行全面清理，充实完善公共文化服务和旅游公共服务融合的相关法律条文，提高公共文化服务和旅游公共服务融合的法制化水平，用法律法规为公共文化服务和旅游公共服务融合发展保驾护航。

（三）开展公共文化服务和旅游公共服务融合发展示范区的创建

无论是传统的"吃、厕、住、行、游、购、娱"旅游要素，还是现代的"文、商、养、学、闲、情、奇"旅游要素，与公共文化服务的"看电视、听广播、读书看报、参加公共文化活动等"群众基本文化权益还是有差别的，可以说公共文化服务与旅游公共服务的融合是一个崭新的课题，需要我们在实践中总结经验，检视问题，加以解决，不断探索和创新。借助创建国家公共文化服务体系区（项目）的成功做法，以县为单位，开展国家公共文化服务和旅游公共服务融合发展示范区创建工作，为国家层面整体推动公共文化服务和旅游公共服务融合发展提供地方方案，贡献地方智慧，探索公共文化服务和旅游公共服务融合的可持续发展之路。

五 创新公共文化服务管理体制和运行机制

习近平总书记在党的十九大报告中强调，要深化文化体制改革，完善文化管理体制。2008年8月习近平总书记在全国宣传思想工作会议上指出，要坚定不移将文化体制改革引向深入，不断激发文化创新创造活力。

（一）深入推进公益性文化事业单位的改革

按照党的十八届三中全会的要求，省级及其以下公益性文化事业单位，要从文化和旅游部门及宣传、工青妇、科协、残联等相关部门剥离出来，组建本区域的公共文化服务中心，实现区域内公共文化资源的统一整合和管理使用，公共文化服务中心由同级政府管理，文化和旅游部门及相关部门履行行业管理职能，真正推动政事分开、管办分离，推动政府部门由办文化向管文化转变，推动党政部门与其所属的事业单位进一步理顺关系。

（二）完善公共文化服务管理运行机制

各级人民政府要建立公共文化服务综合协调机制，加强对公共文化服务的统筹协调。推动公共文化机构建立以理事会为主要形式的法人治理结构，构建民主治理新格局；推动开展基层公共文化服务参与式管理，推进将公共文化服务纳入基层服务网格化管理。各级人民政府及有关部门要及时公开公共文化服务信息，公共文化设施管理单位要建立资产统计报告制度和公共文化服务开展情况年报制度；各级人民政府要建立健全公共文化服务资金使用的监督和统计公告制度，建立新闻媒体对公共文化服务舆论监督制度。

附 录

附录一 2005年10月至2019年4月我国发布的公共文化服务政策文本

序号	文件名称	发布部门	发布时间	实施时间	政策类型
1	《中共中央关于制定国民经济和社会发展第十一个五年规划的建议》	中共中央	2005.10	2005.10	总体政策
2	《中共中央办公厅国务院办公厅关于进一步加强农村文化建设的意见》	中共中央办公厅 国务院办公厅	2005.11	2005.11	总体政策
3	《中共中央国务院关于深化文化体制改革的若干意见》	中共中央 国务院	2005.12	2005.12	总体政策
4	《中共中央国务院关于推进社会主义新农村建设的若干意见》	中共中央 国务院	2005.12	2005.12	总体政策
5	《中华人民共和国国民经济和社会发展第十一个五年规划纲要》	十届全国人大第四次会议	2006.3	2006.3	总体政策

续表

序号	文件名称	发布部门	发布时间	实施时间	政策类型
6	《中共中央办公厅 国务院办公厅印发国家"十一五"时期文化发展规划纲要》	中共中央办公厅 国务院办公厅	2006.9	2009.9	总体政策
7	《国务院办公厅关于进一步做好新时期广播电视村村通工作的通知》	国务院办公厅	2006.9	2006.9	广播影视公共服务政策
8	《中共中央关于构建社会主义和谐社会若干重大问题的决定》	中共中央	2006.10	2006.10	总体政策
9	《国务院办公厅转发广电总局等部门关于做好农村电影工作意见的通知》	国务院办公厅	2007.5	2007.5	广播影视服务政策
10	《中共中央办公厅 国务院办公厅关于加强公共文化服务体系建设的若干意见》	中共中央办公厅 国务院办公厅	2007.8	2007.8	总体政策
11	《国务院关于进一步繁荣发展少数民族文化事业的若干意见》	国务院	2009.7	2009.7	总体政策
12	《中共中央关于制定国民经济和社会发展第十二个五年规划的建议》	中共中央	2010.10	2010.10	总体政策
13	《中华人民共和国国民经济和社会发展第十二个五年规划纲要》	十一届全国人大四次会议	2011.3	2011.3	总体政策
14	《中共中央国务院关于分类推进事业单位改革的指导意见》	中共中央 国务院	2011.3	2011.3	总体政策
15	《国务院办公厅关于印发分类推进事业单位改革配套文件的通知》	国务院办公厅	2011.7	2011.7	总体政策
16	《中共中央关于深化文化体制改革推动社会主义文化大发展大繁荣若干重大问题的决定》	中共中央	2011.10	2011.10	总体政策

续表

序号	文件名称	发布部门	发布时间	实施时间	政策类型
17	《中共中央办公厅国务院办公厅印发国家"十二五"时期文化改革发展规划纲要》	中共中央办公厅 国务院办公厅	2012.2	2012.2	总体政策
18	《国务院办公厅关于印发国家基本公共服务体系"十二五"规划的通知》	国务院	2012.7	2012.7	总体政策
19	《国务院办公厅关于政府向社会力量购买服务的指导意见》	国务院办公厅	2013.9	2013.9	总体政策
20	《中共中央关于全面深化改革若干重大问题的决定》	中共中央	2013.11	2013.11	总体政策
21	《中共中央办公厅国务院办公厅关于加快构建现代公共文化服务体系的意见》	中共中央办公厅 国务院办公厅	2015.1	2015.1	总体政策
22	《博物馆条例》	国务院	2015.1	2015.2	博物（纪念）馆政策
23	《国务院办公厅转发文化部等部门关于做好政府向社会力量购买公共文化服务工作的意见的通知》	国务院办公厅	2015.5	2015.5	总体政策
24	《国务院办公厅关于支持戏曲传承发展若干政策的通知》	国务院办公厅	2015.7	2015.7	总体政策
25	《国务院办公厅关于推进基层综合性文化服务中心建设的指导意见》	国务院办公厅	2015.10	2015.10	群众文化业政策
26	《中共中央关于制定国民经济和社会发展第十三个五年规划的建议》	中共中央	2015.10	2015.10	总体政策

续表

序号	文件名称	发布部门	发布时间	实施时间	政策类型
27	《中华人民共和国国民经济和社会发展第十三个五年规划纲要》	十二届全国人大四次会议	2016.3	2016.3	总体政策
28	《国务院关于进一步加强文物工作的指导意见》	国务院	2016.3	2016.3	博物（纪念）馆政策
29	《国务院办公厅关于加快推进广播电视村村通向户户通升级工作的通知》	国务院办公厅	2016.4	2016.4	广播影视公共服务政策
30	《中华人民共和国公共文化服务保障法》	十二届全国人大常务委员会	2016.12	2017.3	总体政策
31	《国务院关于印发"十三五"推进基本公共服务均等化规划的通知》	国务院	2017.1	2017.1	总体政策
32	《中共中央办公厅 国务院办公厅关于实施中华优秀传统文化传承发展工程的意见》	中共中央办公厅 国务院办公厅	2017.1	2017.1	总体政策
33	《国务院办公厅关于转发文化部等部门中国传统工艺振兴计划的通知》	国务院办公厅	2017.3	2017.3	总体政策
34	《中共中央办公厅 国务院办公厅印发国家"十三五"时期文化发展改革规划纲要》	中共中央办公厅 国务院办公厅	2017.5	2017.5	总体政策
35	《中共中央办公厅 国务院办公厅关于加强文化领域行业组织建设的指导意见》	中共中央办公厅 国务院办公厅	2017.5	2017.5	总体政策

续表

序号	文件名称	发布部门	发布时间	实施时间	政策类型
36	《中华人民共和国公共图书馆法》	十二届全国人大常务委员会	2017.11	2018.1	图书馆业政策
37	《中共中央国务院关于实施乡村振兴战略的意见》	中共中央 国务院	2018.1	2018.1	总体政策
38	《中共中央办公厅国务院办公厅关于建立健全基本公共服务标准体系的指导意见》	中共中央办公厅 国务院办公厅	2018.12	2018.12	总体政策
39	《文化部关于印发〈全国文化信息资源共享工程"十一五"规划〉的通知》	文化部	2006.6	2016.6	公共数字文化服务政策
40	《文化部办公厅关于贯彻落实国务院关于解决农民工问题的若干意见的通知》	文化部办公厅	2006.8	2006.8	总体政策
41	《文化部关于印发〈文化建设"十一五"规划〉的通知》	文化部	2006.9	2006.9	总体政策
42	《文化部关于印发〈文化标准化中长期发展规划〉的通知》	文化部	2007.7	2007.7	总体政策
43	《文化部关于进一步深化文化系统文化体制改革的意见》	文化部	2008.7	2008.7	总体政策
44	《文化部关于认真贯彻实施公共图书馆建设标准的通知》	文化部	2008.12	2008.12	图书馆业政策
45	《文化部关于印发〈文化站管理办法〉的通知》	文化部	2009.1	2009.1	总体政策
46	《乡镇综合文化站管理办法》	文化部	2009.9	2009.9	群众文化业政策
47	《文化部办公厅关于贯彻实施乡镇综合文化站管理办法有关事项的通知》	文化部办公厅	2009.10	2009.10	群众文化业政策

续表

序号	文件名称	发布部门	发布时间	实施时间	政策类型
48	《文化部文化科技司关于印发〈国家文化创新工程项目管理办法〉的通知》	文化部文化科技司	2010.5	2010.5	总体政策
49	《国家文物局关于进一步发挥文化遗产保护志愿者作用的意见》	国家文物局	2010.7	2010.7	博物（纪念）馆政策
50	《文化部关于开展全国基层文化队伍培训工作的意见》	文化部	2010.9	2010.9	总体政策
51	《文化部创新奖奖励办法》	文化部	2010.9	2010.9	总体政策
52	《文化部办公厅关于印发〈公共电子阅览室建设试点工作方案〉的通知》	文化部办公厅	2010.11	2010.11	公共数字文化服务政策
53	《文化部关于进一步加强少年儿童图书馆建设工作的意见》	文化部	2010.12	2010.12	图书馆业政策
54	《文化部关于认真贯彻实施文化馆建设标准的通知》	文化部	2010.12	2010.12	群众文化业政策
55	《文化部关于加强村级文化建设的指导意见》	文化部	2011.3	2011.3	群众文化业政策
56	《国家文物局关于印发〈国家文物博物馆事业发展"十二五"规划〉的通知》	国家文物局	2011.6	2011.6	博物（纪念）馆政策
57	《文化部办公厅关于"数字图书馆推广工程"省、市级数字图书馆硬件配置标准》	文化部办公厅	2011.9	2011.9	公共数字文化服务政策
58	《国家文物局印发文物博物馆事业中长期发展规划纲要（2011—2020年）》	国家文物局	2011.12	2011.12	博物（纪念）馆政策
59	《文化部关于印发〈文化部"十二五"时期文化改革发展规划〉的通知》	文化部	2012.5	2012.5	总体政策
60	《文化部关于鼓励和引导民间资本进入文化领域的实施意见》	文化部	2012.6	2012.6	公共文化经济政策

续表

序号	文件名称	发布部门	发布时间	实施时间	政策类型
61	《文化部关于印发〈文化部"十二五"文化科技发展纲要〉的通知》	文化部	2012.9	2012.9	总体政策
62	《文化部关于加快实施数字图书馆推广工程的意见》	文化部	2012.9	2012.9	公共数字文化服务政策
63	《文化部关于印发〈文化部"十二五"时期公共文化服务体系建设实施纲要〉的通知》	文化部	2013.1	2013.1	总体政策
64	《文化部关于印发〈全国公共图书馆事业发展"十二五"规划〉的通知》	文化部	2013.1	2013.1	图书馆业政策
65	《文化部关于印发〈全国文化信息资源共享工程"十二五"规划纲要〉的通知》	文化部	2013.1	2013.1	公共数字文化服务政策
66	《国家文物局关于推进国有博物馆对口支援民办博物馆工作的意见》	国家文物局	2013.6	2013.6	博物（纪念）馆政策
67	《文化部关于印发〈地方戏曲剧种保护与扶持计划实施方案〉的通知》	文化部	2013.7	2013.7	总体政策
68	《文化部关于印发〈信息化发展纲要〉的通知》	文化部	2013.9	2013.9	总体政策
69	《国家文物局关于民办博物馆设立的指导意见》	国家文物局	2014.8	2014.8	博物（纪念）馆政策
70	《文化部办公厅关于开展"中华优秀传统艺术传承发展计划"民族音乐舞蹈专项扶持工作的通知》	文化部	2015.8	2015.8	总体政策
71	《文化部关于发布行业标准社区图书馆服务规范》的通知》	文化部	2016.3	2016.3	总体政策
72	《文化部关于印发〈文化志愿服务管理办法〉的通知》	文化部	2016.7	2016.7	总体政策

续表

序号	文件名称	发布部门	发布时间	实施时间	政策类型
73	《国家文物局关于促进文物合理利用的若干意见》	国家文物局	2016.10	2016.10	博物（纪念）馆政策
74	《文化部关于印发〈"一带一路"文化发展行动计划〉的通知》	文化部	2016.12	2016.12	总体政策
75	《国家文物局关于印发〈国家文物事业发展"十三五"规划〉的通知》	国家文物局	2017.2	2017.2	博物（纪念）馆政策
76	《文化部关于印发〈文化部"十三五"时期文化发展改革规划〉的通知》	文化部	2017.4	2017.4	总体政策
77	《文化部关于印发〈文化部"十三五"时期文化科技创新规划〉的通知》	文化部	2017.5	2017.5	总体政策
78	《文化部关于印发〈"十三五"时期繁荣群众文艺发展规划〉的通知》	文化部	2017.5	2017.5	群众文化业政策
79	《文化部关于印发〈"十三五"时期文化扶贫工作实施方案〉的通知》	文化部	2017.5	2017.5	总体政策
80	《文化部关于印发〈"十三五"时期公共数字文化建设规划〉的通知》	文化部	2017.7	2017.7	公共数字文化服务政策
81	《文化部关于印发〈"十三五"时期全国公共图书馆事业发展规划〉的通知》	文化部	2017.7	2017.7	图书馆业政策
82	《文化部办公厅关于进一步做好戏曲进校园工作的通知》	文化部	2017.9	2017.9	总体政策

续表

序号	文件名称	发布部门	发布时间	实施时间	政策类型
83	《文化和旅游部关于促进旅游演艺发展的指导意见》	文化和旅游部	2019.3	2019.3	总体政策
84	《文化和旅游部办公厅关于印发〈公共数字文化工程融合创新发展实施方案〉的通知》	文化和旅游部办公厅	2019.4	2019.4	公共数字文化服务政策
85	《文化部财政部关于进一步推进全国文化信息资源共享的实施意见》	文化部 财政部	2007.4	2007.4	公共数字文化服务政策
86	《国家发改委文化部关于印发〈全国"十一五"乡镇综合文化站建设规划〉的通知》	国家发改委 文化部	2007.9	2007.9	群众文化业政策
87	《中宣部财政部文化部国家文物局关于全国博物馆纪念馆免费开放的通知》	中宣部 财政部 文化部 国家文物局	2008.1	2008.1	博物（纪念）馆政策
88	《住房城乡建设部国土资源部文化部关于批准发布公共图书馆建设用地指标的通知》	住房城乡建设部 国土资源部 文化部	2008.4	2008.4	图书馆业政策
89	《住房城乡建设部国土资源部文化部关于批准发布文化馆建设用地指标的通知》	住房城乡建设部 国土资源部 文化部	2008.7	2008.4	群众文化业政策
90	《住房城乡建设部国家发改委关于批准发布公共图书馆建设标准的通知》	住房城乡建设部 国家发改委	2008.8	2008.8	图书馆业政策
91	《文化部国家旅游局关于促进文化与旅游结合发展的指导意见》	文化部 国家旅游局	2009.8	2009.8	总体政策
92	《国家文物局财政部关于开展中央地方共建国家级博物馆工作的通知》	国家文物局 财政部	2009.12	2009.12	博物（纪念）馆政策

续表

序号	文件名称	发布部门	发布时间	实施时间	政策类型
93	《国家文物局文化部等部门关于促进民办博物馆发展的意见》	国家文物局 文化部等部门	2010.1	2010.1	博物（纪念）馆政策
94	《国家体育总局文化部农业部关于发挥乡镇综合文化站的功能进一步加强农村体育工作的意见》	国家体育总局 文化部 农业部	2010.6	2010.6	群众文化业政策
95	《住房城乡建设部国家发改委关于批准发布文化馆建设标准的通知》	住房城乡建设部 国家发改委	2010.8	2010.8	群众文化业政策
96	《国家文物局财政部关于印发〈中央地方共建国家级博物馆管理暂行办法〉的通知》	国家文物局 财政部	2010.9	2010.9	博物（纪念）馆政策
97	《文化部财政部关于开展国家公共文化服务体系示范区（项目）创建工作的通知》	文化部 财政部	2010.12	2010.12	总体政策
98	《文化部财政部关于推进全国美术馆、公共图书馆、文化馆（站）免费开放工作的意见》	文化部 财政部	2011.1	2011.1	总体政策
99	《文化部中央文明办关于组织开展"春雨工程"——全国文化志愿者边疆行工作的通知》	文化部 中央文明办	2011.4	2011.4	总体政策
100	《国家文物局教育部关于加强高校博物馆建设与发展的通知》	国家文物局 教育部	2011.5	2011.5	博物（纪念）馆政策
101	《文化部财政部关于实施"数字图书推广工程"的通知》	文化部 财政部	2011.5	2011.5	公共数字文化服务政策

续表

序号	文件名称	发布部门	发布时间	实施时间	政策类型
102	《文化部人社部全国总工会关于进一步加强农民工文化工作的意见》	文化部 人社部 全国总工会	2011.9	2011.9	总体政策
103	《文化部财政部关于进一步加强公共数字文化建设的指导意见》	文化部 财政部	2011.11	2011.11	公共数字文化服务政策
104	《文化部财政部关于印发〈"公共电子阅览室建设计划"实施方案〉的通知》	文化部 财政部	2012.2	2012.2	公共数字文化服务政策
105	《文化部中央文明办关于广泛开展基层文化志愿服务活动的意见》	文化部 中央文明办	2012.9	2012.9	总体政策
106	《中组部文化部等部门关于进一步加强老年人文化建设的意见》	中组部等部门	2012.9	2012.9	总体政策
107	《教育部办公厅文化部办公厅财政部办公厅关于开展2013年高雅艺术进校园活动的通知》	教育部办公厅 文化部办公厅 财政部办公厅	2013.4	2013.4	总体政策
108	《文化部中央文明办关于开展"文化志愿者基层服务年"系列活动的通知》	文化部 中央文明办	2013.5	2013.5	总体政策
109	《文化部门关于印发〈"十三五"时期贫困地区公共文化服务体系建设规划纲要〉的通知》	文化部等部门	2015.11	2015.11	总体政策
110	《文化部等部门关于进一步做好为农民工文化服务工作的意见》	文化部等部门	2016.3	2016.3	总体政策

续表

序号	文件名称	发布部门	发布时间	实施时间	政策类型
111	《文化部国家新闻出版广电总局国家体育总局国家发展改革委财政部等关于推进县级文化馆图书馆总分馆制建设的指导意见》	文化部等部门	2016.12	2016.12	总体政策
112	《文化部中央文明办关于开展 2017 年文化志愿服务工作的通知》	文化部 中央文明办	2017.4	2017.4	总体政策
113	《中宣部文化部财政部印发关于戏曲进乡村的实施方案的通知》	中宣部 文化部 财政部	2017.6	2017.6	总体政策
114	《中宣部等 7 部门印发关于深入推进公共文化机构法人治理结构改革的实施方案》	中宣部 文化部等部门	2017.8	2017.8	总体政策
115	《文化和旅游部中央文明办关于开展 2018 年文化志愿服务工作的通知》	文化和旅游部 中央文明办	2018.5	2018.5	总体政策
116	《文化和旅游部财政部关于在文化领域推广政府和社会资本合作模式的指导意见》	文化和旅游部 财政部	2018.11	2018.11	公共文化经济政策
117	《广电总局关于印发〈"十一五"时期广播影视科技发展规划〉的通知》	广电总局	2006.12	2016.12	广播影视公共服务政策
118	《广电总局关于在有线网络未通达农村地区开展直播卫星公共服务的通知》	广电总局	2011.9	2011.9	广播影视公共服务政策
119	《国家新闻出版广电总局关于印发〈新闻出版广播影视"十三五"发展规划〉的通知》	国家新闻出版广电总局	2017.9	2017.9	广播影视公共服务政策

续表

序号	文件名称	发布部门	发布时间	实施时间	政策类型
120	《国家发展改革委财政部国家广电总局关于印发"十一五"全国广播电视村村通工程建设规划》的通知》	国家发展改革委 财政部 国家广电总局	2007.11	2007.11	广播影视公共服务政策
121	《国家发展改革委办公厅广电总局办公厅关于扎实做好"十一五"广播电视村村通工程建设有关工作的通知》	国家发展改革委办公厅 广电总局办公厅	2008.5	2008.5	广播影视公共服务政策
122	《国家发展改革委广电总局关于印发〈全国"十二五"广播电视村村通工程建设规划〉的通知》	国家发展改革委 广电总局	2011.8	2011.8	广播影视公共服务政策
123	《广电总局国家发展改革委印发关于做好广播电视高山无线发射台站基础设施建设管理工作的通知》	广电总局 国家发展改革委	2012.9	2012.9	广播影视公共服务政策
124	《国家发展改革委等部门关于印发〈加大力度推动社会领域公共服务补短板强弱项提质量促进形成强大国内市场的行动方案〉的通知》	国家发展改革委等部门	2019.1	2019.1	总体政策
125	《新闻出版总署办公厅关于做好"农家书屋"工程书目推荐工作的通知》	新闻出版总署办公厅	2006.9	2006.9	新闻出版公共服务政策
126	《新闻出版总署关于印发〈新闻出版业"十一五"发展规划〉的通知》	新闻出版总署	2006.12	2006.12	新闻出版公共服务政策
127	《新闻出版总署关于印发〈农家书屋工程建设管理暂行办法〉的通知》	新闻出版总署	2008.7	2008.7	新闻出版公共服务政策

续表

序号	文件名称	发布部门	发布时间	实施时间	政策类型
128	《新闻出版总署农家书屋工程建设领导小组办公室关于切实提高农家书屋使用率的通知》	新闻出版总署农家书屋工程建设领导小组办公室	2010.8	2010.8	新闻出版公共服务政策
129	《新闻出版总署关于印发〈新闻出版业"十二五"时期发展规划〉的通知》	新闻出版总署	2011.4	2011.4	新闻出版公共服务政策
130	《国家新闻出版广电总局办公厅关于深化农家书屋延伸服务的通知》	国家新闻出版广电总局办公厅	2017.6	2017.6	新闻出版公共服务政策
131	《新闻出版总署等部门关于印发〈"农家书屋"工程实施意见〉的通知》	国家新闻出版总署等部门	2007.3	2007.3	新闻出版公共服务政策
132	《国家新闻出版总署农业部关于加强农家书屋工程建设和新型农民科技培训工作的通知》	国家新闻出版总署 农业部	2008.5	2008.5	新闻出版公共服务政策

附录二 2005年10月至2018年1月我国公共文化服务政策体系构建所涉政策文本高频词及频次

高频词	频次	高频词	频次	高频词	频次	高频词	频次	高频词	频次
发展	986	服务	902	公共	874	加强	660	社会	572
农村	407	推进	315	推动	311	群众	288	鼓励	287
支持	262	完善	256	活动	256	产品	252	创新	249
优秀	248	基本	236	设施	224	提供	222	保护	217
传统	215	基层	210	人民	205	民族	202	机制	198
改革	188	加快	181	博物馆	173	网络	170	图书馆	169
传承	165	体系	165	方式	163	力量	160	少数民族	159
特色	156	作用	156	引导	155	购买	154	促进	153
发挥	152	领域	151	资源	151	积极	150	电影	149
工程	146	事业	141	政策	141	增强	139	传播	137
广播电视	137	地方	136	部门	135	信息	134	保障	134
公益性	134	戏曲	133	内容	132	科学	12	中华	129
扶持	128	教育	128	参与	128	机构	126	加大	124
制定	123	能力	120	规范	117	服务体系	117	广播	116
培育	115	指导	115	项目	115	制度	113	放映	111
数字	111	重大	111	现代	109	水平	105	文化遗产	104
宣传	104	需求	103	纳入	100	标准	99	繁荣	98
协调	98	规定	96	国有	96	开放	96	艺术	96
人才	95	依法	95	核心	94	力度	93	主体	93
体制改革	91	规划	90	生产	90	科技	90	健全	88
深化	88	领导	87	建立健全	86	条件	86	传统工艺	86
弘扬	85	农民	85	中华文化	84	社区	84	扩大	84
经济	84	提升	83	问题	83	深入	82	理论	82
覆盖	80	资金	80	技术	80	统一	79	利用	79

续表

高频词	频次	高频词	频次	高频词	频次	高频词	频次	高频词	频次
创作	78	免费	77	丰富	75	城乡	74	生活	73
落实	73	体制	72	增加	64	投入	62	统筹	62
县级	62	目标	62	专业	62	乡镇	62	使用	61
事业单位	61	责任	60	交流	60	共同	60	合作	60
实际	60	形式	59	城市	58	逐步	58	监督	58
经济社会	58	评价	57	出版物	57	健康	56	培训	56
队伍	56	全民	55	财政	55	政治	55	安全	55
实践	55	功能	55	综合性	54	更加	54	战略	53
开发	52	法律	52	环境	51	中华民族	51	健身	51
村村通	51	供给	50	基础	50				

备注：本表所呈现的高频词来源于党中央、全国人大、国务院发布的34份政策文本，政策文本见本书第五章表5-5。

附录三 2005年10月至2007年8月我国公共文化服务政策体系初步构建所涉政策文本高频词及频次

高频词	频次	高频词	频次	高频词	频次	高频词	频次
农村	314	发展	314	建设	270	服务	204
加强	186	公共	148	群众	112	电影	109
社会	109	市场	99	产品	99	推进	84
放映	84	重点	83	鼓励	81	政府	74
农民	74	完善	74	提高	73	创新	73
管理	69	活动	69	改革	69	积极	66
广播电视	66	支持	65	加快	63	机制	62
地区	62	建立	58	形成	56	推动	56
政策	55	组织	55	作用	55	民族	52
事业	52	工程	52	设施	51	扶持	50
国有	49	方式	47	人民	47	体制改革	47

续表

高频词	频次	高频词	频次	高频词	频次	高频词	频次
实施	47	基本	46	开展	46	促进	45
内容	44	公益性	44	村村通	42	数字	41
广播	41	协调	41	提供	40	资源	40
重大	39	加大	38	网络	38	增强	36
培育	35	投入	35	能力	34	问题	34
引导	34	发挥	34	先进	34	信息	33
科学	33	目标	32	技术	32	现代	32
图书馆	31	规范	31	基层	31	体制	31
优秀	31	水平	30	体系	30		

备注：本表所呈现的高频词来源于党中央、全国人大、国务院发布的 34 份政策文本中该时间段的政策文本，政策文本见本书第五章表 5-5。

附录四 2007 年 8 月至 2013 年 11 月前我国公共文化服务政策体系不断发展所涉政策文本高频词及频次

高频词	频次	高频词	频次	高频词	频次	高频词	频次
发展	312	建设	271	社会	193	服务	188
加强	168	少数民族	12	公共	118	民族	108
推动	106	人民	94	推进	88	政府	86
创新	85	产品	75	提高	73	完善	72
管理	69	优秀	68	改革	67	鼓励	66
特色	66	群众	63	活动	61	加快	61
支持	60	事业	59	基本	59	精神	59
引导	57	购买	57	实施	56	力量	55
繁荣	55	提供	55	体系	54	重点	53
增强	53	积极	51	科学	50	文化遗产	48
公共服务	48	机制	47	扶持	46	网络	45
建立	45	市场	42	保障	41	传播	41

续表

高频词	频次	高频词	频次	高频词	频次	高频词	频次
工程	41	基层	39	项目	39	弘扬	39
促进	39	人才	38	重大	38	农村	37
公益性	37	核心	36	作用	36	制度	35
加大	35	创作	34	服务体系	34	传统	34
深入	34	科技	34	方式	34	政策	33
参与	33	主体	32	组织	32	培育	32
力度	31	全面	31	水平	30	信息	30
生产	30						

备注：本表所呈现的高频词来源于党中央、全国人大、国务院发布的34份政策文本中该时间段的政策文本，政策文本见本书第五章表5-5。

附录五 2013年11月至2015年1月我国公共文化服务政策体系基本形成所涉政策文本高频词及频次

高频词	频次	高频词	频次	高频词	频次	高频词	频次
公共	151	服务	110	建设	60	社会	43
发展	37	推进	35	加强	34	基本	33
管理	29	基层	27	群众	26	政府	22
推动	21	完善	21	机制	20	参与	20
建立	20	组织	19	设施	19	鼓励	18
提供	17	资源	17	创新	17	标准	16
支持	16	活动	16	机构	16	项目	16
网络	15	促进	15	城乡	15	实施	15
统筹	14	开展	14	加快	14	保障	14
社区	13	科技	13	体系	13	提高	13
数字	13	产品	13	农村	12	能力	12
公益性	12	现代	12	需求	12	纳入	11
力度	11	优秀	11	制度	11	构建	10
广播电视	10	内容	10	引导	10		

备注：本表所呈现的高频词来源于党中央、全国人大、国务院发布的34份政策文本中该时间段的政策文本，政策文本见本书第五章表5-5。

附录六 2015年1月至2018年1月我国公共文化服务政策体系健全完善所涉政策文本高频词及频次

高频词	频次	高频词	频次	高频词	频次	高频词	频次
公共	458	服务	403	发展	316	建设	278
加强	276	社会	238	组织	230	博物馆	139
行业	139	管理	138	设施	138	传统	137
优秀	136	保护	130	传承	130	鼓励	125
戏曲	123	图书馆	123	支持	121	推动	119
基层	115	提供	113	活动	111	中华	109
推进	107	开展	103	基本	96	群众	88
提高	87	坚持	87	完善	87	传统工艺	85
购买	83	创新	81	规定	79	网络	77
方式	76	力量	72	传播	72	资源	69
产品	68	教育	68	信息	68	机制	65
体系	65	依法	64	利用	63	参与	62
特色	60	规范	58	内容	56	人民	55
引导	55	促进	53	广播电视	52	保障	52
改革	51	开放	50	标准	50	综合性	50
政策	49	增强	48	宣传	48	农村	48
工程	47	加快	47	县级	47	能力	46
提升	46	制度	46	中华文化	46	数字	45
市场	44	丰富	43	条件	43	文化遗产	43
负责	42	加大	42	综合	42	公益性	41
现代	41	纳入	41	免费	39	规划	39
民族	39	深化	39	需求	39	重点	38
培育	38	合作	38	落实	38	社区	38
价值观	37	广播	37	建立健全	36	力度	36
资金	36	协调	36	责任	36	弘扬	35

续表

高频词	频次	高频词	频次	高频词	频次	高频词	频次
专业	35	团体	35	水平	34	项目	33
健全	33	交流	33	展示	33	主体	32
深入	32	领导	32	使用	31	统筹	31
价值	31	公众	31	安全	31	监督	30
生活	30	强化	30				

备注：本表所呈现的高频词来源于党中央、全国人大、国务院发布的34份政策文本中该时间段的政策文本，政策文本见本书第五章表5-5。

参考文献

《党的十九大报告辅导读本》，人民出版社2017年版。

安彦林：《城乡公共文化服务均等化研究》，《山东财政学院学报》2012年第3期。

把增强：《如何动员社会力量参与公共文化服务建设》，《领导之友》2012年第6期。

财政部教科文司调研组：《行政村公共文化建设情况和财政支持政策建议》，《中国财政》2013年第16期。

蔡武进：《我国城镇公共文化参与的状况、特征及政策建议》，《文化软实力研究》2017年第2期。

蔡志刚：《社会力量如何参与公共文化服务体系建设》，《衡阳日报》2016年10月27日。

曹爱军、杨平：《公共文化服务的理论与实践》，科学出版社2011年版。

陈承：《公共数字文化云服务创新体系及模式研究》，硕士学位论文，南昌航空大学，2017年。

陈程耀：《黑龙江省公共文化服务政策研究》，硕士学位论文，哈尔滨商业大学，2015年。

陈庚、白昊卉：《我国公共文化场馆免费开放政策检视与反思》，《中国图书馆学报》2018年第3期。

陈胜利：《公共数字文化资源建设的宏大实践》，《图书馆杂志》2015年第11期。

陈威：《公共文化服务体系研究》，深圳报业集团出版社2006年版。

程玉贤、李海艳、石月清：《鼓励社会力量参与农村公共文化服务体系建设研究》，《改革与开放》2015年第1期。

董丁:《构建甘肃省公共文化服务体系的财政政策研究》,硕士学位论文,西北师范大学,2013年。

杜德久:《完善公共文化政策构建首都公共文化体系》,《北京观察》2008年第3期。

冯雨晴:《北碚城市社区公共文化服务政策执行问题研究》,硕士学位论文,西南大学,2016年。

高梦楚:《匈牙利公共文化管理体制与内容特色》,《山东图书馆学刊》2013年第4期。

高晓琛:《我国文化产业政策法规研究》,《知识经济》2013年第1期。

耿达、傅才武:《现代公共文化服务体系:发展检视与政策建议》,《湖湘论坛》2016年第1期。

龚璞、杨永恒:《公共文化服务均等化与财政分权政策》,《上海文化》2013年第2期。

郭凤娟:《我国公共文化服务体系建设中的财政转移支付制度研究》,硕士学位论文,中国艺术研究院,2014年。

郭玉军、李伟:《欧洲公共文化立法探讨及对中国的启示》,《中国石油大学学报》(社会科学版)2018年第3期。

郝龙飞:《陕西建设公共文化服务体系的财政政策研究》,硕士学位论文,长安大学,2014年。

贺延辉:《俄罗斯图书馆政策法规研究》,博士学位论文,武汉大学,2010年。

侯天佐:《现代化视角下基本公共文化服务均等化问题探析》,《宁夏党校学报》2017年第4期。

胡税根、李倩:《我国公共文化服务政策发展研究》,《华中师范大学学报》(人文社会科学版)2015年第2期。

胡税根、宋先龙:《我国西部地区基本公共文化服务均等化问题研究》,《天津行政学院学报》2011年第1期。

胡珍民:《我国服务型政府建设研究》,硕士学位论文,西南政法大学,2011年。

贾康:《构建现代公共文化服务体系的财政支持保障政策》,《中国财经报》2014年8月19日。

贾晓敏、詹立新、孙盛和、罗莉莉:《探索建立公共文化服务标准体系研究》,《标准科学》2015年第12期。

江朦朦、张静:《中国基本公共文化服务的财政支出效率测度》,《江汉论坛》2017第3期。

江文涵:《我国基本公共文化服务标准体系研究》,硕士学位论文,西南政法大学,2017年。

荆晓燕、赵立波:《社会力量参与公共文化服务体系建设研究》,《中共福建省委党校学报》2015年第5期。

蒯大申:《现代公共文化服务体系的内涵与基本特征》,2014年4月2日,www.qhass.org/Page/ArtDis.aspx? id = 6302。

郎冬雨:《我国公共文化服务政策的价值特征与演进逻辑》,《天水行政学院学报》2017年第6期。

李秉坤、朱慧:《公共文化事业发展政策现状及政策建议》,《学理论》2014年第2期。

李丹阳:《现代公共文化服务体系建设中的数字化探索》,《中国文化报》2014年12月19日。

李锋:《社会力量参与公共文化服务研究》,《湖南行政学院学报》2018年第5期。

李华、严烨:《促进公共文化服务均等化财税政策研究》,《财税论坛》2018年第4期。

李金珊、徐越:《基层公共文化基础设施政策绩效及其制度因素探究》,《东北大学学报》(社会科学版)2014年第5期。

李景源、陈威:《文化蓝皮书·中国公共文化服务发展报告(2009)》,社会科学文献出版社2009年版。

李少惠、崔吉磊:《中国现代公共文化服务政策扩散的内在张力与优化策略》,《思想战线》2017年第6期。

李少惠、张红娟:《建国以来我国公共文化政策的发展》,《社会主义研究》2010年第2期。

李小涛、邱均平:《公共文化服务标准的计量分析》,《重庆大学学报》(社会科学版)2015年第6期。

李鑫炜:《我国公共数字文化服务政策文本分析》,硕士学位论文,河北大学，2018年。

梁立新：《民族地区基本公共文化服务均等化问题研究》，《哈尔滨师范大学社会科学学报》2014年第5期。

刘昌雄：《公共政策：涵义、特征和功能》，《探索》2003年第4期。

刘芳：《论博物馆公共文化服务的特征》，《科教文汇》2013年第10期。

刘黎红、徐伟：《新生代农民工公共文化服务政策执行问题探讨》，《东方论坛》2013年第1期。

刘小琴：《公共文化服务均等化的路径》，《图书馆杂志》2017年第12期。

刘咏玲：《论民主革命时期中共文化政策的构建》，《群文天地》2012年第4期。

柳斌杰：《中华人民共和国公共文化服务保障法解读》，中国法制出版社2017年版。

陆鸣：《我国城乡基本公共文化服务非均等化研究》，《北方经贸》2017年第7期。

陆晓利、廖集光、贺南：《浅析公共文化免费服务和财政保障的关系》，《图书情报工作》2015年第12期。

罗冠男：《试论我国公共文化服务法律体系的完善》，《天津法学》2015年第3期。

罗熙鸣、陈思嘉、何英蕾、徐剑：《广东省基本公共文化服务标准体系研究》，《标准科学》2016年第6期。

马海涛、龙军：《公共文化服务体系建设与财税政策支持》，《铜陵学院学报》2007年第6期。

马娜：《民族地区农村广播电视"村村通"政策绩效研究》，硕士学位论文，中南民族大学，2010年。

马兆青：《我国城乡基本公共文化服务均等化研究》，硕士学位论文，山西师范大学，2013年。

毛少莹：《从公共文化政策看文化管理类学科的构成》，《上海文化》2014年第12期。

苗瑞丹：《反思与借鉴：美国公共文化政策对我国文化发展成果共享的现实启示》，《学术论坛》2013年第10期。

莫小红：《农民工公共文化体育均等化政策研究》，《科教导刊》2016 年第 5 期。

欧阳坚：《从公共物品视角看我国博物馆免费开放政策的出台》，《中国行政管理》2008 年第 10 期。

彭海东：《城市规划的公共政策特征》，《规划师》2007 年第 8 期。

彭泽明：《中国文化馆（站）发展之路》，重庆出版社 2012 年版。

齐崇文：《论公共文化服务中数字版权的实现》，《出版科学》2017 年第 5 期。

钱荣富：《江苏省公共文化服务标准体系建设实践与思考》，《中国标准化》2017 年第 1 期。

饶先来：《从艺术教育看法国公共文化政策的当代走向》，《上海文化》2013 年第 8 期。

任一鸣：《巴黎公共文化发展及其启示》，《文化艺术研究》2012 年第 4 期。

阮可：《我国基本公共文化服务保障标准研究》，《中国出版》2015 年第 12 期。

商思刚：《论我国公共文化服务体系立法的改进与完善》，硕士学位论文，中国社会科学院研究生院，2012 年。

申伟宁、马斌、袁硕：《以标准化建设助推京津冀区域基本公共文化服务均等化》，《河北经贸大学学报》（综合版）2018 年第 3 期。

首小琴：《社会力量参与公共文化服务建设的模式与机制》，《惠州学院学报》（社会科学版）2015 年第 4 期。

宋海燕、陈海宏：《罗斯福"新政"时期的公共文化政策论析》，《理论学刊》2013 年第 12 期。

睢党臣、李盼、师贞茹：《完善公共文化服务体系的财政政策研究》，《上海管理科学》2012 年第 3 期。

万瑜：《社会资本参与公共文化服务建设税收激励制度研究》，硕士学位论文，西南政法大学，2016 年。

王奥：《公共文化服务体系数字化建设研究》，《图书情报知识》2018 年第 6 期。

王大为：《公共文化服务的基本特征与现代政府的文化责任》，《齐齐哈尔师范高等专科学校学报》2007 年第 3 期。

王芳：《城乡基本公共文化服务均等化问题研究》，《行政事业资产与财务》2016 年第 12 期。

王富军：《农村公共文化服务体系建设研究》，硕士学位论文，福建师范大学，2012 年。

王鹤云：《我国公共文化服务政策研究》，博士学位论文，中国艺术研究院，2014 年。

王慧荣：《政策网络视角下兰州基层政府购买公共文化服务政策执行偏差研究》，硕士学位论文，兰州大学，2018 年。

王显成：《公共文化服务投入的统计范围与保障标准》，《统计与决策》2017 年第 10 期。

王晓路、石坚、肖薇：《当代西方文化批评读本》，四川大学出版社 2004 年版。

王学琴、李文文、陈雅：《我国公益性数字文化服务体系政策研究》，《图书馆理论与实践》2014 年第 5 期。

王岩：《我国西部农村公共文化服务的财政政策研究》，硕士学位论文，兰州大学，2011 年。

王毅、柯平、孙慧云、刘子慧：《国家级贫困县基本公共文化服务均等化发展策略研究》，《国家图书馆学刊》2017 年第 5 期。

王载册：《公共文化服务体系示范区制度性设计研究》，《黄石理工学院学报》（人文社会科学版）2012 年第 4 期。

魏丹丹、盛芳、康维波：《城乡基本公共文化服务均等化研究》，《北华大学学报》（社会科学版）2016 年第 12 期。

魏鹏举、戴俊骋：《中国公共文化经济政策探析》，《中国行政管理》2016 年第 12 期。

邬家峰：《公共文化服务体系建设研究》，硕士学位论文，华中师范大学，2012 年。

巫志南：《构建现代公共文化服务体系的政策走向分析》，《上海文化》2013 年第 12 期。

巫志南：《杭州市江干区基本公共文化服务标准研究》，《上海文化》2014 年第 8 期。

吴绒：《陕西社会力量参与公共文化服务供给研究》，硕士学位论文，长安大学，2015 年。

夏洁秋：《文化政策与公共文化服务建构》，《同济大学学报》（社会科学版）2013 年第 1 期。

谢来位：《建设社会主义新农村的公共政策体系建构》，《农业经济问题》2006 年第 2 期。

谢萌萌：《创造公共价值：江西省公共文化服务政策的价值研究》，硕士学位论文，南昌航空大学，2017 年。

谢明编著：《公共政策概论》，中国人民大学出版社 2014 年版。

邢娟：《公共文化服务的政策法规分析》，《现代经济信息》2014 年第 22 期。

徐华：《社会力量参与公共文化服务的"鄞州模式"探析》，硕士学位论文，广西师范大学，2017 年。

徐望：《公共数字文化建设要求下的智慧文化服务体系建设研究》，《电子政务》2018 年第 3 期。

徐卫芳：《开封市公共文化服务政策执行主体问题研究》，硕士学位论文，西南大学，2017 年。

许清：《荷兰公共文化政策研究》，《山东图书馆学刊》2013 年第 3 期。

延荣科：《落实文化惠民政策 推进公共文化建设》，《楚雄日报》2011 年 12 月 14 日第 003 版。

杨朝：《我国地区间基本公共文化服务均等化研究》，硕士学位论文，安徽大学，2018 年。

杨吉华：《文化产业政策研究》，硕士学位论文，中共中央党校，2007 年。

杨奎臣、谭业庭、李凤兰：《公共文化服务立法基本问题定位：社会法范畴与促进型模式》，《云南行政学院学报》2013 年第 1 期。

姚林香、欧阳建勇：《我国农村公共文化服务财政政策绩效的实证分析》，《财政研究》2018 年第 4 期。

易昌松：《"互联网＋"时代社会力量参与公共文化服务的实践与探索》，《文化创新比较研究》2018 年第 7 期。

苑新丽：《发达国家支持公共文化发展财税政策及借鉴》，《国际税收》2015 年第 4 期。

曾保根：《新公共服务理论的"四位一体"解构》，《学术论坛》2010年第4期。

曾莉：《公共治理中公民参与的理性审视》，《甘肃社会科学》2011年第1期。

曾旻辉、黄玉华：《促进专利服务创新发展的公共政策体系研究》，《中国发明与专利》2018年第5期。

张波：《行政伦理：降低政府公共文化政策道德风险的有效策略》，《学习与探索》2017年第4期。

张菊梅：《基本公共文化服务均等化标准体系的探讨》，《惠州学院学报》（社会科学版）2018年第2期。

张丽：《法国公共文化发展政策研究》，《山东图书馆学刊》2013年第5期。

张鹏：《知识产权公共政策体系的理论框架、构成要素和建设方向研究》，《知识产权》2014年第12期。

张书连：《我国公共政策及其特征分析》，《北京行政学院学报》2016年第5期。

张文亮、黄梦瑶、赵东霞：《大连市基本公共文化服务标准体系建设策略研究》，《公共图书馆》2016年第3期。

张雯：《基于生态城市建设的公共政策研究》，硕士学位论文，重庆大学，2010年。

张晓丽：《社会组织供给公共文化服务的财税激励研究》，博士学位论文，首都经济贸易大学，2016年。

张秀波：《黑龙江省生态型城镇建设的公共政策体系研究》，硕士学位论文，哈尔滨商业大学，2013年。

张永新：《构建现代公共文化服务体系的重点任务》，《行政管理改革》2014年第4期。

张永新：《现代公共文化服务体系的五个方面》，2013年11月15日，http://culture.people.com.cn/n/2013/1115/c172318-23558608.html。

张云峰：《黑龙江省建设农村公共文化服务体系研究》，硕士学位论文，东北农业大学，2010年。

赵春生：《促进非营利组织公共文化服务供给的财政政策研究》，硕士学位论文，首都经济贸易大学，2015年。

赵康：《我国公共文化发展的财政支持问题研究》，硕士学位论文，山东财经大学，2012年。

赵颖：《我国文化事业财政投入研究》，博士学位论文，东北财经大学，2013年。

赵志杰：《公共文化服务体系建设的财政政策研究》，硕士学位论文，山东财经大学，2013年。

浙江省推进基本公共文化服务标准化研究课题组：《浙江公共文化服务范围、标准研究》，《上海文化》2014年第2期。

郑丽萍：《社会力量参与公共文化服务研究》，硕士学位论文，华东理工大学，2013年。

中共中央宣传部：《习近平新时代中国特色社会主义思想三十讲》，学习出版社2018年版。

周斌：《文化产业政策法规研究》，博士学位论文，南京师范大学，2005年。

周旺蛟：《南京国民政府时期的公共文化政策研究（1927—1937）》，硕士学位论文，湖南师范大学，2014年。

周武旺：《公共文化服务均等化研究》，硕士学位论文，湘潭大学，2012年。

周晓丽、毛寿龙：《论我国公共文化服务及其模式选择》，《江苏社会科学》2008年第1期。

周宜开：《动员社会力量参与公共文化服务体系建设》，《前进论坛》2011年第10期。

朱慧：《英法促进公共文化事业发展政策及经验借鉴》，《对外经贸》2013年第10期。

后 记

公共文化服务政策体系为公共文化服务发展提供了有力的制度支持。我在担任重庆市文化委员会公共文化服务处处长期间，这种感受尤其强烈，加上我喜爱公共文化服务政策研究，所以，2016年我以重庆市文化艺术研究院特聘研究员的身份，申报了当年国家社会科学基金艺术学项目指定研究方向选题"国家公共文化政策体系研究"，并有幸获准立项。2019年，我调入西南政法大学后，报经批准，该项目责任单位变更为西南政法大学。在研究的过程中，课题组认为"国家公共文化政策体系研究"比较宽泛，故将研究主题调整为"国家公共文化服务政策体系研究"，旨在使研究对象更加聚焦。

类似这样的研究，就目前而言，可资借鉴的研究成果并不多。课题组在三年的研究中，深感艰难。尽管如此，我们仍知难而进，按期完成了研究任务。现呈现给大家的《中国公共文化服务政策体系研究》是该课题的最终研究成果。这个成果，只是一个开始，仅是一个参考，我们希望本课题研究永不停歇。

本课题研究得以顺利进行，首先感恩文化和旅游部科技教育司和评审专家给予课题组这次难得的锤炼机会，特别感谢清华大学公共管理学院杨永恒教授全过程的精心指导。同时，感谢重庆大学公共管理学院陈升教授、西南大学国家治理学院张海燕教授和熊花讲师给予的帮助。我们也不能忘记西南大学文化与社会发展学院硕士研究生明月、文学院博士研究生姚溪搜集相关文献的艰辛付出。该课题没有上述各位同志及课题组全体成员的辛勤劳动，就没有本书的面世。

我深深知道,作为课题负责人的我,由于学术锻炼不够、经验欠缺,研究中肯定存在粗糙和偏颇之处,真诚希望各位提出意见和建议,我们在后续研究中将认真采纳并加以改进。

西南政法大学政治与公共管理学院
西南政法大学国家文化和旅游研究基地　　彭泽明
2021 年 5 月 1 日